严寒地区复杂环境地铁区间隧道盾构施工关键技术

林岩松　毛宇飞　李　围　马健军　韩志虎　葛洪岩　著

中国铁道出版社有限公司

2020 年·北　京

内 容 简 介

本书针对哈尔滨市地铁2号线一期工程下穿松花江主河道、老城区连续穿越古建筑群、左线区间盾构近接右线矿山法隧道同期施工、盾构刀盘切割群桩、区间下穿既有废弃人防工程以及严寒地区地铁区间隧道盾构施工技术难题，开展了泥水平衡盾构下穿松花江、富水砂层盾构连续穿越古建筑群、软土刀盘盾构穿越建筑物群桩、盾构穿越人防工程、盾构近接矿山法隧道以及严寒地区区间盾构隧道等施工技术的研究，形成了严寒地区复杂环境地铁区间隧道盾构施工关键技术。

本书为城市轨道交通土建工程专业书籍，可作为从事轨道交通工程施工、设计、监理和建设管理技术人员的指导用书，也可作为高校教师和研究生的参考用书。

图书在版编目(CIP)数据

严寒地区复杂环境地铁区间隧道盾构施工关键技术/林岩松等著. —北京：中国铁道出版社有限公司，2020.12

ISBN 978-7-113-27349-1

Ⅰ. ①严… Ⅱ. ①林… Ⅲ. ①地铁隧道-隧道施工-盾构法-研究 Ⅳ. ①U231.3

中国版本图书馆CIP数据核字(2020)第203440号

书　　名：严寒地区复杂环境地铁区间隧道盾构施工关键技术

作　　者：林岩松　毛宇飞　李　围　马健军　韩志虎　葛洪岩

策　　划：陈小刚

责任编辑：时　博　　**编辑部电话**：(010)51873162　　**电子邮箱**：crph@163.com

封面设计：郑春鹏

责任校对：孙　玫

责任印制：高春晓

出版发行：中国铁道出版社有限公司（100054，北京市西城区右安门西街8号）

网　　址：http://www.tdpress.com

印　　刷：国铁印务有限公司

版　　次：2020年12月第1版　2020年12月第1次印刷

开　　本：787 mm×1 092 mm 1/16　印张：11.75　字数：270千

书　　号：ISBN 978-7-113-27349-1

定　　价：70.00元

前 言

为解决哈尔滨市地铁2号线一期工程下穿松花江主河道、老城区连续穿越古建筑群、博物馆站—工人文化宫站区间左线盾构机近接右线矿山法隧道同期施工、软土刀盘盾构穿越博苑中山幼儿园群桩、哈尔滨站—博物馆站区间右线至颐园街与邮政街交口附近下穿既有废弃人防工程,以及严寒地区地铁区间隧道盾构冬期施工中管片预制、始发场地保温和盾构设备维护等工程技术难题,开展了"严寒地区复杂环境地铁区间隧道盾构施工关键技术"的研究,主要进行了泥水平衡盾构下穿松花江、富水砂层盾构连续穿越古建筑群、软土刀盘盾构穿越建筑物群桩、盾构穿越人防工程、盾构近接矿山法隧道以及严寒地区区间盾构隧道等施工技术的研究。其中,盾构近接矿山法初支隧道施工工法、泥水加压平衡盾构穿越松花江施工工法获批黑龙江省级工法,同时,作为严寒地区盾构施工关键技术研究的主要成果,荣获黑龙江省2019年科技进步二等奖。

本书主要内容如下:

1. 泥水平衡盾构下穿松花江施工技术

建立了区间隧道穿越松花江泥水平衡盾构法施工安全风险控制技术、泥水平衡盾构施工准备、穿越松花江泥水平衡盾构施工技术和泥水平衡盾构下穿松花江施工控制技术。

2. 富水砂层盾构连续穿越古建筑群施工技术

对富水砂层盾构连续穿越古建筑群进行了盾构机针对性设计,建立了盾构穿越古建筑群盾构掘进控制技术,并分析了盾构下穿古建筑群沉降监测结果,验证了富水砂层盾构连续穿越古建筑群施工技术的可行性。

3. 软土刀盘盾构穿越建筑物群桩施工技术

在分析软土刀盘盾构穿越建筑物群桩施工基础沉降规律基础上,建立了软土刀盘盾构穿越建筑物群桩施工技术。

4. 盾构穿越人防工程空推过矿山法隧道技术

构建了"区间右线隧道矿山法施工+暗挖段与盾构相接区域施工+横通道施工+区间左线隧道矿山法施工+盾构过矿山法隧道施工"的盾构穿越人防工程空推过矿山法隧道技术。

5. 盾构近接矿山法隧道同期施工技术

建立了盾构近接矿山法隧道同期施工技术,分析了不同间距对矿山法隧道衬砌结构力学行为的影响和盾构掘进对矿山法隧道衬砌结构力学行为的影响,并进行了矿山法隧道初支钢格栅应力现场测试分析,验证了盾构近接矿山法隧道同期施工技术的可行性。

6. 严寒地区盾构隧道冬期施工技术

建立了严寒地区管片衬砌冬期预制技术、盾构施工始发场地保温技术以及盾构设备冬期维护技术。

本书由哈尔滨地铁集团有限公司林岩松撰写第2章;中国电建集团铁路建设有限公司毛宇飞撰写第3章;中国水利水电第四工程局有限公司马健军撰写第4章;中国水利水电第四工程局有限公司韩志虎撰写第5章;中国水利水电第四工程局有限公司葛洪岩撰写第6章;莆田学院闽江学者讲座教授李围撰写第1章和第7章。全书由李围任通信作者并统稿。

本书在撰写过程中参阅了许多专家学者发表的论文,在此表示真诚的谢意!

由于时间仓促,加之水平有限,书中如有不妥之处,恳请同行专家及读者给予批评和指正。

作　者

2020年12月

目 录

第1章　绪　　论

1.1　研究背景和必要性

哈尔滨市地铁2号线一期工程全线共计19座车站(4.75 km)、18个区间(23.86 km),线路全长28.6 km(双线),均为地下线路。哈尔滨市轨道交通属国内首次大规模在严寒地区采取盾构法施工,可以借鉴的工程经验非常有限,再加上冬期时间长、温度低,施工难度大,其主要难点如下:

(1)2号线一期工程下穿松花江主河道。该区域属于典型的漫滩地质条件,地下水位高、砂层极厚。地下水位位于粉砂层中,意味着部分粉砂层、全部细砂层和全部中砂层均为富水层,泥水平衡盾构机下穿松花江技术难度及安全风险极大。

(2)哈尔滨地铁2号线沿经纬街、熙园街、国民街等老城区需连续穿越古建筑群。人民广场站—中央大街站区间侧穿26栋建筑物,道里文化体育局是市文物保护建筑,犹太人列尔曼住宅旧址是省文物保护建筑。中央大街站—尚志大街站区间侧穿26栋建筑物,犹太新会堂、哈尔滨一等邮局、六桂福珠宝展览馆、波兰医生扎瓦茨基住宅旧址分别为省市级历史文物保护建筑。以上两区间历史保护建筑物6栋、商业办公楼20栋、住宅楼24栋、危房2栋,盾构掘进对其影响大,沉降控制难度大。

(3)盾构机近接矿山法隧道同期施工。博物馆站—工人文化宫站区间左线采用盾构法施工,右线采用矿山法+盾构法结合施工,矿山法隧道长度约371 m,矿山法与盾构法结合部设一处盾构吊出竖井,矿山法隧道与盾构法隧道线间净距最小为3.65 m。根据工期安排,右线矿山法隧道还在开挖初支情况下遇到左线盾构同期掘进施工,对矿山法隧道的稳定性影响大,掘进控制要求高。

(4)软土刀盘盾构穿越建筑物群桩施工。博物馆至工人文化宫区间在里程SK20+124.62~SK20+158.52 m处下穿博苑中山幼儿园,其基础为ϕ400 mm钻孔灌注桩,桩长12.6 m。盾构区间左线穿越26根钻孔灌注桩和16根围护桩,右线穿越31根钻孔灌注桩和7根围护桩,总共有80根钢筋混凝土桩需要盾构机软土刀盘切割,切割难度大。

(5)盾构机穿越人防工程空推过矿山法隧道。哈尔滨站—博物馆站区间右线至颐园街与邮政街交口附近下穿既有废弃人防工程,其结构侵入区间隧道内部,混凝土最大抗压强度39.8 MPa,钢筋直径16 mm,软土刀盘盾构机无法切割,只能采取矿山法施工后盾构空推,其长度147 m。

(6)严寒地区地铁区间隧道盾构施工。严寒地区地铁区间隧道盾构施工需要解决的主要问题有管片预制、始发场地保温和盾构设备维护等。

因此,开展“严寒地区复杂环境地铁区间隧道盾构施工关键技术”的研究具有重要意义。在解决现场实际技难题的基础上,总结形成一系列工法,除为今后哈尔滨地铁工程的建设提供技术支撑外，还可以推广应用到我国严寒地区其他城市的地铁的工程建设中，并推动城市地铁行业的科技进步。同时，通过技术研发及研究成果的应用，可以提高工效指标，降低工程造价，取得良好的社会经济效益，还可提高中国电建集团在轨道交通行业的知名度，为今后承建更多的城市地铁工程作出贡献。

1.2　国内外技术现状

1.2.1　地铁区间隧道盾构法越江技术

杨钊等人[1]以福州地铁厚庭—桔园洲区间隧道泥水盾构下穿乌龙江施工为例，研究了利用泥水盾构废弃泥浆配制壁后注浆材料的可行性，采用正交试验对影响砂浆性质的水胶比、粉灰比、砂胶比、泥浆比重4个因素进行了综合优化，并探讨了它们对壁后注浆材料的影响规律；研究得出水胶比和泥浆比重是影响壁后注浆砂浆稠度、流动度和泌水率的主要因素，水胶比和粉灰比是影响其凝结时间的主要因素，水胶比、胶砂比和泥浆的比重是影响砂浆密度的主要因素；通过控制泥浆比重和水胶比可以配制出工作性能和强度性能良好的壁后注浆材料。

胡光通过南宁地铁3号线青秀山站—市博物馆站区间隧道泥水盾构顺利穿越381 m 邕江的施工经验，分析盾构在过江前、过江中采取的一系列防控技术措施[2]。

季玉国等[3]以南京长江隧道、南京扬子江隧道、南京地铁3号线和10号线过江单洞双线隧道等大型泥水盾构施工为背景，通过对复合地层盾构掘进施工刀具使用的分析总结，提出了刀具管理的前期设计、过程使用管理、刀具检查更换、意外事故的预防和恢复掘进注意事项等。

南昌地铁1号线秋水广场站—中山西路站区间隧道工程是南昌市首个下穿赣江工程[4]，该隧道泥水盾构穿越赣江的风险主要有：强透水复合地层泥水盾构始发；泥水盾构穿越浅覆盖透水层，掌子面可能出现塌方、冒顶、涌水等；泥水盾构穿越泥质粉砂岩地层刀盘结泥饼；强透水复合地层带压换刀作业；提出4项风险控制措施，风险控制措施合理可行。

针对在高承压水、强透水地层条件下盾构到达站点时发生的盾构接收渗漏存在的风险，周诚等[5]从注浆加固、降水、管片监控、环境监控、管片修复等方面，提出一种盾构到达接收渗漏风险控制技术。

周迎等人结合武汉地铁2号线越江段工程，系统分析了越江隧道泥水盾构选型的适应性，提出相应控制措施。基于人—盾构—环境系统工程理念，分析了盾构与工程环境适应性的基本概念与内涵，具体针对高水位、浅覆土、复合地层等工程环境特点，分别提出了防止开挖面失稳、江底冒浆、泵吸口堵塞、盾尾漏浆、隧道上浮等方面的施工控制措施，从而降低和控制盾构江底段施工风险。

广州地铁6号线（大坦沙站—如意坊站）盾构区间左右线均穿越珠江1次，杨关青等[7]采取土压平衡模式，通过优化掘进参数，控制出渣量、注浆量、盾构机姿态、掘进速度以及渣土改良等措施，顺利穿越了珠江。

杨德春和唐琪结合广州市轨道交通4号线车陂南—万胜围区间过江段地铁盾构隧道设

计,介绍了过江区间采用盾构法隧道设计的优点,盾构管片构造型式选定,管片结构分析,防水和施工技术措施[8]。

小松盾构机在广州地铁4号线小新盾构区间段穿越珠江的过程中,虽然频繁换刀,刀盘仍然磨损严重,而江底的地质状况又不具备修复刀盘的条件。针对珠江江底这种特殊的地质条件,讨论如何在江底创造敞开式开仓条件,以修复刀盘、更换刀具[9]。

1.2.2　盾构近接矿山法隧道施工技术

以厦门地铁1号线集美中心站站后停车线隧道工程为背景,刘春杰等[10]采用FLAC3D三维有限差分软件,对此大断面矿山法隧道开挖对小净距盾构隧道的影响进行了三维数值分析。分析了CRD(交叉中隔墙)四步和六步开挖法对盾构隧道的影响,大断面矿山法隧道开挖时对先施工的小净距盾构隧道产生4～9 mm的位移值,盾构管片产生80～170 kN·m的弯矩值,得出使用CRD六步开挖法中靠近盾构隧道部分后开挖为最优开挖方式。

张俊儒等[11]以长沙轨道交通3号线盾构隧道近接大断面矿山法隧道施工为工程依托,针对泥质粉砂岩地层,采用数值模拟和模型试验的手段,研究盾构隧道近接矿山法隧道施工的影响规律,并基于地表沉降准则提出影响分区。盾构开挖对矿山法隧道结构的影响以竖向附加变形为主,具体表现为矿山法隧道整体上浮。内力影响表现为矿山法隧道结构内力不均匀变化,靠近盾构隧道一侧结构受压加强,远离盾构隧道一侧结构易发生受拉破坏。

北京地铁8号线矿山法隧道下穿既有运营10号线盾构隧道时,陶连金等[12]采用有限元软件对穿越施工过程进行三维弹塑性数值模拟,研究锁扣管幕与全断面深孔注浆条件下隧道开挖对既有结构的影响。管幕施工导致的既有结构沉降约占既有结构最终沉降量的40%,受左右线施工先后的影响,新建隧道上方既有结构沉降略显不对称。既有结构纵向沉降呈双凹槽形,最大沉降出现在左线隧道中心线正上方,最终沉降量为2.56 mm,满足结构沉降控制的要求。经现场应用,锁扣管幕与深孔注浆支护体系在控制既有结构沉降方面效果良好。

汪洪星等[13]以南宁轨道交通地铁1号线百佛区间的盾构—矿山法隧道小净距并行施工为对象,根据实际施工进度进行了监测。盾构法隧道后行,盾构的挤推作用,导致先行矿山法隧道拱顶上升、净空收缩。盾构弱化围岩和盾构沉降影响区的作用,导致先行矿山法隧道拱顶下沉、净空扩容。矿山法隧道后行,矿山法隧道侧向卸荷作用,导致先行盾构隧道管片产生管片隆起和净空扩容。

福州市轨道交通1号线工程新店出入段线在已施工的矿山法隧道右侧进行盾构隧道的施工,耿鸣山从后行盾构隧道施工对先行矿山法隧道影响的角度出发,对施工过程进行了数值模拟分析与探讨,为该段线矿山法隧道设计和施工提供了科学依据[14]。

1.2.3　盾构越古建筑施工技术

林浩以西安地铁2号线下穿北门城墙工程为对象,对其在施工过程中引起的地表沉降现象的诸多影响因素进行了研究,同时对隧道施工中引起地表沉降的规律进行了研究,并总结了由盾构施工引起地表沉降的相关原因[15]。

祁文睿以天津站至天津西站地下直径线工程侧穿古建筑为例，采用数值模拟和现场监测相结合的方法，对试验段地表沉降规律进行深入研究，并结合实测数据以及风险点本身不确定性因素对古建筑进行了风险评估，通过数值模拟方法最终确定了古建筑的加固方案，且加固后的古建筑最大沉降值 10 mm 左右，最大差异沉降 3 mm 左右，验证了加固下盾构侧穿古建筑是安全可靠的[16]。

苗永杰以西安地铁 2 号线盾构隧道施工横穿城墙—钟楼—北大街工程为背景，提出了盾构施工期间采用堆载方式保护护城河的技术方案以及隧道穿越古城墙时对隧道上方土体进行注浆加固的技术措施，可增强土体力学性能参数，有效地控制地表和城墙的沉降[17]。在隧道施工到钟楼附近时，在钟楼基座的外围设旋挖桩，通过旋挖桩隔断地层从而达到加固的目的，并对桩底压浆加固达到保护钟楼的目的。

吴昌将等[18]结合上海地铁 11 号线侧穿古建筑的实际工程，采用数值计算和现场实测相结合的方法，对国内最新型的 MJS 桩基施工预加固与新建隧道侧穿引起的邻近古建筑的沉降进行了深入研究。整个施工力学的全过程对建筑物的影响分为桩基施工扰动阶段、上行线穿越阶段和下行线穿越阶段 3 个阶段。其中先期桩基施工扰动的影响相对显著，但由于 MJS 桩的保护作用，上行线穿越影响次之，下行线穿越影响最小。计算结果表明，由于桩基施工的预加固与隧道左侧建筑物的存在，使得地表的沉降槽与传统的形式有较大区别；同时，地表的水平位移分布规律也发生了明显的变化。此外，由于隔离桩的保护，大大减少了盾构掘进对地表以及建筑物沉降的影响。

冯长胜[19]结合北京地铁 4 号线灵境胡同—西四区间盾构下穿万松老人塔的工程实践，通过地层变形特点和原因分析，提出盾构施工过程中控制地层变形的措施，为地铁盾构下穿古建筑乃至其他建筑物施工提供一些借鉴。

1.2.4 盾构切桩技术

大连市地铁一期施工工程盾构机下穿桥梁，桥梁地下为富水软弱地层，桥梁靠近居民区，无法拆除，直接切割难度较大并且存在很大风险。殷雪峰分析探究工程中遇到的风险，阐述施工过程中盾构机直接切桩的危害，并且针对可能产生的风险，提出盾构机切桩通过桥梁时的具体办法[20]。

唐仁等[21]以广州某盾构下穿住宅楼直接切工程为背景，结合理论计算、有限元分析、实测数据等，研究了盾构下穿住宅楼直接切桩通过后剩余基桩的沉降及承载力计算问题。计算得到的隧道直接切桩通过后剩余桩的沉降数据与实测数据基本吻合，基桩沉降差很小，满足规范要求。研究发现，隧道通过后隧道拱顶沉降大于桩端沉降，拱顶沉降大于桩端沉降的范围为 2 m。因此，计算切桩后剩余桩基的承载力时，不应考虑隧道拱顶 2 m 范围内的岩土体对桩基的正摩阻力，相反，还应该考虑该 2 m 范围内拱顶沉降对基桩的负摩阻力。

毛冬明等[22]以上海地铁 14 号线豫园站—陆家嘴站区间下穿 800 mm 厚的地下连续墙以及切削部分桩基问题为背景，阐述盾构法直接切削桩基通过的针对性措施，既保证了原外滩通道的原貌，又减少了对连续墙爆破以及对桩基的拔除等工程预算。

王营建以南昌地铁 2 号线 4 标红谷中大道站到阳明公园站隧道工程为例，介绍泥水盾构在复合地层直接切桩的施工技术[23]。针对钢筋混凝土桥桩，切桩前的准备工作，盾构的维修保养，盾构刀盘刀具的有效选择和掘进参数地合理控制，并试验通过在排浆泵进口增加采石箱来保护排浆泵及泥水环流系统免受损坏的可行性。

张立亚等[24]使用TS30测量机器人对深圳某小区的9～13号楼群在盾构切桩穿越过程中进行了实时动态监测：离中线越近，沉降变化越大，反之沉降较小；相同距离切桩数量越多，相应建筑变形越大；刀盘到达监测点正下方切桩时，下沉突然增加，此时下沉速度最快，达1.49 mm/m；刀盘脱离房屋时，下沉继续增加，从刀盘进入房屋到盾尾脱离房屋期间，累计下沉占总沉降量的60%以上；房屋长边上监测点距中线垂直距离大于15 m时，沉降值小于5 mm；距离大于30 m时，沉降值小于3 mm。

广州地铁4号线南延段广大区间盾构机下穿大涌桥，该桥范围内隧道地层为富水软弱地层，左右线各有3根桥桩侵入隧道，但因临近大涌村多栋居民楼，无法按设计方案对桥桩进行拔除，盾构机需直接切削隧道范围内桥桩通过该桥，施工风险大且难度极高。姜艳林针对具体地质与环境条件进行风险分析与控制研究，对盾构下穿大涌桥进行系统分析，阐述其风险因素及造成的危害，为有效规避下穿大涌桥风险，提出了“刀盘改造＋掘进参数控制”的风险控制措施[25]。

1.2.5 盾构空推过矿山法隧道技术

厦门轨道交通4号线城场至双过村区间矿山段采用盾构空推拼管片工艺，在施工过程中主要是做好盾构接收、管片拼装、管片背部豆砾石吹填及注浆、横通道处理、二次始发等关键工序，确保盾构空推的安全与质量[26]。

盾构空推拼管片过矿山法段和盾构空推不拼管片过站施工技术在地铁工程中广泛应用，而盾构空推不拼管片过圆形矿山法段施工技术较为少见，曹耀东等[27]结合某核电工程，介绍了盾构空推不拼管片过圆形矿山法段的施工方法。

刘斌俊[28]对地铁区间盾构机空推通过矿山法暗挖隧道区段进行阐述，对该工法的关键点、重难点和质量控制等方面进行了探讨。

为了解决地质岩层岩石硬度大，单轴抗压强度高，施工风险大，单纯盾构法施工工艺很难通过的施工问题，李成军和何国杨[29]在施工中采用了盾构＋矿山的组合配套技术方法，即盾构机进入矿山法隧道后空推，后方拼接管片，在管片后方吹砾石且结合注浆的工艺流程。经过有效的精度控制和精密测量且合理的安排施工顺序控制，盾构＋矿山法技术施工可以很好地解决岩层强度高、盾构无法通过的施工难度问题。

赵玉成和贾晓旭[30]以广州市轨道交通13号线首期工程（鱼珠至象颈岭段）施工五标夏园站—南岗站区间工程为背景，对盾构空推过矿山法段施工关键技术进行探讨，介绍了盾构过矿山法段施工准备以及盾构空推和管片背衬回填关键技术，提出了控制措施和工程重难点处理方法。

李志华等[31]以武汉轨道交通6号线某地铁隧道为依托，系统地分析了提前采用暗挖法穿越既有隧道之后采用盾构空推，从既有轨道的轨面沉降和车站建筑物累积沉降两方面探讨了盾构空推穿越暗挖段的效果，采用专门的降水及加固方案减小施工过程中对既有线路运营带来的影响。

王旭东等[32]采用盾构过钻爆反空推工艺及质量控制方法，解决在隧道掘中地况复杂并存在硬岩而推进困难的问题，详细阐述了空推过程盾构的连续测量及洞门复测、导台施工、盾构推进、管片拼装、管片背后填充等关键技术及质量控制措施。该方案减小了施工难度，保证了隧道施工质量。

依托深圳地铁2号线东延线土建2222标侨香站—香蜜站区间过空推段施工，从千斤顶推力核算及地面灌浆浆液配比优化等方面介绍了矿山法初期支护与盾构管片之间空隙填充方式[33]。通过设备改造、优化填料用量等方面改进了盾构过空推段施工工序，通过采用GFRP筋网喷早强混凝土，在满足施工安全的前提下，提高了盾构机进、出空推段的施工效率。通过计算盾构每环所发生的千斤顶行程差与偏转角，加强空推段盾构机的姿态控制，提高了成型隧道的质量。

1.2.6 寒区盾构隧道施工保温技术

邝光霖和兰玉[34]介绍了北方极寒天气对泥水平衡盾构在盾构组装、调试始发及正常掘进阶段影响以及采取的处理措施。

盾构在北方的寒冷气候下始发掘进时，低于一定程度的气温会对系统造成很大影响，必须制定针对低温的始发方案。张杰等[35]通过对盾构设计参数及调试过程总结分析，并对循环水系统、油脂系统、油液系统、泥水环流系统、电气系统等方面进行了分析总结，对不同系统进行归纳，采取适当的措施。

朱东志等[36]就长长吉松花江盾构工程为例，详细阐述了在东北低温气候条件下泥水平衡盾构泥水循环及设备保温处理技术，结合泥水平衡盾构施工工艺要求，通过大量调研和现场实践，对泥水循环系统采用了合理有效的保温措施，并以现场试验为保障，保证了冬期施工的顺利进行。

长岭—长春—吉化输气管道工程属于东北天然气管网的一部分，其中长春—吉化段第二松花江穿越采用泥水平衡盾构工法，这是国内最高纬度泥水平衡盾构施工，场地建设具有地理位置的特殊性，无以往施工经验可借鉴。工程场地建设针对东北冬季低温气候条件以及泥水平衡盾构施工工艺要求，考虑周全、细致，功能分区合理，并多次进行专家论证，采取了各方面措施进行防冻保温[37]。

1.3 依托工程概况

1.3.1 线路概况

哈尔滨市地铁2号线一期工程起于呼兰区松北大学城，终于香坊区气象台站。线路串联呼兰、松北、道里、南岗、香坊五区，沿线经过松北开发区、太阳岛旅游休闲中心、道里商业金融中心、铁路客站、省级行政办公中心，是网络南北—东西的主要干线，有力支持哈尔滨城市发展中“北跃”的发展策略，为“一江居中，两岸繁荣”的城市繁荣构想铺垫基础。全线共计19座车站(4.75 km)、18个区间(23.86 km)，线路全长28.6 km(双线)，均为地下线路，同步建设1座控制中心、3座主变电所和1处哈北车辆段，设计概算总投资206.469亿元。哈尔滨市地铁2号线一期工程平面示意如图1-1所示。

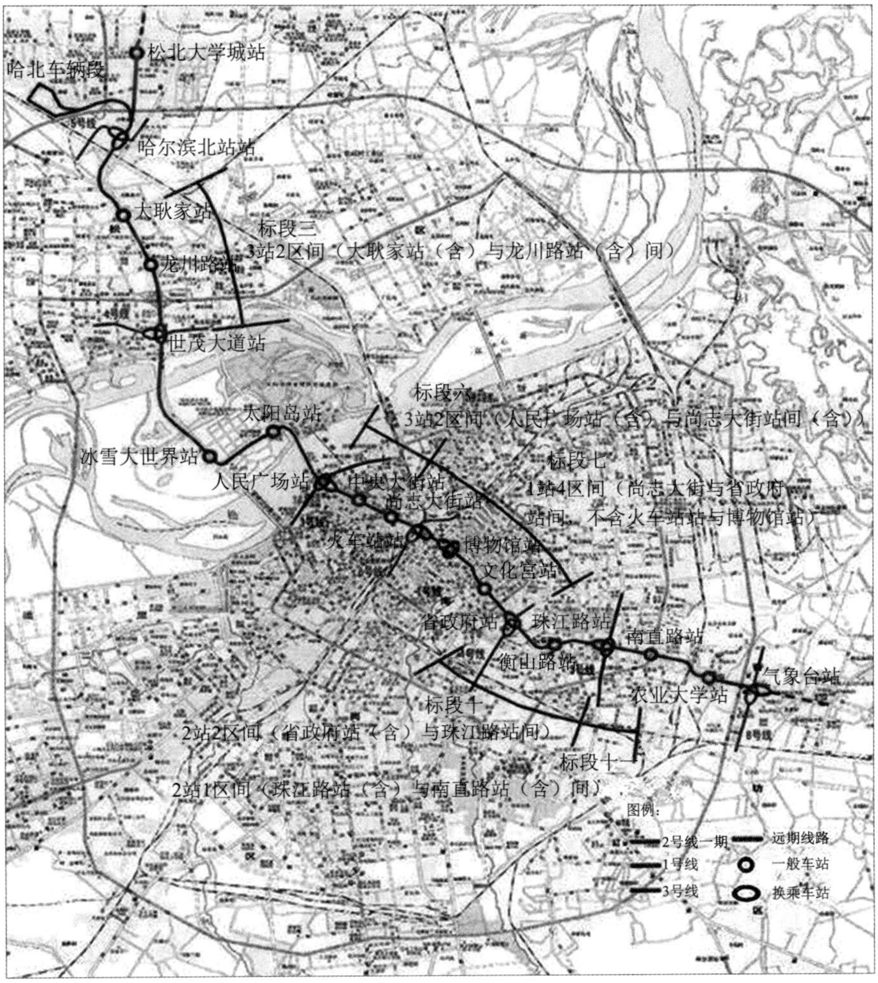

图 1-1 哈尔滨市地铁 2 号线一期工程平面示意

1.3.2 工程地质概况

根据钻孔揭露和室内土工试验结果，该场地勘察深度内所揭露的地层为第四纪地层及白垩纪泥岩。第四纪地层由全新统人工堆积层（Q_4^{ml}）、全新统低漫滩冲积成因土层（Q_4^{2al}）、下更新统东深井组冰水堆积层（$Q_1^{2fgl}d$）组成。

场地地层结构特点为典型松花江漫滩相地貌单元特征，地基土分布不均匀，性质变化较大，上部第四纪地层具有 2 ~3 个明显沉积轮回特征，即从上到下颗粒由细到粗分布。表层由杂填土组成，上部地基土主要由粉细砂组成，中间主要由中粗砂夹厚薄不均的黏性土组成，下部基岩为白垩纪泥岩。该工程地处松花江漫滩，场地地形平坦、开阔，区域地质构造较稳定，不存在能引起场地滑移、大变形和破坏等重大不良地质构造，属于基本稳定场地，适宜工程建设。根据《城市轨道交通岩土工程勘察规范》（GB 50307—2012）附录 E 隧道围岩分级和附录 F 岩土施工工程分级，杂填土中市政铺设路面及碎石垫层部分隧道围岩分级为Ⅳ级，其余隧道围岩分级为Ⅴ级；各层土的隧道围岩分级为Ⅵ级（黏土、全风化泥岩为Ⅴ级）。

1.3.3 水文地质概况

通过干钻至含水层测得孔隙潜水初见水位埋深5.90~8.30 m,地下水静止水位埋深为5.20~7.10 m,高程111.44~113.27 m(大连高程系)。通过抽水试验计算得出单位涌水量为1 139.34 m^3/d,综合渗透系数66.352 m/d,影响半径300 m,预测基坑涌水量为56 396.9 m^3/d,下部(2-4)层中砂、(7-2)层中砂属透水~强透水地层。

本场地有孔隙潜水及孔隙承压水分布,孔隙潜水水位埋深浅且水量丰富,车站基坑明挖深度超过地下水埋深,地下水对车站明挖工程构成不良影响;土方开挖后,地下水对基坑侧壁易产生渗透,造成潜蚀、基坑涌砂;下部孔隙承压水埋深较深,对基坑开挖影响较小,但承压水易产生基坑隆起等工程不良影响,应根据计算结果必要时采取降水减压措施。

1.3.4 不良地质的影响

场地特殊岩土主要有杂填土、素填土、季节性冻土。

(1)杂填土

杂填土:杂色,松散~稍密,均匀性极差,由建筑垃圾、生活垃圾和黏性土、砂土组成,道路上有沥青混凝土路面及三合土人工填筑的路基。广泛分布于场地表层,成分复杂,局部较厚呈松散堆积状态,厚度0.5~4.8 m,对车站开挖及基坑支护产生不利影响。

(2)季节性冻土

哈尔滨地区最大冻结深度2.05 m,标准冻结深度为2.0 m,属季节性冻土。从10月末开始冻结,至翌年3月中旬开始融化,5月中旬化透。基土冻胀类型为胀冻-特强胀冻,冻胀类别为Ⅲ~Ⅴ类。

1.3.5 场地土腐蚀性评价

在LCZX-29、LCZX-34钻孔中对地下水位以上土层采取6组土样,对土样进行易溶盐的分析。该场地土所处环境类型为Ⅱ类。根据《岩土工程勘察规范》(GB 50021—2001)12.2节,腐蚀性评价结果:按环境类型土对混凝土结构有微腐蚀性;按地层渗透性土对混凝土结构有微腐蚀性;对钢筋混凝土结构中的钢筋有微腐蚀性。

1.3.6 气象概况

哈尔滨市区内主干河流松花江自西南向东北流经市区北部,河道蜿蜒曲折,边滩及江心洲发育。河床宽293~1 000 m,水深5.80~11.00 m。历史最高水位120.89 m,二十五年一遇洪水位119.50 m。年径流量153亿~755.5亿 m^3,最大流量12 200 m^3/s,最大流速为1.99 m/s,最小流速为0.536 m/s,最大冰厚1.25 m,每年12月至翌年3月可通行汽车。其支流何家沟、马家沟、阿什河自西向东一字排开,南源北流。其中阿什河是主要支流,河道曲折。松花江历年最高水位多出现在八九月份的降雨集中期,历年最低水位一般出现在降水较少的1~4月份。1998年松花江流域遭遇百年罕见特大洪水,哈尔滨段水位达120.89 m,创历史最高水位,松花江25年一遇洪水位119.50 m,抗洪设防水位118.10 m。

1.4　研究内容

依托哈尔滨市地铁2号线一期工程下穿松花江主河道、老城区连续穿越古建筑群、博物馆站—工人文化宫站区间左线盾构机近接右线矿山法隧道同期施工、软土刀盘盾构穿越博苑中山幼儿园群桩切割、哈尔滨站—博物馆站区间右线至颐园街与邮政街交口附近下穿既有废弃人防工程以及严寒地区地铁区间隧道盾构施工需要解决的主要问题有管片预制、始发场地保温和盾构设备维护等工程技术难题，开展“严寒地区复杂环境地铁区间隧道盾构施工关键技术”的研究，其主要内容如下：

(1)泥水平衡盾构下穿松花江施工技术

主要包括区间隧道穿越松花江泥水平衡盾构法施工安全风险控制技术、泥水平衡盾构施工准备、穿越松花江泥水平衡盾构施工技术、泥水平衡盾构下穿松花江施工控制。

(2)富水砂层盾构连续穿越古建筑群施工技术

主要包括盾构机针对性设计、盾构穿越古建筑群盾构掘进控制技术、同步注浆与二次注浆技术、盾构下穿古建筑群沉降监测分析。

(3)软土刀盘盾构穿越建筑物群桩施工技术

主要包括软土刀盘盾构穿越建筑物群桩施工基础沉降分析、软土刀盘盾构穿越建筑物群桩施工技术。

(4)盾构穿越人防工程空推过矿山法隧道技术

主要包括区间右线隧道矿山法施工技术、暗挖段与盾构相接区域施工技术、横通道施工技术、区间左线隧道矿山法施工技术、盾构过矿山法隧道施工技术。

(5)盾构近接矿山法隧道同期施工技术

主要包括盾构近接矿山法隧道同期施工技术、不同间距对矿山法隧道衬砌结构力学行为影响分析、盾构掘进对矿山法隧道衬砌结构力学行为的影响分析、矿山法隧道初支钢格栅应力现场测试。

(6)严寒地区盾构隧道冬期施工技术

主要包括严寒地区管片衬砌冬期预制技术、盾构施工始发场地保温技术、盾构设备冬期维护技术。

第 2 章　泥水平衡盾构下穿松花江施工技术

2.1　区间隧道下穿松花江概况

2.1.1　线路概况

哈尔滨市地铁 2 号线太阳岛站—人民广场站区间总长度为 1 902.65 m，设置 3 个联络通道，其中 2 号联络通道与泵房合建。区间在左 XK14 + 470 ~ XK15 + 660 段、右 SK14 + 450 ~ SK15 + 660 段下穿松花江，穿江长度约 1.2 km。此段线路平面由 $R = 400$ m 的圆曲线逐渐转为直线，后又渐变为 $R = 450$ m 的圆曲线通过松花江。平面呈“S”形曲线，纵断面呈“V”形，最大下坡 15‰，最大上坡 4.361‰。太阳岛站—人民广场站区间平面示意如图 2-1 所示。隧道顶部覆土埋深约为 10 ~ 24.0 m。本段区间隧道纵坡为“V”形坡，最大坡度为 30‰，最小平面曲线半径 $R = 400$ m。

图 2-1　太阳岛站—人民广场站区间平面示意

区间隧道在区间中段两次下穿松花江支流，隧道过河段覆土厚度为 10 ~ 24 m，过河段线路平面曲线为直线，河宽 100 m 竖向曲线以 30‰坡度直线下坡，竖向曲线以 5.4‰直线下坡到隧道最低点，再以 6‰直线上坡。河床约宽 400 m，区间隧道主要穿越的地层为松花江漫滩区，隧道断面为（夹杂少量黏土及砾石）粗砂、中砂、细砂为主，局部有粉质黏土，砂层含水量大，透水性强，与江水直接有水力联系，且过江段覆土厚 10.3 ~ 24 m，江底水压较高，故盾构掘进时风险较大，对盾构密封性能、刀盘刀具耐磨性及地层沉降控制要求较高。

2.1.2　管片结构

区间隧道外径 6 200 mm，内径 5 500 mm，管片厚 350 mm，环宽 1 200 mm，C55P12 钢筋混凝土结构，由 1 块封顶块 F、2 块邻接块 L 及 3 块标准块 B 构成，错缝拼装。太人区间在里程 SK14 +500.000、SK15 +078.000 及 SK15 +470.000 处设置联络通道及泵站，冷冻法加固 + 矿山法施工。联络通道与正线隧道相接处的管片采用特殊管片开口环。

2.1.3　环境条件

1. 穿越防渗墙

松花江设有大堤临江面为斜面，铺设有花岗岩台阶。南岸大堤设置有连续、咬合的高压旋喷桩组成的防渗墙，墙顶标高在地下 2 ~2.5 m，墙底埋深 20 ~25 m，旋喷桩径 0.5 m。区间在松花江南岸道里堤防渗墙，防渗墙与隧道位置关系如图 2-2 所示。

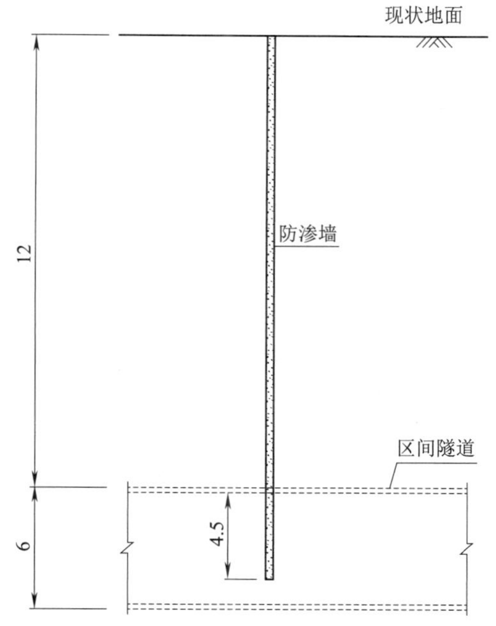

图 2-2　盾构隧道与防渗墙纵断面位置关系图(单位:m)

2. 穿越江堤、太阳桥

区间出太阳岛站后约 710 m 下穿太阳桥，区间隧道距离该桥基础水平距离约 33 m，该桥基础采用钻孔灌注桩桩径 1 200 mm，桩长 41.5 m，桩底标高 67.5 m。临近人民广场站一端下穿越右岸道里堤，隧道拱顶距离活动钢闸板桩基础端部约 10 m。

3. 区间周边建筑物

太人区间沿线建(构)筑物：太阳岛景区 1 号门广场停车场，隧道埋深 13.16 m，停车场为混凝土结构；隧道下穿太阳桥，区间隧道距离该桥基础水平距离约 33 m、隧道埋深 16.33 m，太阳桥为桩基加钢结构形式。

2.2 区间隧道穿越松花江泥水平衡盾构法施工安全风险控制技术

2.2.1 施工安全风险识别

1. 盾构适应性和可靠性

根据详细地质勘探报告,盾构掘进过程中主要穿越地层有黏土层、细砂、粗砂层,施工期间水土压力将达到0.36 MPa,主轴承密封、铰接密封、盾尾密封、刀盘和刀具设计以及其耐磨性、主轴承的扭矩、推进油缸推力、人仓设置以及整个系统的性能都对能否顺利完成掘进有重要影响,因此盾构对本工程地质条件的适应性和盾构况的可靠性是整个工程成败的关键所在。

2. 长距离穿越松花江刀具磨损

根据钻孔 QTRGZC-015 和 QTRGZC-037 取样室内矿物成分分析,隧道洞身范围的细中砂的石英含量平均值为21.8%,最小值4.0%,最大值68.0%,另外隧道洞身局部存在砾砂,为防止盾构刀盘的快速磨损,应选择合适盾构刀盘、刀具。

3. 盾尾泄漏

盾尾密封的作用主要是防止地下水、泥水和壁后注浆浆液通过管片和盾壳间喷涌到隧道内,但管片破损、止水条损坏、油脂腔局部压力无法保持等还是会导致地下水由尾部涌入。特别是在江中段掘进施工,水土压大,承压水与江水连通,对盾尾密封的效果要求更为严格。盾尾密封出现问题将会直接影响正常掘进,最严重的可能导致隧道被地下水淹没。所以能否有效避免盾尾泄漏事故对施工进度和安全都有非常重要的影响。

4. 盾构江中掘进泥水失压导致江底击穿与江中冒顶

泥水盾构在掘进中,主要依靠护壁泥浆在压力的作用下在掌子面上形成泥膜维持其稳定。若出现泥浆质量不合格、成膜质量差,将会造成仓内泥水向地层内逃逸;泥水压力设置过大也会造成仓内泥水向地层内逃逸,甚至击穿地层;压力设置过小,易造成掌子面坍塌;突然断电、压力波动太大、误操作等原因均可导致掌子面稳定无法维持;出现以上现象,将直接导致泥水失压,虽对隧道主体结构不会造成太大影响,但可直接造成盾构无法掘进。

5. 盾构掘进偏离设计轴线

盾构区间洞身主要为细砂、中砂、粗砂以及黏性土,在不均匀地层中掘进时,盾构机体可能会出现上抬、下俯或左右偏斜,因此,掘进时要特别注意对盾构机姿态的控制,防止盾构机发生偏移,并做到及时纠偏。隧道通过半土半砂地段,盾构参数的选取应根据地层情况适时调整,避免盾构掘进偏离方向及施工安全。

6. 始发井和隧道被暴雨淹没

根据工程总体进展,在过江掘进施工期间始发井施工尚未封顶,施工场面大也增加了汇水面积,隧道处于最低点。若防护不当,暴雨时大量雨水污水会汇入始发井并进入隧道而造成始发井及隧道被淹。

7. 江中遇不明障碍物

由于地下工程地质条件的复杂性以及地质勘探的局限性，以目前国内的勘察、探测技术，隧道穿越的地层不可能一一查明，推进工作面前方可能会出现各类障碍物，如类似朽木等的不明障碍物，造成盾构较严重损坏甚至无法正常推进。

8. 盾构突然断电

泥水盾构施工在操作上存在一定的特殊性，在不明原因下出现盾构停电如果处理措施不当将会造成安全事故。可能造成泥水仓压力过低，引起地面沉降等危险。

9. 盾构上发生火灾

盾构隧道施工作业区域人员密集，电力设备、易燃品众多，若盾构上发生火灾，通风不畅，产生的大量有毒气体很难排出去，会在盾构狭小的空间内聚集，造成大量的人员伤亡，并造成盾构停电。

10. 工作井频繁吊装作业

始发井深18 m左右，盾构组装、拆卸期盾构垂直提升作业、下井组装和拆卸作业，盾构施工期间垂直运输等工序作业频繁，工作井内起吊作业是工程施工一种风险，贯穿工程施工全过程。

11. 水平运输系统(电瓶车)溜车

泥水盾构施工所用管片、砂浆、泥浆管、油脂等材料，都是通过水平运输系统运输由始发井运至工作面，本工程隧道最大下坡为2.5%，最大上坡3%；单列水平运输编组向洞内运输时重达80 t。运输轨线末段直达管片安装区域，若发生电瓶车失控或溜车事故，重车将直接高速冲入管片安装区域撞上盾尾，造成管片吊机、管片安装机严重破坏，顶推油缸活塞杆也可能被机车压坏，若作业区域内有人员作业，则直接造成机毁人亡。

12. 工期风险

由于工程处于风景区，工程施工所需的外部条件受到一定程度的制约，如夜间施工、渣土运输等均对工程进展产生一定的影响；工程施工必须对周边环境做到很好的保护，如遇到突发事件对工程的影响将会很大，面临着工程能否按期建成的风险。

2.2.2　施工安全风险控制

1. 盾构适应性和可靠性风险控制措施

(1)认真研究工程地质和水文地质条件，工程特点，明确工程施工对盾构性能和功能的要求，盾构配置有应对突发事故的设备(如带压作业系统等)。

(2)根据现场条件强化设计制造联络，整机设计能力要有富余量(扭矩、推力、密封等)。

(3)在制造过程中派专业人员进行现场监造。保证盾构推进不出现无法现场维修更换的机械故障，要求盾构主要部件原材料性能优良，无损伤。大轴承在长时间挤压力和扭转力矩负荷的作用下，应基本不变形，无磨损、密封良好。

(4)配置耐磨性的刀盘、刀具，防止砂层、不均匀地质条件下刀具快速磨损；盾构必须具有满足人员带压进仓的设备。

（6）泥浆泵应当有足够的扬程，泥水输送的管路应采用耐高压、耐磨损的管材。

（7）掘进施工操作严格按照操作说明进行，避免人为因素造成设备损坏；施工过程中加强设备的维修保养，提高设备完好率。

（8）采用先进泥水加压平衡设备，易于掌子面泥水压力控制，掌子面护壁泥浆以使用性能较优的膨润土材料为主。

（9）盾构刀盘主轴承为进口日本 JTEKT 公司产品，主轴承分度圆径 ϕ3 025 mm，内外密封采用高耐压设计，最大工作压力为 10 bar，使用两道四指型聚胺酯密封加 1 道 VD 密封，有足够的抗水压能力。

（10）盾尾密封采用 4 道尾刷加 1 道止浆板实现耐高水土压力的要求；铰接密封前后共 2 道，铰接密封形式为 2 指型聚氨酯密封，使用寿命长。

2. 松花江下刀具更换措施

（1）刀盘面板及圆周采用高强度、耐磨设计，刀盘前面板进行耐磨堆焊接，大圆环周边焊接10 mm厚的耐磨合金板。刀具配置为中心鱼尾刀 1 把、主切削刀 86 把，先行刀 51 把、外周保护刀 12 把、仿形刀（1 用 1 备）。

（2）结合盾构已掘进冰太区间地层地质条件，对刀具磨损进行分析，原地层对刀具磨损在可控范围内，能够保证完成至少 1.7 km 的掘进，进而预测能够穿过松花江。

3. 盾尾泄漏风险控制措施

（1）盾尾设四道密封，即 4 道钢丝刷密封，密封腔内不间断地压注盾尾油脂以抵抗高水压力及可能的流砂泄漏。

（2）组装盾构时，将盾尾密封油脂填充质量作为重点来抓，确保盾尾刷内油脂充填饱满。

（3）在始发时盾尾油脂在同步注浆之前形成压力，并在施工过程中油脂压力要高于注浆压力，避免砂浆进入盾尾油脂腔、损坏盾尾密封。

（4）可采取手动和自动结合的方式对出现漏水、渗水、漏泥浆部位集中压注盾尾油脂。

（5）加强管片拼装操作，避免盾尾间隙过小使管片与密封刷刚性接触进而造成密封刷损坏；减少管片破损，避免密封槽处混凝土破损引起弹性密封止水条失效。

（6）管片外弧纵缝粘贴聚氨酯膨胀止水条，避免浆液或地下水砂沿纵缝涌入隧道。

（7）隧道内设一定数量的高扬程泥浆泵，以备急用。

（8）在盾构上配备有注浆材料和注浆泵，当出现较大漏浆情况时，则迅速通过倒数第二、三环管片二次注浆孔向地层压注水溶性聚氨酯进行封堵。

4. 盾构掘进中泥水失压、江底击穿与冒顶风险控制措施

（1）选择高分子聚合物材料拌制泥浆，并由试验工程师值班监测泥浆参数，及时更换、补充新鲜泥浆，保证循环泥浆黏度、比重满足要求。

（2）根据地质详勘测资料及地下水位监测结果，按照水土分算的方式，沿线路方向每 10 m计算一次泥水压力理论值，以此计算值作为施工参考值，并根据地表监测结构进行调整。

（3）盾构操作司机培训上岗，严禁新手独立操作，盾构掘进过程中注意掘进与旁通模式的切换，当发现泥浆循环不畅时，及时切换为旁通模式，避免液位骤升导致压力增大或仓内

泥浆抽空导致掌子面坍塌。

(4)非盾构司机严禁操作机器。

(5)突然断电后,保压系统仍可正常工作一定时间,做好突然断电的各项应急准备工作,避免盾构长时间断电。

5. 盾构掘进偏离轴线控制措施

(1)掘进时要特别注意对盾构机姿态的控制,防止盾构机发生偏移,做到及时纠偏。

(2)穿越砂层或黏土层时,同步注浆采用水泥砂浆,应做试验确定砂浆配比,并根据地层和掘进情况进行动态的调整,并控制掘进速度。

(3)应针对隧道周围土体性质,砂层和黏土层,确定两种配合比一般段和富水段砂浆配合比,确定适宜的泥浆配比和凝固时间,严格控制掘进速度,保证隧道安全稳定。

6. 隧道被暴雨淹没风险控制措施

(1)做好深始发井口防护,防止地表水从井口回灌。

(2)在隧道入口处设挡水坝,并将汇水由井口抽排;利用始发井天然集水井条件,在始发井内设置 500 m^3/h 抽排能力水泵;在施工期间在洞门处设一道挡水坝将水限制在井内。

(3)下坡掘进过程中,随着掘进铺设污水管路将隧道内污水通过管路排到始发井内,此外掘进中利用配备的污水泵将污水泵入排浆管道排出洞外。

(4)做好应急物资准备。特别是准备好井口防护砂袋、备用抽水泵等应急设备物资。

7. 江中遇不明障碍物风险控制措施

(1)在掘进过程中根据渣土情况判断地层是否含有杂物,地层是否均一。

(2)进行走访调查,特别是江中段是否有异常物等情况。

(3)在掘进过程中注意对掌子面刀盘响声的监听,有异常响声停止掘进进行研究,并考虑应对措施。

(4)根据掘进参数、姿态的变化推断是否有障碍物。

(5)设置搅拌器,以便异物排出。

(6)目前国内现有的施工技术水平,无法准确探测松花河床下各类障碍物,万一发生障碍物影响盾构掘进施工情况,需在探明各项边界条件后再制订具体的应对措施。

8. 盾构突然断电风险控制措施

(1)盾构机上配置一台 120 kW 发电机,突然停电时启动,确保保压系统正常工作。

(2)与供电部门做好沟通、保持密切联系,确保连续供电。

(3)高压电器设备及附件在采购过程中,必须要对厂家进行调查:有无国家颁发的各种资质,在出厂前有无产品的检验合格证和技术监督局出具的各种验收手续,是否符合国家有关高压电器设备的各种规定。

(4)高压电器设备的安装、制作必须由专业人员来操作,所有安装、制作一定要按照技术规范进行。

(5)高压电器设备安装、制作好后,必须由专业人员用专用高压电器检测设备进行检测,检测结果必须达到国家有关高压电器设备的规定后,才可送电。

(6)确保高压电器设备的安全距离,并做好防水、防撞、防砸等工作。

9. 盾构发生火灾风险控制措施

(1)系统油管爆裂高压油产生高压油雾,很容易燃烧发生火灾;清洗阀块等其他零部件用的柴油、煤油、汽油很容易燃烧起火;盾尾油脂在接触明火的情况下也容易发生火灾;EP2、HBW油脂、麻布、木料、橡胶等都可能燃烧发生火灾。以上物品和材料使用后要及时清理干净,杜绝盾构上可燃物的存在,不能杜绝的,要尽可能远离火源并进行必要安全保护。

(2)电焊工在焊接、切割物件时,产生的火花,容易引燃周围可燃物引发火灾,故焊接前必须将作业现场的杂物清理干净,并且尽可能远离可燃物,必须仔细检查电焊、气割设备的性能,并按要求接线、放置;作业过程中电焊工、气割工必须严格按照操作规程进行作业,严禁违规操作。焊接、切割作业前必须由主管领导签发动火许可证。

(3)电线老化,发生短路也可能引发火灾,值班电工和电气保养工程师要经常检查线路,对老化、破损的线路要及时进行更换,并经必要的安全保护。特别是制作高压电缆接头时必须在电气工程师的指导下严格按照制作工艺制作,制作完毕和使用前必须做耐压试压,达到要求并取得电气工程师的许可方能使用。

(4)洞内通风:由于夏季洞内温度高,若洞内温度高而且通风又差,这对防火是一大安全隐患,必须采取加强通风措施进行降温。必要时可采用冷冻机对循环进水进行冷却,然后在洞口和盾构上安装通风机对洞内进行循环通风,保证洞内合适的温度及空气的流通及空气质量。

(5)防火检查:项目部定期组织相关人员对盾构进行防火检查,检查防火措施的落实情况。

(6)防火材料、机具、设备的准备情况。检查防火设施、材料是否正确存放,性能是否完好,数量是否满足要求。对不合格的防火设施、机具、设备要及时予以更换,数量不够的要及时增加。

(7)防火制度、方案的现场执行情况。检查是否按制度要求执行,是否落实到位,还存在哪些不足之处,并及时改正。

(8)防火的应急逃生通道。检查逃生通道是否畅通,若通道不畅通要及时清理,保证通道的畅通。

(9)材料运输车辆的保证。保养工、司机必须定期检查运输车辆,检查应急运输车辆性能是否良好,是否满足应急需要。

10. 工作井频繁吊装作业风险控制措施

(1)所有起吊设备必须具有政府质量监督部门检验合格证,起吊设备的操作人员必须经过考核并持证上岗;吊装作业应由专人指挥,并确保指挥信号的统一。

(2)起吊设备要定期派专人保养,有故障及时排除;起吊钢丝绳、吊钩必须进行日检。

(3)组装期间、施工期间必须编制安全吊装方案,并严格按照方案实施;起吊人员严格按照三班制,严禁疲劳作业。

(4)在起吊过程中,严禁井下人员停留或经过。

(5)对井下设备要做好防护,避免碰撞和坠物损坏井下重要设备。

(6)做好井口的安全防护。

(7)盾构组装、拆卸制订专项方案,对专项方案进行评审后实施。

11. 水平运输系统(电瓶车)溜车风险控制措施

(1)所有人员必须持证上岗。

(2)实行司机、调车员、维修保养工及维保工程师四级巡检制度,并做好相关记录。

(3)每天运行前,司机对列车进行检查,发现问题及时报告维修保养工程师;机车出现的问题没有得到改正以前,严禁司机操纵机车。

(4)在光照强度不够、视觉模糊的情况下,机车应打开警示灯,前后灯、仪表灯。

(5)司机在驾驶机车运行时要时刻注意前、后方的情况,以及操纵台上的各种仪表和显示灯。

(6)由于电线的烧损和轴、轴承发热都可产生异味,要特别注意任何不正常的声音和气味,如有异常,及时停车处理,并报告有关负责人。

(7)机车在运行过程中,如过载使变频器发生保护性断电,应把手盘拨回零挡,变频器重新通电,再把手盘迅速拨到当时速度相应的挡位,如变频器频繁发生保护,应停车查清故障并清除后再使用机车。

(8)严禁在变频器面板上放置茶杯等有可能溢水的东西,以防有水进入变频器导致短路。

(9)当手盘意外扳断时,速把启动钥匙拨回零位,使变频器断电,否则,变频器会一直在挡位上,机车不能停住。在机车电制动同时辅助脚制动,在机车停止后把手刹拉到“停”位置,机车驻车制动。

(10)司机离开机车时,必须将手刹扳到停位置,控制手盘位于零挡位置,长期离开应关电源。

(11)下坡段掘进,在电瓶车停车位、最后一节拖车后 100 m、轨道末段三个位置设置便于拆卸的阻车器,到达阻车器位置时,由调车员指挥电瓶车减速、停车,并下车拆除阻车器。即使万一发生溜车情况,阻车器也可造成电瓶车遍组跳道,将损失降到最低。

12. 工期风险控制措施

(1)做好工程总体筹划工作,使施工协调有序进行。

(2)加强施工安全、质量和进度管理,定期进行全面检查,分析偏差,并根据检查结果对施工进度计划进行合理调整。

(3)对于影响工程进展的外围协调及时向业主汇报,请业主加大力度;对于渣土外运、夜间施工、施工供电等请求业主的支持。

2.3　泥水平衡盾构施工准备

2.3.1　泥水平衡盾构施工准备

1. 盾构选型分析

区间左右隧道长距离下穿松花江,风险等级为Ⅰ级。盾构下穿松花江南岸江堤防渗墙,其环境风险也为Ⅰ级。为保证区间隧道盾构下穿松花江施工顺利及周边环境安全,应采用泥水平衡盾构机,将风险降至可控范围内。

泥水平衡盾构施工的原理(图 2-3)是通过向刀盘密封舱内加入泥水(浆)来平衡开挖面的水、土压力,刀盘的旋转切削和推进在泥水(浆)环境下进行,渣土与泥水混合后通过泥浆泵抽出并经泥浆分离器处理后排除。在开挖面,随着泥水不断渗入土体,泥水中的砂土颗粒填入土体空隙中形成渗透系数较小的泥膜,减少开挖面的压力损失,从而保持开挖面的平衡稳定性及控制地面沉降,适用于冲积形成的砂砾、砂、粉砂、黏土层以及含水率高开挖面不稳定的地层及对地面沉降控制要求较高的施工环境。泥水平衡盾构施工工艺流程如图 2-4 所示,盾构掘进控制操作程序如图 2-5 所示。

图 2-3　泥水平衡盾构施工原理示意

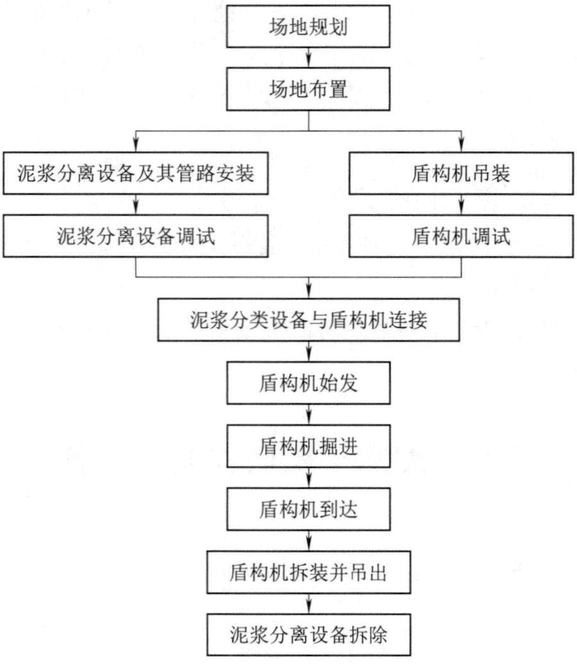

图 2-4　泥水平衡盾构施工工艺流程

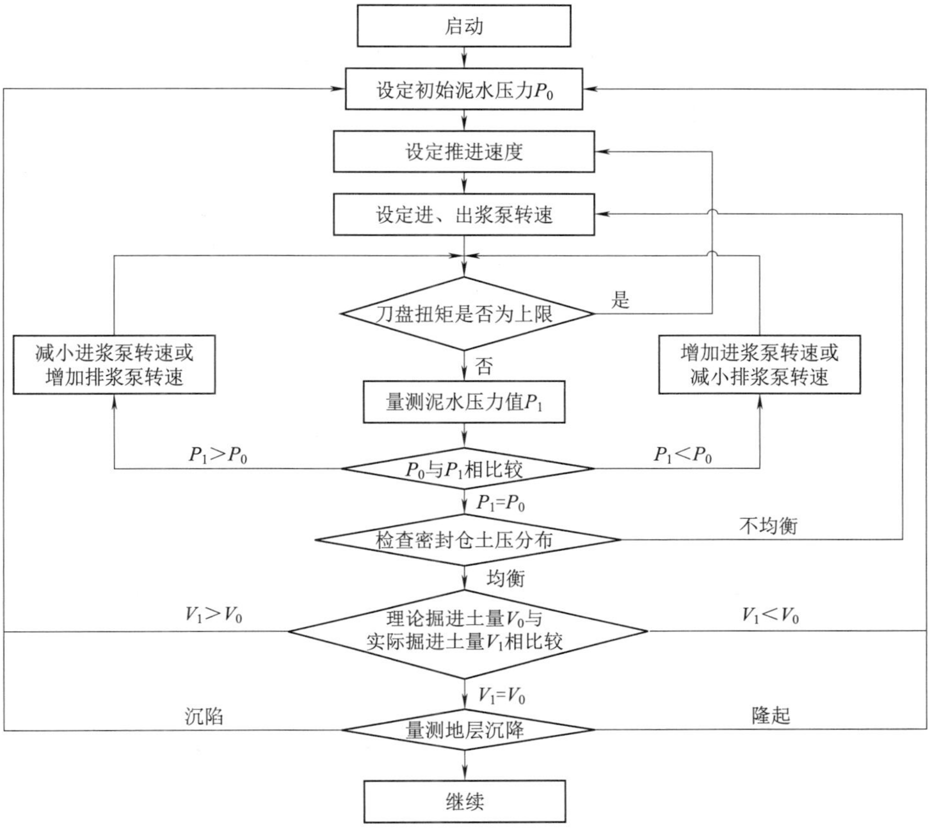

图2-5　泥水平衡盾构掘进控制操作程序

2. 场地平面布置

泥水平衡盾构机的特点之一就是利用泥浆循环出渣，通过泥浆分离机实现渣土和泥水的分离。泥浆处理是一个循环系统，其管路复杂，占地面积较大，因此，要科学合理地对施工场地进行规划和布置。场地主要包括生活和办公区、生产作业区、材料堆放区，生活、办公区应该与生产作业区隔离分开设置。生产作业区主要包括变电所（变压器2 000 kVA/台）、渣场区（压滤设备、泥浆分离设备）、泥浆处理池（浆液泵站）、泥浆管加工厂及堆放场，钢轨、轨枕堆放区，管片存放区（不少于60环）、充电区等。泥浆分离场区如图2-6所示。

图2-6　泥浆分离场区

3. 垂直运输与水平运输

(1)垂直运输系统

正常掘进阶段采用1台15 t门吊进行垂直运输。主要负责盾构施工所需材料的运输，运输材料包括轨枕、轨道、水管、管片及油脂、油料等。

(2)水平运输系统

盾构始发及正常掘进时，通过15 t行走门吊吊运，经预留下料口进行管片等材料的下井。隧道内水平运输采用电瓶车牵引有轨运输，隧道内运输轨道布置，采用43 kg/m钢轨铺设单线，钢轨内距900 mm，钢轨枕采用200b H型钢，间距为900 mm，用压板螺栓固定钢轨，轨枕间用钢筋拉牢。泥水盾构列车编组由1节45 t变频电机车+1节7 m^3砂浆车+2节管片车+1节材料车组成。

4. 泥水平衡盾构机组装

将盾构机各部件运至始发井口的组装场地，用吊车将分解后的盾构部件吊入始发井，进行组装及调试。租用260 t履带吊车，50 t汽车吊各一台。其中，50 t汽车吊用于组装260 t履带吊，盾构的前盾、中盾、刀盘使用260 t履带吊进行单机吊装，23 m主臂加6 m副臂进行翻身吊装作业放入井中，完成组装任务。盾构机的其他部分以及后配套设备将由260 t吊车独立吊入井中，完成吊装任务。

盾构机整体重量和体积均较大，为满足吊装和运输要求，需将盾构机刀盘系统、前盾系统、中盾系统、盾尾系统、管片拼装机系统、泥浆循环输送系统及车架系统等部件分别吊装。将盾构各部件用平板车、货运车运至吊装现场，用汽车吊将部件吊放井下。

钢丝绳选择如下：

(1)盾体下井钢丝绳采用直径65 mm一对(单根最小破断拉力2 490 kN)，2 490 kN/根×4根×0.85(折减系数)=8 466 kN，总最小破断拉力8 466÷9.8÷6(安全系数)=143.98 t，钢丝绳长度为20 m、折回长度为10 m，盾体吊耳间距离为2 m，钢丝绳与盾体的水平夹角大于65°。

准许吊载重量为143.98 t，完全大于盾体重量。

(2)刀盘下井采用两条ϕ52×20 m的钢丝绳4个头受力(单根最小破断拉力为：1 360 kN)，1 360 kN/根×4根×0.85(折减系数)=4 624 kN，总最小破断拉力4 624÷9.8÷6(安全系数)=78.64 t，钢丝绳长度为20 m、折回长度为10 m，刀盘吊耳间距离为1 m，钢丝绳与刀盘的水平夹角大于70°。

准许吊载重量为78.64 t，完全大于刀盘重量。

(3)卸扣全部采用6件50 t美制弓形卸扣。

5. 接管排污处理

DN325泥水管路随着盾构前进向前延伸，每6 m接管1次，每100 m安装1组闸阀，接管时满管外溢的泥水约16 m^3，收集于设置在车架上的蓄液箱内，外运至工作井外。除接管外，其他时间管路上的手动阀必须常开。

6. 隧道内通风及管路布置

(1)隧道通风

洞内施工通风采用2台轴流风机和 ϕ1 000 拉链式软风管进行压入式通风。风机设在竖井上方,以保证通风效果。

(2)人行走道

隧道掘进方向的右侧设置人行走道,并采用镀锌钢管、尼龙绳等作为临边防护,保证行人安全。

(3)隧道照明

在隧道左上方和右上方各布置1个灯架,照明电缆和灯具固定在上面,每相隔6 m布置1个灯架。高压和低压电缆布置在左侧灯架下方。

(4)管路

清水管、送泥管、排泥管、排污管以及通信电缆等管路通过管架布置在隧道管片右侧,每相隔4.8 m布置1个管路托架。泥水盾构洞内管线布置如图2-7所示。

图2-7　泥水盾构洞内管线布置

7. 隧道内通信

(1)与外界的通信

主机上设置可拨打市话的有线电话。

(2)各作业面间的通信

每个工作面均配备数量不等的对讲机,并调整对讲机工作频率、频道,保证班组内、班组之间的通信。

2.3.2　进出洞方案

1. 始发方案

(1)始发端头地层加固

盾构始发段隧道上方土体由上至下依次为6.1 m厚1-1杂填土层、2.5 m厚(2-2-2)粉砂层、2.5 m厚(2-2-3)粉砂层,隧道范围内为(2-3-2)细砂层,隧道底部含有(2-4-2)黏土层。

始发端头地层加固采用 ϕ600@450 mm三管旋喷桩+2 m压密注浆进行加固。加固范围为6.5 m宽,盾构上、下、外侧3 m范围内。隧道上下3 m为强加固区,桩长12.2 m,地面以下7.87 m为弱加固区。始发端头加固剖面如图2-8所示。

旋喷桩采用42.5级以上普通硅酸盐水泥,水灰比1:1,水泥掺量强加固区为240 kg/m,弱加固区为120 kg/m,水泥最终用量需根据试验确定。无侧限抗压强度不小于0.8 MPa,渗透系数 $K \leqslant 1 \times 10^{-7}$ cm/s,在盾构通过前,进行垂直和水平钻孔,检验渗水量,保证盾构顺利始发安全。为确保端头土体加固效果,减小洞门破除风险,在端头靠近地墙2 m范围内增加压密注浆;压密注浆采用袖阀管注浆。

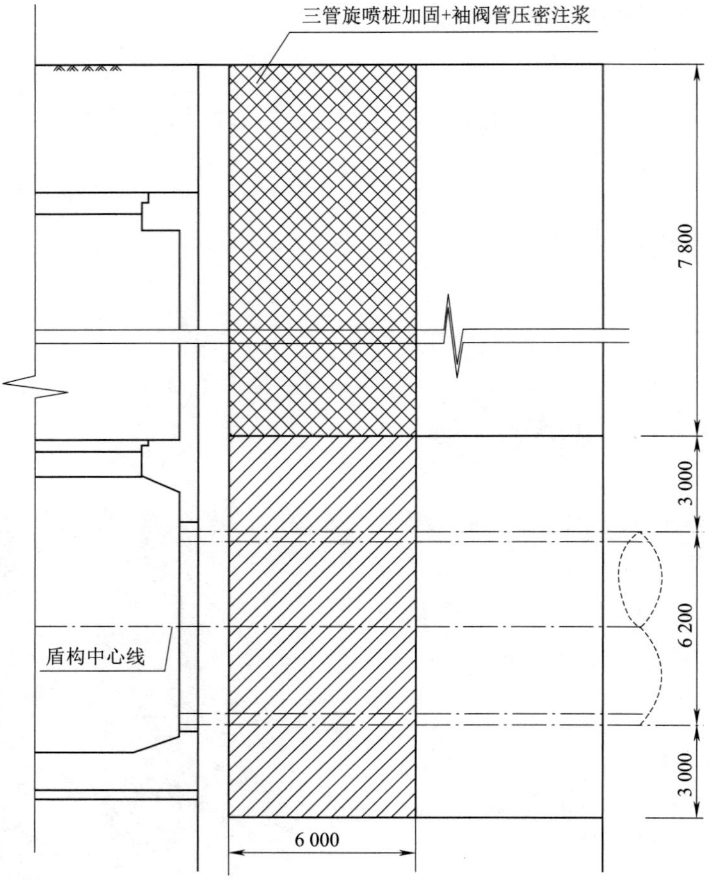

图 2-8　始发端头加固剖面(单位:mm)

(2)端头降水

在始发端头两隧道中间,左右侧布置 12 降水井,将水位降至隧道底以下,确保洞门凿除安全。

(3)钢套筒密闭始发

在盾构始发井内安装钢套筒,盾构机安装在钢套筒内,然后在钢套筒内填充回填物,通过钢套筒这个密闭的空间提供平衡掌子面的水土压力,盾构机在钢套筒内实现安全始发掘进。钢套筒密闭始发示意如图 2-9 所示。

2. 到达方案

(1)端头加固

盾构接收端头位于人民广场站小里程端。端头隧道上方土体由上至下依次为 4.4 m 厚(1-1)杂填土层、2.6 m 厚(2-2-2)粉砂层、2.2 m 厚(2-3)细砂层、5.6 m 厚(2-3-2)细砂层及 4.1 m 厚(2-4) 中砂层,隧道范围内为(2-4)中砂层,隧道底部为(7-2)中砂层和局部(7-1)黏土层。

接收端头地层加固采用 ϕ600@450 mm 三管旋喷桩进行加固。加固范围为 6.5 m 宽,盾构上、下、外侧 3 m 范围内。隧道上下左右 3 m 为强加固区,桩长 12.2 m,地面以下为弱加固区。到达端头地层和加固剖面如图 2-10 所示。

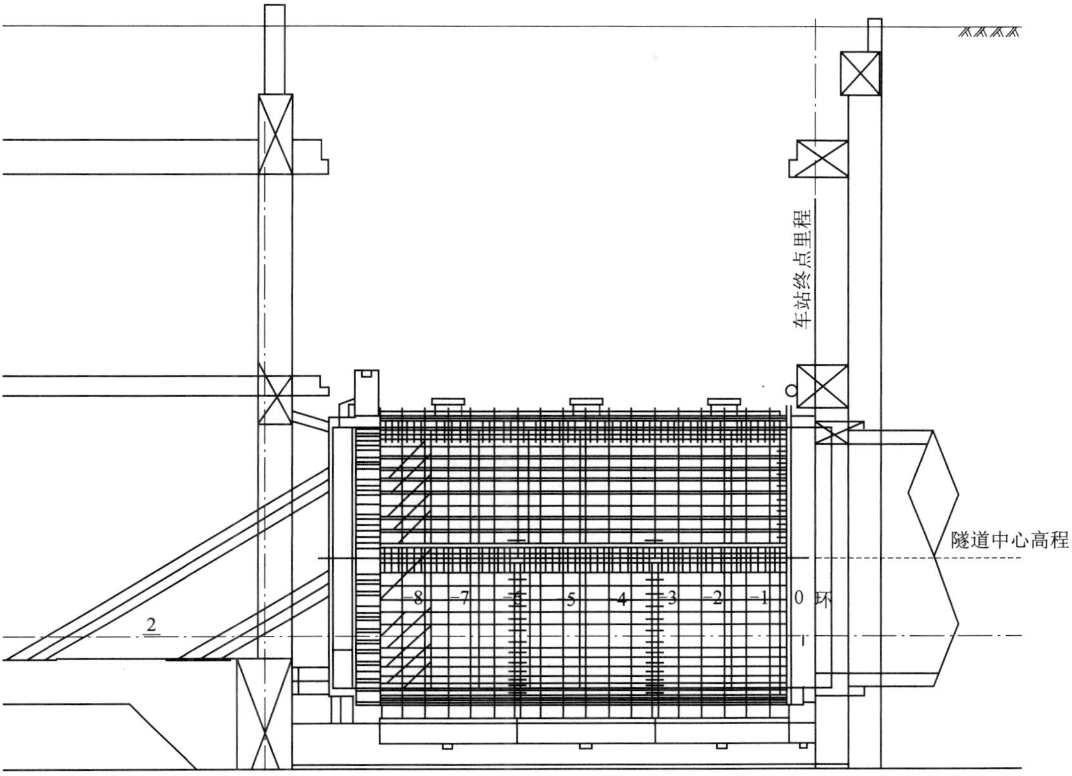

图 2-9　钢套筒密闭始发示意

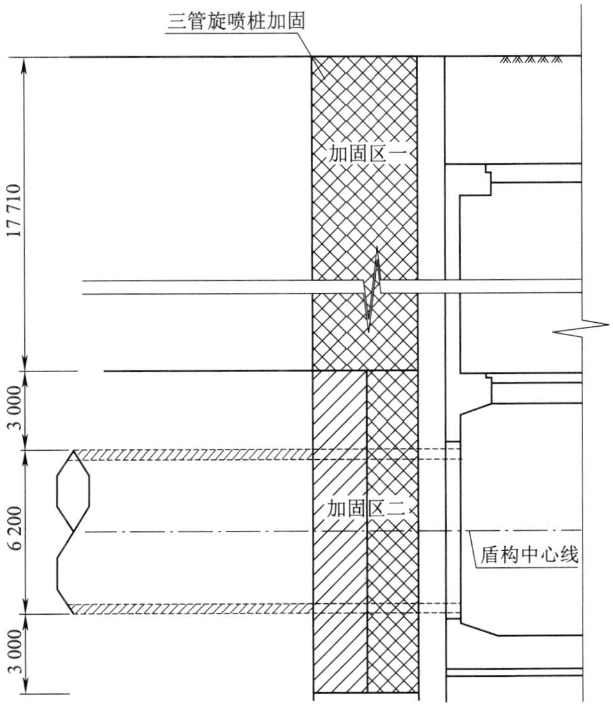

图 2-10　到达端头地层和加固剖面(单位:mm)

(2)钢套筒接收

密闭接收装置接收方案,即采用钢套筒与洞门预埋钢套筒连接,在钢套筒内回填砂土压实,接收钢套筒内预加一定压力,与泥水仓切口压力相同,然后盾构机直接掘进到钢套筒内,在盾尾补充注浆,等浆液凝固后,依次拆解钢套筒和盾构机并吊出,完成到达施工。钢套筒内底部回填碎石,以防止到达时候栽头。钢套筒接收如图 2-11 所示。

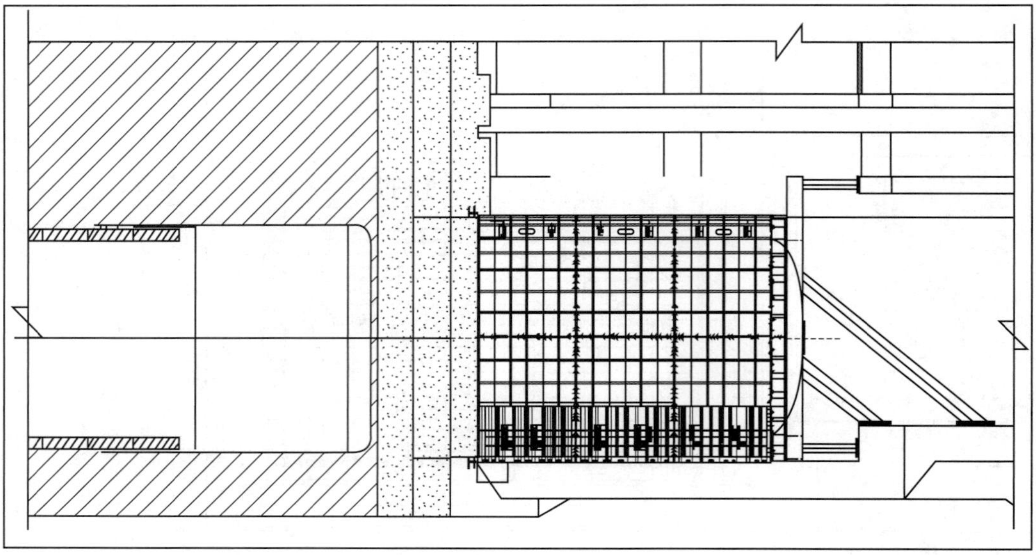

图 2-11　钢套筒接收示意

3. 始发与到达重难点分析

(1)盾构始发、接收段地层主要为细砂、中砂层,夹杂黏性土,易发生涌水、涌泥、涌砂等现象。

①始发前对端头加固进行垂直取芯、水平探孔检测,检查加固效果。

②采用端头降水,将端头水位降至隧道面以下。

③保证钢套筒的安装精度和强度,确保钢套筒密效果。

④尽量减少洞口土体暴露时间,洞门圈混凝土凿除时,保留最后一层玻璃纤维筋。

⑤加密始发与到达阶段的监测点。

(2)盾构机在缓和曲线上始发姿态控制,*R*400 小半径曲线段施工,难度较大,对于隧道轴线的控制尤为重要。

①始发前拟合盾构机始发姿态。

②当发现盾构偏离轴线时,要避免突纠,要做到勤纠、慢纠。

③盾构始发线路的延线上,盾构始发坡度与隧道设计坡度相同,根据施工经验,稍高于设计高程。

④未脱离始发钢套筒始发姿态控制,沿预定线路前进,在刀盘进入加固体时,慢速,匀速为原则。盾构推进速度小于 10 mm/min。

⑤盾构脱离始发基座后,通过千斤顶推进调整姿态,也可以通过铰接和超挖刀配合调整

姿态,以便盾构更快的沿设计轴线前进。

(3)既有管线保护始发与到达端头附近有燃气管、通信网络、电力、雨水等。

盾构穿越既有管线的总体施工技术措施归结为:平衡模式 + 同步注浆 + 地面沉降监测,实行信息化施工。

①控制和调整推进速度。盾构机在接近燃气管时,放慢推进速度,控制在 15 mm/min 左右。

②控制气仓压力,使土仓压力与地层压力保持平衡,以减小沉降。

③穿越施工时,注浆应根据监测数据实际情况即时调整,注浆量初步考虑在 6.0 m^3。

④穿越后的二次注浆:二次补浆以少量多次为原则。

2.3.3　泥水平衡盾构施工测量

1. 控制测量

(1)平面坐标传递

用陀螺定向法将地面坐标及方向传递到始发井隧道中,在整个施工过程中,坐标传递测量至少进行三次,用投点仪精确投点,再进行竖向联系。

(2)高程传递

用鉴定后的钢尺,挂 10 kg 重锤用两台水准仪在井上下同步观测,将高程传至井下固定点。用 6 ~ 8 个视线高,最大高差差值≤2 mm,整个区间施工中,高程传递至少进行三次。

以工作井联系测量的井下起始边为支导线的起始边,沿隧道设计方向布设导线,直线段导线边长≥200 m,曲线段导线边长≥100 m 布设一点。导线采用左右角观测,圆周角闭合差≤2″。

2. 掘进测量

在盾构机的配置中,用于掘进方向控制的主要为演算工房导向系统来控制,在盾构机右上方管片处安装吊篮,吊篮用钢板制作,其底部加工强制对中螺栓孔,用以安放全站仪。

强制对中点的三维坐标通过洞口的导线起始边传递而来,并且在盾构施工过程中,吊篮上的强制对中点坐标与隧道内地下控制导线点坐标相互检核。如较值过大,需再次复核后,确认无误后以地下控制导线测得的三维坐标为准。因此盾构在推进过程中,测量人员要牢牢掌握盾构推进方向,让盾构沿着设计中心轴线推进。

为了保证导向系统的准确性、确保盾构机沿着正确的方向掘进,需周期性地对导向系统的数据进行人工测量校核。

盾构推进中测量包括:

(1)盾构姿态测量

包括纵向坡度、横向坡度、平面、高程偏离值、切口里程滚动值等。

(2)环片成环现状测量

主要包括环片的直径、环片的平面和高程偏差以及环片前沿里程等。

3. 测量管理措施

(1)地面控制网定期复测卡控:盾构始发前三个月内,必须对本区间及相邻区间公用的卫星定位控制点、精密导线点、加密控制点、水准点进行复测；地面控制网开工后必须定期复测，每半年至少一次。

(2)联系测量频次精度卡控：

太人区间在盾构始发前对本区间作第一次联系测量，确保盾构的顺利始发，此后将在推进至150 m、300～400 m、700～800 m、1 000～1 100 m、1 400～1 500 m、贯通前150～200 m处时分别作一次联系测量。

在推进700～800 m、1 400～1 500 m，加测一次陀螺定向以校核坐标方位角，用来指导隧道的掘进和贯通。

(3)盾构机零位姿态校核卡控：盾构始发前必须对盾构机零位姿态进行测量校核；在盾构始发、掘进过程中每100环、到达前50环必须进行盾构机姿态人工复测。

(4)计划线复测确认卡控：盾构导向系统计划线数据必须两级复核、双向确认，作为始发验收条件之一。

两级复核：项目部复核，三级公司复核；

双向确认：计划线数据电子文档导入导向系统前，要检查核对，确认无误；之后采用独立方式从导向系统内将计划线数据拷贝导出，最终确认其正确性。

(5)移站前后姿态限差卡控：盾构掘进移站测量时，应从地下控制导线点人工引测，

同时必须对比移站前后盾构机姿态数据，超限时要分析查找原因，必要时重新测量。

(6)盾构管片人工复测卡控：盾构掘进过程中，每20环(搭接3～5环)进行一次盾构管片姿态人工测量，比较导向系统显示姿态与实际姿态的偏差，监测管片的位移规律，确认成型隧道轴线偏差是否满足设计要求。

(7)接收守候测量卡控：盾构接收前，必须进行覆盖该盾构区间的地面控制测量、联系测量、地下控制测量和接收端洞门测量，并对接收井前50环处盾构机姿态人工复核，根据测量结果调整盾构机掘进参数。盾构机接收刀盘出露前，应提前在接收端内设站守候测量，监测盾构贯通。

2.4 穿越松花江泥水平衡盾构施工技术

2.4.1 泥水平衡盾构适应性分析

1. 盾构机主要技术参数

采用两台全新泥水平衡式盾构机进行施工，其主要技术参数见表2-1。

表2-1 盾构机主要技术参数

名　称	参　数	名　称	参　数
开挖直径	6 470 mm	最大爬坡能力	50‰
刀盘盾体长度	9.80 m	最大总推力	40 000 kN
拖车长度	92.2 m	额定扭矩	8 517 kN·m
总长	102 m	脱困扭矩	11 072 kN·m

续上表

名　称	参　数	名　称	参　数
盾体总重量	400 t	最大掘进速度	60 mm/min
总重	500 t	工作压力	6 bar
最小平面转弯半径	250 m	总装备功率	2 443 kW
最小竖曲率半径	1 000 m	整机使用寿命	10 km

2. 刀盘刀具对地质的适应性分析

刀盘的结构形式设计成辐条 + 面板的复合形式，如图 2-12 所示。开挖直径 6 470 mm，刀盘面板及圆周采用高强度、耐磨设计，刀盘前面板进行耐磨堆焊接，大圆环周边焊接 10 mm厚的耐磨合金板。

图 2-12　刀盘结构

刀具配置：中心鱼尾刀 1 把、主切削刀 86 把，先行刀 51 把、外周保护刀 12 把、仿形刀（1 用 1 备）。先行刀高 150 mm，主切削刀高度 110 mm 和 90 mm，提高刀盘外侧轨迹刀具的使用寿命，降低刀盘的磨损。

开口率 33.7%，刀盘在砂层中掘进时，有利于渣土的流动并进入土仓。刀盘正面与刀盘外圈面为垂直关系，避免在开挖过程中出现沉降现象。

3. 盾构对防滞排的适应性分析

刀盘背部有 4 个轨迹主动搅拌臂，增强泥水仓的渣土流动性；泥水仓下部配备 2 个搅拌器，防止泥水仓下部的土砂沉淀；通过分流器和 P0 泵提高排泥管吸口的流速。在吸口两端设置冲洗管，防止滞排现象。泥水刀盘前仓结构如图 2-13 所示。

4. 盾构对高水压状态下防水密封性能的适应性分析

刀盘主轴承为进口日本 JTEKT 公司产品，主轴承分度圆径 ϕ3 025 mm，内外密封采用高耐压设计，最大工作压力为 10 bar，使用两道四指型聚胺酯密封 +1 道 VD 密封，有足够的抗水压能力，主驱密封示意如图 2-14 所示。

盾尾密封采用 4 道尾刷加 1 道止浆板实现耐高水土压力的要求。铰接密封前后共 2 道，铰接密封形式为 2 指型聚氨酯密封，使用寿命长，如图 2-15 所示。

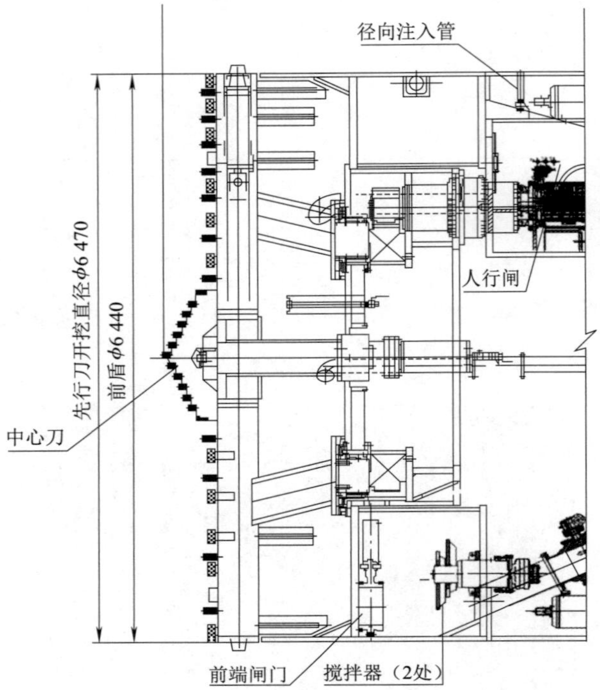

图 2-13　泥水刀盘前仓结构（单位：mm）

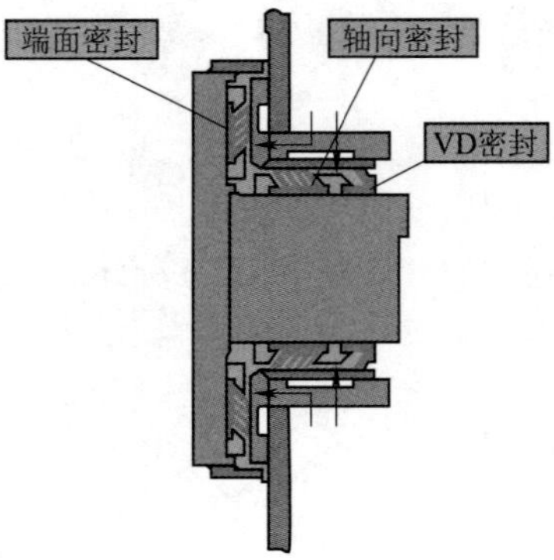

图 2-14　主驱密封

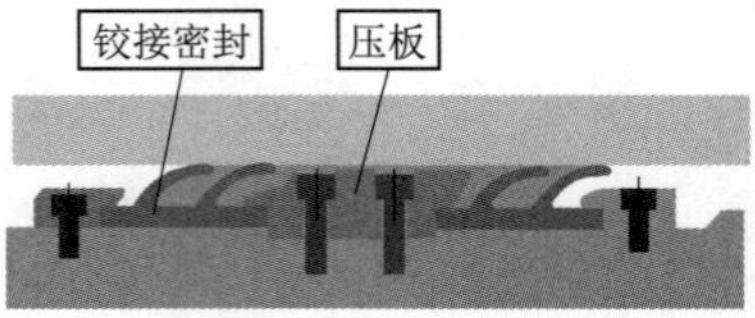

图 2-15　铰接密封

5. 盾构对特殊情况带压进仓的适应性分析

盾构机设置用于带压进仓的人舱系统，工作压力 5 bar，包括主舱和副舱，如图 2-16 所示。气源由一台 90 kW 空压机（配 2 m^3 储气罐）提供。

6. 盾构对控制地表沉降的适应性分析

保压系统采用德国 Samson 自动控制系统，精度达到满足 0.02 bar，可以提供稳定的压力控制。盾构机同步注浆系统配置 2 台 SCHWING 双活塞泵，每台设计流量 12 m^3/h，注浆出口最大压力60 bar。按照6 cm/min的掘进速度计算，每环掘进时间为 20 min，理论填充率选取最大值 200%，则每环注浆量 $= \pi \times (6.47^2 - 6.2^2)]/4 \times 1.2 \times 200\% = 6.4\ m^3 <$ 注浆泵每环流量 8 m^3。因此，注浆泵配置完全能够满足同步注浆需要，同步注浆能及时填充盾构掘进管片后壁缝隙，防止地表沉降。配置了二次补浆系统，可以及时补充注浆效果，防止地表沉降。

图 2-16　人舱

7. 盾构对长距离过江施工的适应性分析

盾构刀具配置有切刀、刮刀，并增加圆环端面保护刀，满足盾构在软土、砂层地层中掘进，又具备在黏土地层掘进的能力，刀盘、刀具具有很高的耐磨性，确保一次过江避免江中换刀风险。人员仓设计合理安全，能确保带压进仓作业条件。

8. 盾构机掘进方向控制

盾构机配置日本演算工坊激光导向系统。该系统配置了导向、自动定位、掘进程序软件和显示器等，能够全天候在盾构主控室动态显示盾构当前位置与隧道设计轴线的偏差以及趋势。据此调整控制盾构掘进方向，使盾构姿态始终保持在允许的偏差范围内。

采用任意分区形式操作盾构推进油缸控制盾构掘进方向。根据线路条件所做的分段轴线拟合控制计划、导向系统反映的盾构姿态信息，结合隧道地层情况，通过分区操作盾构的推进油缸来控制掘进方向。

9. 盾构对小曲线转弯的适应性分析

盾构机在中盾与盾尾连接处设置主动铰接系统，由 12 根铰接油缸连接，铰接油缸行程范围 200 mm。在转弯时，通过推进油缸的行程差调节中盾和盾尾之间的夹角，铰接油缸行程被动跟随调整，实现转弯。设计最小转弯半径为 250 m。铰接系统如图 2-17 所示。

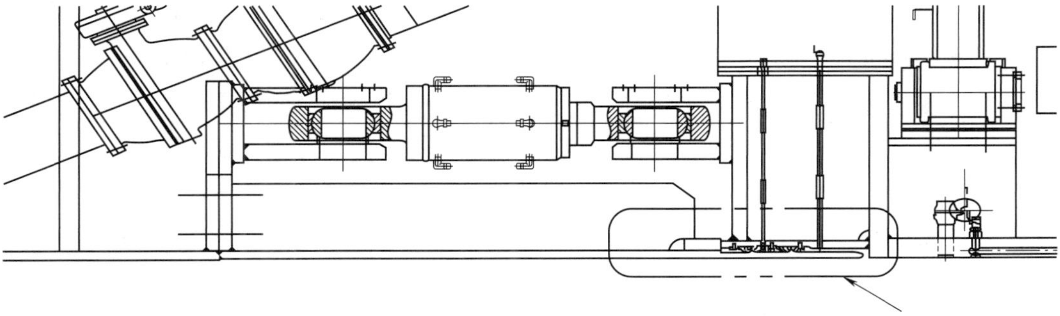

图 2-17　铰接系统

2.4.2　泥水平衡盾构掘进工艺

1. 泥水平衡盾构掘进工艺流程

泥水平衡盾构掘进工艺流程如图 2-18 所示。

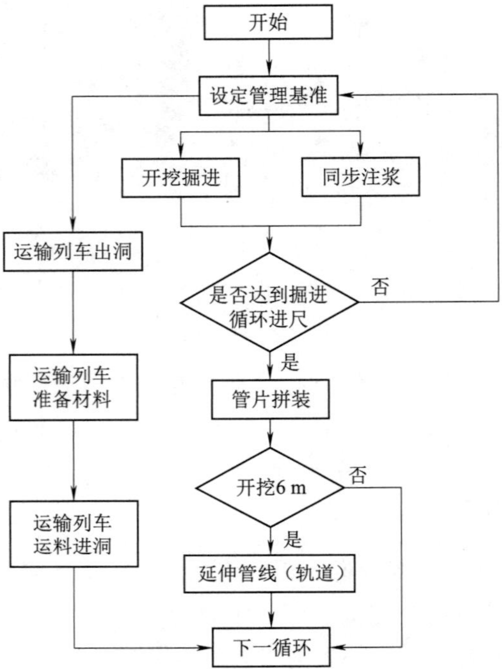

图 2-18　泥水平衡盾构掘进工艺流程

2. 泥水盾构掘进管理

为保证工程施工顺利进行，加强盾构在越江段的掘进管理（图 2-19），主要包括：

①根据地质条件、覆土厚度和试掘进过程中的经验结果进一步优化掘进参数。

②推进过程中，严格控制好推进方向，将施工测量结果不断地与计算的三维坐标相校核，及时调整。

③盾构操作人员应根据当班工程师指令设定的参数推进，推进与管片背后注浆同步进行。不断完善施工工艺，控制施工后地表最大变形量在 +10 ~ −30 mm 之内。

④盾构掘进过程中，坡度不能突变，隧道轴线和折角变化不能超过 0.4%。

⑤盾构掘进施工全过程须严格受控，工程技术人员根据地质变化、隧道埋深、地面荷载、地表沉降、盾构机姿态、刀盘扭矩、千斤顶推力等各种勘察、测量数据信息，正确下达每班掘进指令，并即时跟踪调整。盾构机操作人员须严格执行指令，谨慎操作，对初始出现的小偏差应及时纠正，应尽量避免盾构机走“蛇”形，盾构机一次纠偏量不超过 4 mm/环，以减少对地层的扰动。

⑥做好施工记录：盾构推进压力、盾构掘进速度、盾构刀盘压力、刀盘转速、泥水仓压力、泥浆流量、注脂压力、注浆压力、盾构竖直及水平偏差及盾构机各设备运行状态等。

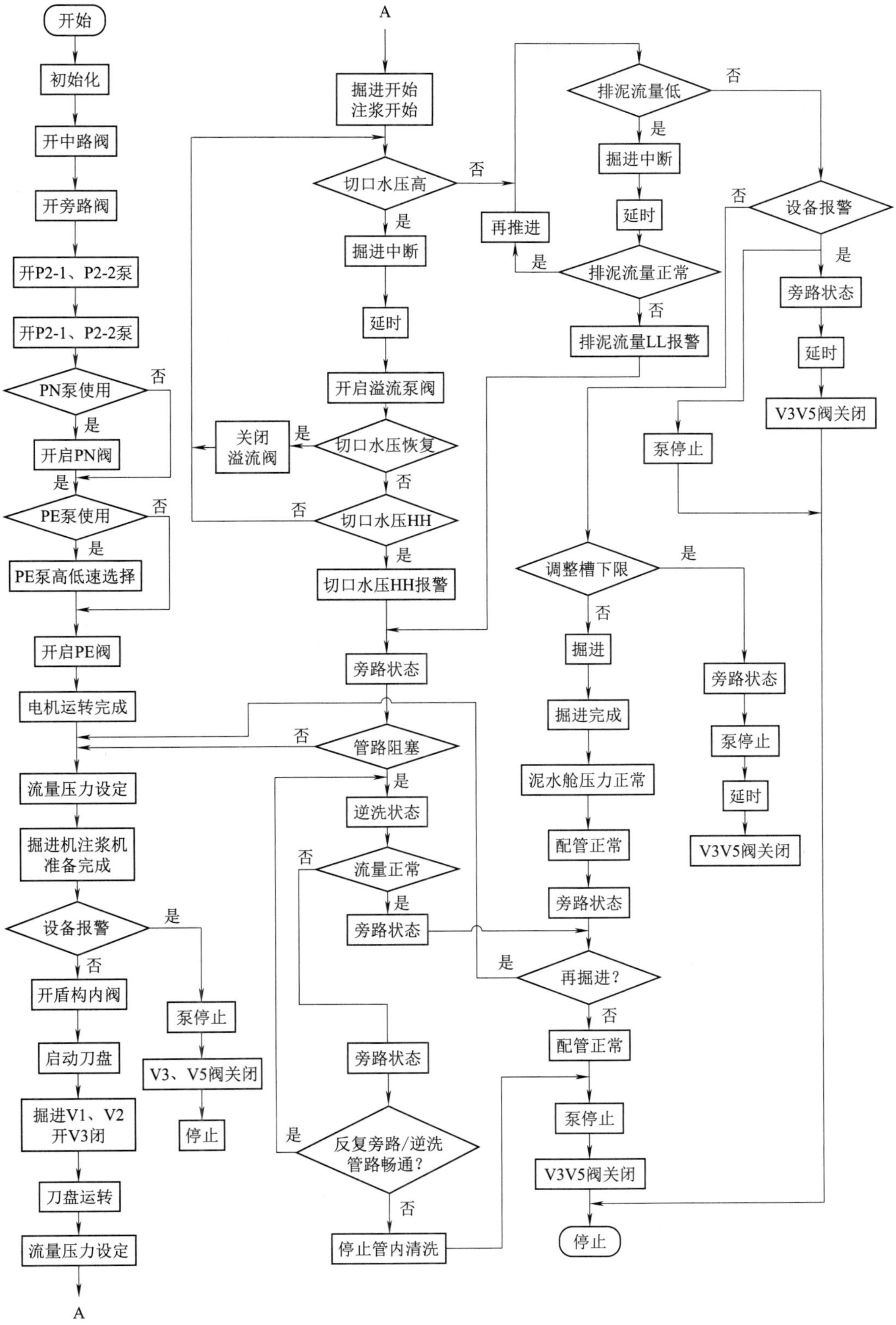

图 2-19　泥水盾构掘进控制流程

3. 泥水盾构泥浆管理

(1)泥浆性能检测

泥浆密度:通过设置在送排泥管处的密度计测量循环泥浆密度,但泥浆试验中是用泥浆天平测量。

黏性:泥浆的黏性可以用黏性自动连续测量装置测定。

含砂率:透水系数大的岩土体,泥浆中的砂粒对岩土体孔隙有堵塞作用,故泥膜形成与泥浆中砂的粒径及含量有很大关系。含砂量可用筛分装置测定,也可用砂量仪代测。

(2)泥浆处理系统

泥水处理系统设在车站西侧,泥水处理场地内主要布置泥水分离系统、泥浆沉淀系统、调制浆系统。

①泥水分离

泥水分离设备对浆液中渣土和泥浆进行分离,渣土排到弃渣场。分离后的泥浆,进入沉淀池。沉淀池内的泥浆,根据泥浆质量情况,质量好的情况下和始发情况下,直接进入调浆池,如果分离效果不好,则进入辅助沉淀池,对未分离部分进行沉淀之后,再流入调浆池。沉淀池内泥浆累积,一定时间需要对沉淀物进行清理。

②制浆

制备满足比重要求的泥浆,集中放置在调浆池内,静置 12 h 以上进行膨化。并通过增加不同特性的化学浆液对浆液的黏度等参数进行调整,得到最终满足掘进要求的泥浆。

③调浆

盾构掘进过程中,浆液性能处于持续变化状态,为能保证盾构良好的开挖状态,必须对泥浆性能进行调整,浆液的调整是个渐进过程,在泥浆性能变化的同时,对泥浆性能进行调整,对应浆液调整,实际主要做的是过程中监控。

浆液比重的调整:通过对调浆池内加新鲜浆液稀释、泵排浓泥浆等方式,降低调浆池内泥浆比重。

浆液黏度的调整:通过对调浆池内添加新鲜浆液或直接添加增粘浆液,增加泥浆中黏度。

(3)泥浆输送

进、出泥浆管均选用 $\phi300$ 的钢管输送。

①输送状态

泥水输送系统根据掘进需要共设置有以下几种状态,分别是旁通状态、掘进状态、逆洗状态和停止状态。泥水输送系统示意如图 2-20 所示。

②接力泵设置

当盾构掘进到一定距离后,泵的输送能力达不到施工要求,必须增设接力泵以维持正常的泥水输送。本工程进浆泵共配置 2 台,排浆泵共配置 2 台。

4. 管片拼装

(1)管片拼装程序

管片采用错缝拼装,其拼装程序如图 2-21 所示。

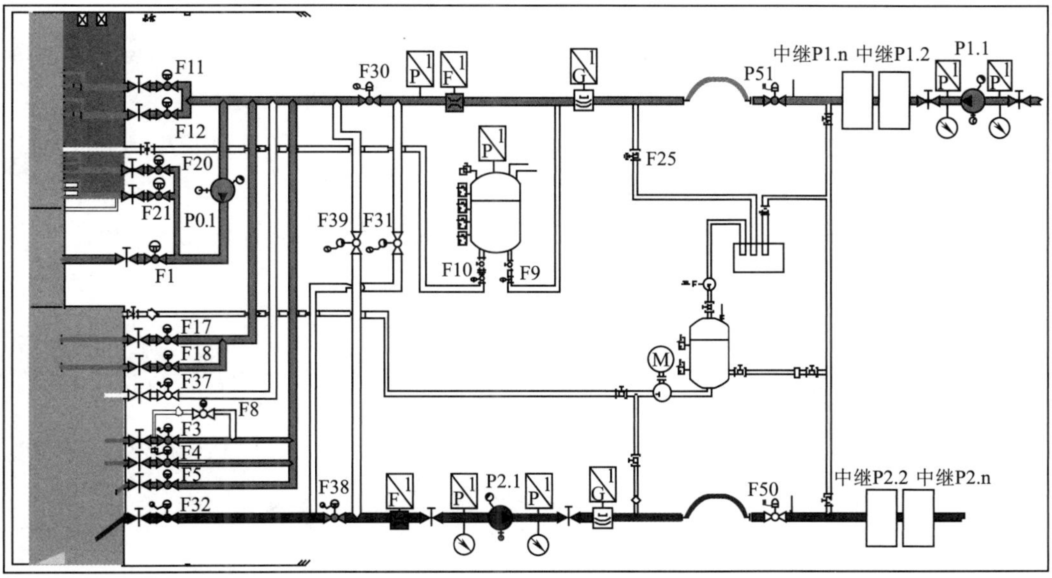

图 2-20　泥水输送系统

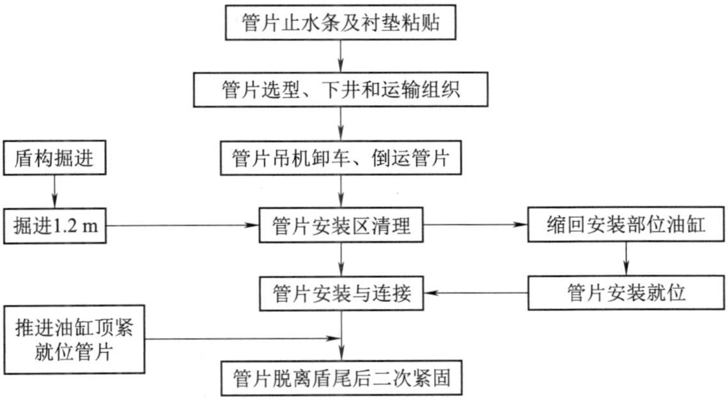

图 2-21　管片拼装程序

(2)管片拼装工艺

管片由管片车运到隧道内后,由专人对管片类型、龄期、外观质量和止水条黏结情况等进行最后一次检查,检查合格后才可卸下。管片经双轨梁吊车按安装顺序放到管片输送平台上,掘进结束后,再由管片输送器送到管片安装机工作范围内等待安装。管片拼装过程如下:

①管片选型以满足隧道线型为前提,重点考虑管片安装后盾尾间隙要满足下一掘进循环限值,确保有足够的盾尾间隙,以防盾尾直接接触管片。

②管片安装必须从隧道底部开始,然后依次安装相邻块,最后安装封顶块。安装第一块管片时,用水平尺与上一环管片精确找平。

③安装邻接块时,为保证封顶块的安装净空,安装第五块管片时一定要测量两邻接块前后两端的距离(分别大于 K 块的宽度,且误差小于 +10 mm),并保持两相邻块的内表面处在

同一圆弧面上。

④封顶块安装前，对止水条进行润滑处理，安装时先径向插入2/3，调整位置后缓慢纵向顶推插入。

⑤每块管片安装到位后，及时伸出相应位置的推进油缸顶紧管片，其顶推力大于稳定管片所需力，达到规定要求，然后方可移开管片安装机。

⑥管片安装完后及时进行连接螺栓紧固，在管片脱离盾尾后对管片连接螺栓进行二次紧固。

(3)管片拼装质量控制

①严格控制进场管片的检查，破损、裂缝的管片不用。管片垂直、水平运输时应注意保护管片和止水条，以免损坏。

②止水条及软木衬垫粘贴前，将管片进行彻底清洁，以确保其粘贴稳定牢固。施工现场管片堆放区应有防雨设施，粘贴止水条时应对其涂缓膨剂。

③管片安装前对管片安装区进行清理，清除污泥、污水，保证安装区及管片相接面的清洁。

④严禁非管片安装位置的推进油缸与管片安装位置的推进油缸同时收缩。

⑤管片安装时必须运用管片安装机的微调装置将待装管片与已安装管片的内弧面纵面调整到平顺相接以减小错台。调整时动作平稳，避免管片碰撞破损。

⑥对同步注浆压力进行有效控制，注浆压力不得超过限值，避免管片错台产生渗漏，破坏止水条。

⑦管片安装质量应以满足设计要求的隧道轴线偏差和有关规范要求的椭圆度及环、纵缝错台标准进行控制。

5. 盾构掘进轴线控制措施

(1)合理选取管片旋转位置

采用直线环和转弯环组合管片作为隧道衬砌。通过不同位置管片的拼装，将产生不同的上、下、左、右超前量，实现对隧道轴线的拟合。另外，盾构推进施工中，成环管片为盾构提供反力，对盾构推进起到一种导向作用。

为此，在盾构推进尤其是曲线段推进时，应通过严格的计算和量测来确定管片的超前量，结合盾构姿态，合理选取管片旋转位置，以达到管片相应的超前量，使管片环面始终垂直于设计轴线。

(2)盾构姿态控制

盾构的姿态控制是盾构施工中的一个重要环节。盾构推进过程中，依靠千斤顶不断向前推进，为便于轴线控制，将千斤顶设置分成不同区域。在切口水压正确设定的前提下，应严格控制各区域油压，同时控制千斤顶的行程，合理纠偏，做到勤纠，减小单次纠偏量，实现盾构沿设计轴线方向推进。

(3)严格控制施工参数

每环推进时正确设定切口水压，保证每环土砂量接近理论值，减小土体扰动。盾构推进应尽可能做到连续性，减少不必要的停顿，以防止盾构下沉。

(4)确保同步注浆、二次注浆的及时性及充盈系数

严格按照试验段确定的同步注浆及二次注浆量、注浆压力进行控制,及时注浆,确保管片背后建筑空隙的充盈,使成型隧道及早稳定。

6. 盾尾油脂压注

盾构需长距离穿越松花江,盾构机的盾尾密封功能就显得特别重要。为了能安全并顺利地完成隧道的掘进任务,须切实地做好盾尾油脂的压注工作。盾尾油脂压注应定期、定量、定位压注,每环的压注量初定为 28 kg,特殊段为 35 kg。当发现盾尾有少量漏浆时,应对漏浆部位及时补压盾尾油脂。

7. 垂直运输与水平运输

(1)垂直运输系统

正常掘进阶段采用 1 台 16 t 门吊进行垂直运输。负责盾构施工所需材料的运输,运输材料包括轨枕、轨道、水管、管片及油脂、油料等。

(2)水平运输系统

盾构始发及正常掘进时,通过 16 t 行走门吊吊运,经预留下料口进行管片等材料的下井。隧道内水平运输采用电瓶车牵引有轨运输,隧道内轨线布置,采用 43 kg/m 钢轨铺设单线,钢轨内距900 mm,钢轨枕采用 200b H 型钢,间距为 900 mm,用压板螺栓固定钢轨,轨枕间用钢筋拉牢。泥水盾构列车编组由 1 节 45 t 变频电机车 +1 节 7 m^3 砂浆车 +2 节管片车 +1 节材料车组成。泥水盾构列车编组示意如图 2-22 所示。

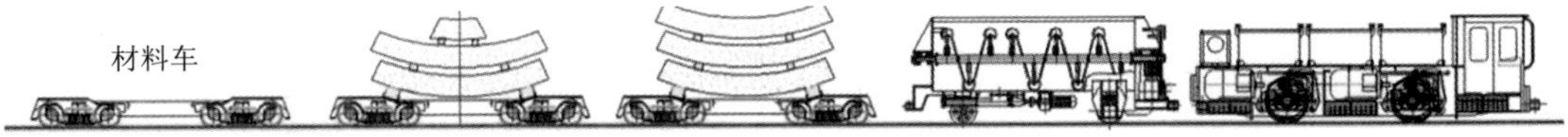

图 2-22　泥水盾构列车编组示意图

8. 接管排污处理

泥水管路随着盾构前进向前延伸,每 6 m 接管 1 次。因为管路在施工中是充满泥水的,所以存在接管时满管的泥水外溢问题,虽然每 100 m 安装 1 组闸阀,但每 100 m 管路的外溢量为 16 m^3。如果任泥液排在隧道内,既影响工作面施工,又影响隧道清洁。为解决问题,在车架上设置蓄液箱,清洗下的液体,放入蓄液箱,外运至工作井外。除接管外,其他管路上的手动阀必须常开。

9. 隧道内通风及管路布置

(1)隧道通风

洞内施工通风采用 2 台功率 62 kW 轴流风机和 ϕ1 000 拉链式软风管进行压入式通风。风机设在竖井上方,以保证通风效果。

(2)人行走道

隧道掘进方向的右侧设置人行走道,并采用镀锌钢管、尼龙绳等作为临边防护,保证行人安全。

(3)隧道照明

在隧道左上方和右上方各布置1个灯架,照明电缆和灯具固定在上面,每相隔6 m布置1灯架。高压和低压电缆布置在左侧灯架下方。

(4)管路

清水管、送泥管、排泥管、排污管以及通信电缆等管路通过管架布置在隧道管片右侧,每相隔4.8 m布置1个管路托架。

2.5 泥水平衡盾构下穿松花江施工控制

2.5.1 掘进参数控制值

泥水平衡盾构下穿松花江掘进参数控制见表2-2。

表2-2 泥水平衡盾构下穿松花江掘进参数控制

序号	项目	参数	备注
1	盾构总推力	20 000 kN以内	根据切口水压调整
2	掘进速度	30~50 mm/min	匀速、连续推进
3	刀盘转速	1.0~1.3 r/min	
4	刀盘扭矩	3 000 kN·m以内	40%以下
5	切口水压	$P_{切}=P_{压}+0.2$ bar	
6	切削干砂量	32~35 m^3	
7	进、出浆流量	进浆800 m^3/h,出浆850 m^3/h	与掘进速度及切削量匹配
8	泥浆主要指标	比重:1.1~1.15 黏度:20~25 s	
9	注浆量	4.9~6.8 m^3	填充系数为1.3~1.8倍
10	注浆压力	0.3~0.4 MPa	
11	盾尾油脂	每环50 kg	发现渗漏及时补充
12	目标姿态	均小于10 mm	

(1)切口水压确定

盾构机掘进时的切口泥水压力应介于理论计算值上下限之间,并根据地表建(构)筑物的情况和地质条件适当调整。在逆洗过程中,由于泥水仓或盾构机内的排泥管处于堵塞状态,因此逆洗时应提高排泥流量,但不能降低切口水压。盾构机推进、逆洗和旁通三状态切换时的切口压力偏差值均控制在±20 kPa。

(2)掘进速度

正常掘进条件下,掘进速度应设定为30~50 mm/min。

(3)掘削量的控制

盾构掘进实际掘削量V_R可由下式计算得到:

$$V_R=(Q_1-Q_0)\times t$$

式中　V_R——实际掘削量(m^3/环)；

Q_1——排泥流量(m^3/min)；

Q_0——送泥流量(m^3/min)；

t——掘削时间(min)。

当发现掘削量过大时，应立即检查泥水密度、黏度和切口水压。此外，也可以利用探查装置，调查土体坍塌情况，在查明原因后应及时调整有关参数，确保开挖面稳定。

(4)泥水指标控制

泥水指标控制为：比重 $\rho = 1.1 \sim 1.15\ g/cm^3$；漏斗黏度 $\nu = 25 \sim 35\ s$；析水率 $\psi < 5\%$；pH 值 8 ~ 9；API 失水量 $< 30\ cm^3/30\ min$。

2.5.2　同步注浆与二次注浆

1. 同步注浆主要技术参数

(1)注浆压力

注浆压力略大于该地层位置的静止水土压力，同时避免浆液进入盾构机的土仓中。最初的注浆压力根据理论静止水土压力确定，在实际掘进中不断优化。

(2)注浆量

根据刀盘开挖直径和管片外径确定。

理论注浆量：$V = \pi/4 \times (6.52^2 - 6.2^2) \times 1.2 = 3.8\ m^3$/环。

实际注浆量为理论建筑空隙的 130% ~ 180%，即为 $4.9 \sim 6.8\ m^3$。

(3)注浆时间和速度

在不同的地层中根据需不同凝结时间的浆液及掘进速度来具体控制注浆时间的长短。做到"掘进与注浆同步，不注浆、不掘进"。同步注浆速度与掘进速度匹配，按盾构完成一环掘进时间内完成当环注浆量确定其平均注浆速度。

(4)注浆结束标准及注浆效果检查

采用注浆压力和注浆量双重指标控制标准。注浆效果检查主要采用分析法，即根据压力—注浆量—时间曲线，结合管片、地表监测结果进行综合评价。

2. 二次注浆

为提高背衬注浆层的防水性及密实度，并有效填充管片后的环形间隙，必要时结合地表沉降监测信息反馈和洞内超声波探测背衬后有无空洞的方法判断是否需要进行二次补强注浆。

二次注浆前，每隔 5 环在管片吊装孔处注双液浆形成止水箍，之后对两止水箍间 4 环管片进行二次注浆补强，以确保注浆效果。注浆机械为 KBY-50/70 注浆泵，注浆液为水泥浆，由管片吊装孔注入。注浆结束压力控制在 0.5 MPa 之间，并及时根据管片姿态复测情况调整二次注浆量及注浆压力。止水环注浆为选择连续两环管片，在管片四周均匀注浆(一般需要 4 个点位)以形成止水环，有必要考虑径向深孔注浆的措施以用于地面沉降的应急措施。同时因为过江隧道是地下水丰富地段，地下水丰富是造成管片上浮的主要原因，因此还要在注浆过程中需严格控制注浆量及注浆压力，以防止管片上浮。

2.5.3　泥浆指标的选取与配比

1. 泥浆指标的选取

泥浆析水量和 pH 值是泥水的一项综合指标，它们在更大程度上与泥水的黏度有关，悬浮性好的泥浆就意味着析水量小，反之就大。泥水的析水量须小于 5%，pH 值 8 ~ 9。降低含砂量、提高泥浆的黏度、在失浆槽中添加纯碱，是保证析水量合格的主要手段。在砂性、粉砂性土中掘进时，由于工作泥浆不断地被劣化，就需要不断地调整泥水的各项参数，添加黏土、膨润土、CMC、纯碱；在黏土、淤泥质黏土中掘进时，由于黏性颗粒不断增加，使排放的泥浆浓度越来越高，采用高速离心机分离细颗粒与添加清水进行稀释则成为主要手段。

析水量是衡量泥浆性能的主要指标，应低于 30 cm^3/30 min，如不够则添加降失水剂。在泥水的循环利用过程中，应对泥浆质量的控制。泥浆管理示意如图 2-23 所示。

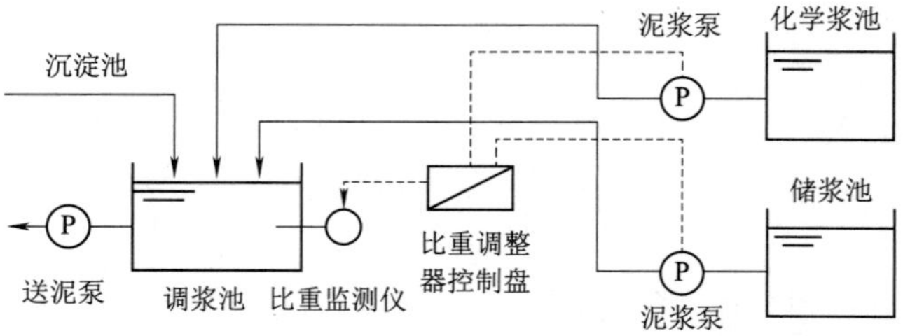

图 2-23　泥浆循环示意图

泥浆指标选取取决于土体的透水系数，泥浆指标的具体选择见表 2-3。

表 2-3　泥水的各项指标选取与土体透水系数关系

土　质	透水系数(cm/s)	含砂量(%)	密度(g/cm^3)	黏　度(s)	
				地下水影响小	地下水影响大
淤泥质黏土、黏土	109 ~ 107	5 ~ 15	1.05 ~ 1.06		
黏土、粉砂	107 ~ 105	15 ~ 25	1.07 ~ 1.08	23 ~ 27	28 ~ 35
粉砂、砂	105 ~ 103	25 ~ 35	1.08 ~ 1.1	28 ~ 35	33 ~ 40
砂、砾石	103 ~ 101	35 ~ 45	1.1 ~ 1.15	30 ~ 40	50 ~ 60

2. 泥浆配比

泥浆具有稳定开挖面、排渣、保护刀具等作用，盾构在掘进过程中，如果泥浆使用不当，将造成刀具磨损速度加快，刀具使用寿命缩短，堵塞管路，泥浆循环系统不流畅等不良影响，尤其是在哈尔滨地区冬期盾构施工时，低温条件下对泥浆的质量影响较大，严重影响泥浆在开挖面形成泥膜的效果，其结果会造成开挖面失稳，地表出现沉降、河床塌陷、江水涌入隧道的风险，造成安全事故和财产损失。因此，在极端低温情况下，开展泥浆性能参数及其变化规律的研究，有利于快速、准确地在不同温度、不同地层中对泥浆配比进行调整，使泥浆能满足泥水盾构穿越松花江的需要，保证工程顺利进行。

泥水盾构冬期施工泥浆在极端低温条件下存在结冰受冻的情况，泥浆的主要成分由膨润土、CMC、纯碱、正电胶、水组成，为防止泥浆结冰受冻，在泥浆拌制过程中掺加防冻添加剂，掺入后采用改变各成分质量分数对泥浆性能的参数影响进行了对比分析，得出了适应极端低温条件下新型泥浆最佳配比。

(1)膨润土对泥浆性能的影响

配制密度 1.12 t/m^3 的泥浆，在其他成分质量分数不变的情况下，改变膨润土的质量分数，得出膨润土质量分数对泥浆黏度、屈服值的影响曲线，如图 2-24 所示。由图可知，膨润土质量分数与泥浆黏度、屈服值呈近似抛物线关系，当膨润土质量分数增大至 10.5%后，泥浆屈服值将急剧增长。

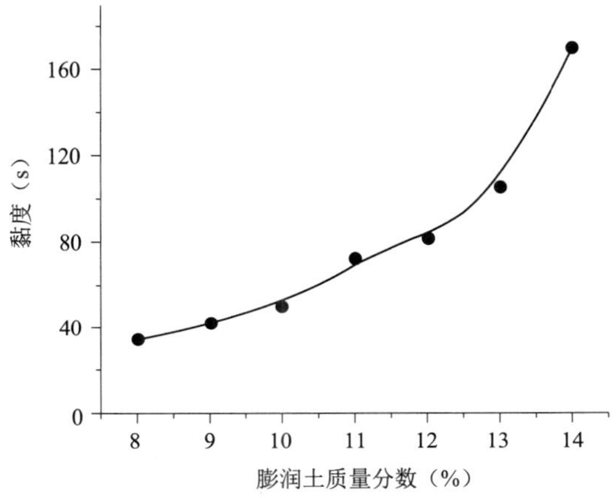

图 2-24　膨润土对泥浆黏度、屈服值的影响曲线

(2)纯碱对泥浆黏度的影响

配制密度 1.12 t/m^3 的泥浆，在其他成分含量不变的情况下，改变纯碱的质量分数，可以得出纯碱质量分数对泥浆黏度的影响曲线，如图 2-25 所示。由图可知，纯碱质量分数小于 0.45% 时，泥浆黏度上升幅度小；纯碱质量分数在 0.45% ~ 0.65% 时，泥浆黏度急剧上升。因此，在黏土掘进中，若要增大泥浆 pH 值，加入的纯碱质量分数小于 0.5%。

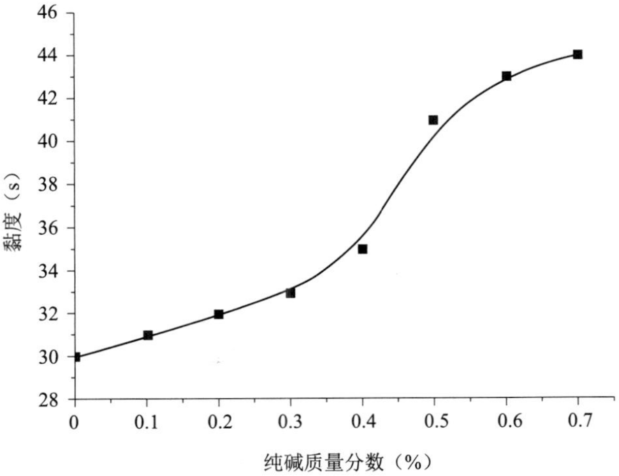

图 2-25　纯碱对泥浆黏度、屈服值的影响曲线

(3)CMC 对泥浆黏度、屈服值的影响

配制密度 1.12 t/m³ 的泥浆,在膨润土及纯碱质量分数不变的情况下,改变 CMC 的质量分数,可以得出 CMC 质量分数对泥浆黏度、屈服值的影响曲线,当 CMC 增大至 0.06% 时,泥浆黏度急剧上升,如图 2-26 所示。

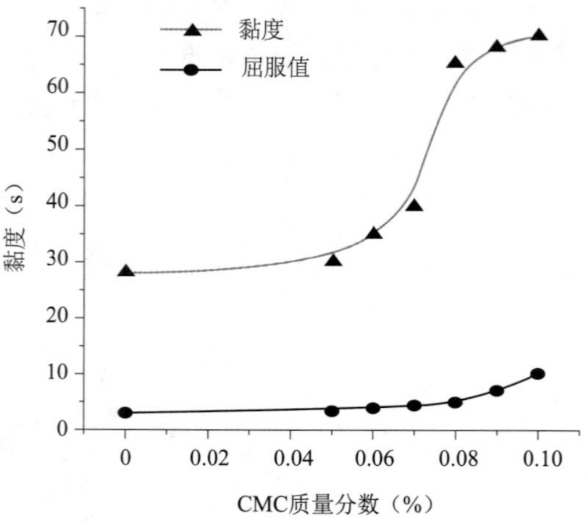

图 2-26　CMC 对泥浆黏度、屈服值的影响曲线

(4)正电胶对泥浆黏度、滤失水量、屈服值的影响

配制密度为 1.12 t/m³ 的泥浆,测出黏度与滤失水量,做正电胶与泥浆黏度、屈服值、滤失水量的曲线关系图,如图 2-27 和图 2-28 所示。由图 2-27 可知,在正电胶质量分数在 0.5% ~ 0.7% 的范围内,泥浆的黏度、屈服值波动较大。由图 2-28 可知,膨润土质量分数在 6% 时,泥浆滤失水量的减小幅度最大,说明膨润土质量分数影响正电胶对滤失水量的作用。

对比图 2-25 与图 2-26 可以得出,如泥浆加入物质的质量分数相同,则加入 CMC 的泥浆黏度上升幅度较大,屈服值上升幅度较小。加入正电胶的泥浆黏度上升幅度较缓,但屈服值上升幅度比加入 CMC 的明显,表现为“低黏度高屈服值”的泥浆体系,有利于提高泥浆净化设备的分离效率。因此,工程中应优先使用正电胶干粉作增黏剂,掺入防冻剂后防止泥浆受冻且对泥浆性能的影响很小,能起到很好形成泥膜的作用,满足泥水盾构冬期安全施工的需要。

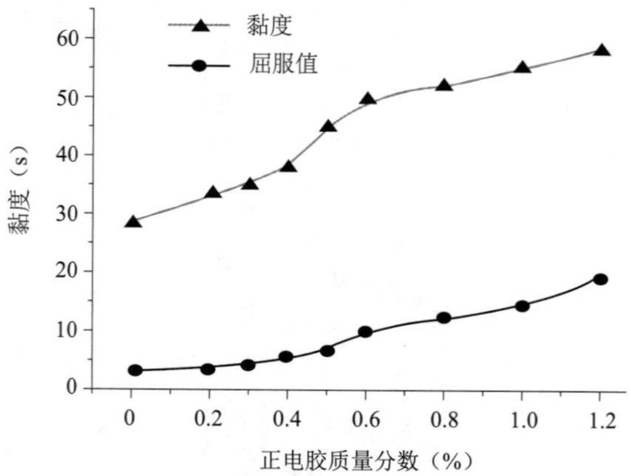

图 2-27　正电胶对泥浆黏度、屈服值的影响曲线

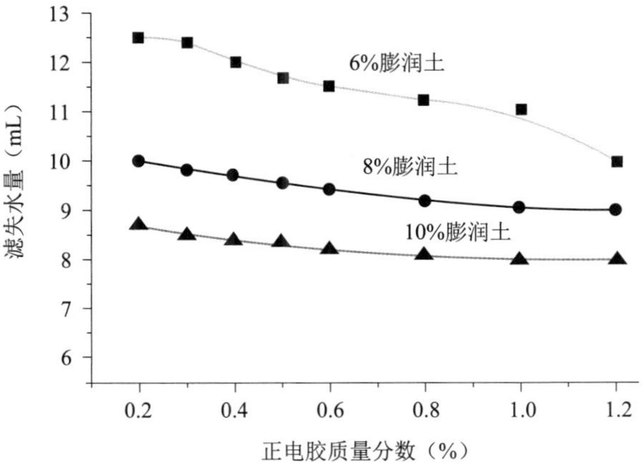

图 2-28　正电胶对滤失水量的影响

(5)不同地层的泥浆配比

黏土地层天然含水量 33%，天然密度为 1.87 g/cm^3，土粒密度为 2.74 g/cm^3，饱和度为 96.8%，压缩模量为 18.5 MPa，内聚力为 9.1 kPa，内摩擦角为 13°。承载力特征值 110 kPa。由于黏土具有黏性，其成分与天然膨润土有一定共性，与清水结合后的混合物具有一定屈服值与黏度，同时滤失水量较小。因此，试验中仅使用清水作为浆液，并加入适量分散剂，以解决渣土将刀具包裹，黏泥结成泥块，影响循环系统通畅的问题。黏土地层泥浆配制方案为：水 +0.2% 分散剂。

砂层地层天然含水量 19%，天然密度为 1.93 g/cm^3，土粒密度为 2.65 g/cm^3，饱和度为 100%，压缩模量为 12 MPa，内聚力为 7 kPa，内摩擦角为 28°，承载力特征值 130 kPa。根据上述泥浆性能参数，配制 5 种不同的浆液进行测试、试验，得出砂层地层中最佳泥浆配制方案为：水 +8% 膨润土(一级) +4% 纯碱 +0.5% 正电胶干粉 +0.2% 降滤失水剂。在冬期施工时，掺入 1% 的防冻剂以防止泥浆结冰而影响泥浆的质量。

2.5.4　泥浆循环系统管理

1. 泥水平衡控制

泥水平衡控制的目的是使泥水加压式盾构开挖面的土体压力达到平衡，保持开挖面的稳定。在盾构施工中受到盾构掘进速度、地层变化、掘进深度及掘进长度等多种因素干扰，必须通过监控手段去达到动态上的相对平衡，以求开挖面的稳定。

(1)泥水平衡控制对象

随着盾构掘进速度的动态变化，切削进入泥水仓内的泥土量与掘进速度亦成正比变化，其在泥水仓内产生的压力趋势亦呈正比变化。随着掘进距离的增长，在送泥水泵功率一定的条件下，送泥管道的增长会引起送泥水阻力的增加，使进入泥水仓的送泥水压力下降。同时排泥水泵功率一定的条件下，排泥管道增长会引起排泥水阻力的增加，使泥水仓内压力增加。掘进速度变化和送排泥管道增长是泥水仓压力变化的主要干扰源。在影响土体恶性循环的诸因素中(泥水仓压力、掘进速度和泥水密度等)，泥水仓压力是影响土体稳定的主要因素。因此，泥水平衡控制的主要对象是泥水仓的压力。

(2)泥水平衡控制原理

泥水平衡控制运用单回路调节器和执行机构(调节水泵转速和控制阀开度)与被控对象构成闭环路反馈,根据被控参数的测量值与给定值之间的偏差,按调节规律对执行机构进行控制,以达到泥水平衡控制之目的。在不同工况条件下,调节器的设定值、测量值、输出控制之间的关系见表2-4。

表2-4 泥水平衡盾构状态关系表

状态	调节器名称	设定值(SV)	测量值(PV)	输出控制
停止	开挖面水压调节器	开挖面水压	开挖面水压	阀门开度
旁通	开挖面水压调节器	开挖面水压	开挖面水压	阀门开度
	送泥水压调节器	送泥水压	送泥水压	送泥泵转速
	排泥流量调节器	排泥水流量	送泥水流量	排泥泵转速
掘进	开挖面水压调节器	开挖面水压	开挖面水压	送泥水压调节器跟踪输入
	送泥水压调节器	送泥水压	送泥水压	送泥泵转速
	排泥流量调节器	排泥水流量	排泥水流量	排泥泵转速

在掘进状态条件下,开挖面水压调节器根据测得的开挖面水压同设定值进行比较,如果泥水仓压力大于设定值,开挖面水压调节器输出值降低,送泥泵的转速下降,进入泥水仓的送泥水量减少,使泥水仓压力降低。反之亦然。开挖面水压调节器与送泥水压调节器的输出值互为跟踪,能解决过渡过程状态转换的扰动,一旦过渡过程完成,开挖面水压调节器屏蔽跟踪信号,送泥水压调节器仅起信号传递作用。

在掘进状态条件下,排泥水密度的变化将导致排泥水流量的变化。这种变化会增加开挖面水压调节器的泥水平衡控制负担。因此,由排泥水流量调节器稳定排泥水流量,起到间接控制泥水平衡的作用。当测得排泥水流量小于设定值时,排泥水流量调节器输出增加,排泥水泵转速增加,使排泥水流量增大。反之亦然。

2. 停歇时的管理

在停止掘削时,泥浆循环系统继续循环3~5 min,确保送浆管里的泥渣被循环出地面泥浆池,留在泥浆管里的泥浆液性能较好,不容易发生沉淀和堵塞。

3. 掘削排土量的检查

掘削出来的土通过排泥管排出,由仪器测定送泥水和排泥水的流量差,通过计算求出实际土粒子量(干砂量)。

将仪器电磁流量仪和γ线密度仪、差压密度计、重量式密度计等安装在送泥管和排泥管途中,测量管内的流量和密度。根据土粒子比重值算出土粒子量,从排泥量和送泥量的差值上计算出土粒子量(原则上是计算每一环的掘削出土量)。

4. 泥水压力管理

(1)泥水压力设定

在泥水加压式盾构工法中,加在开挖面上的力,即用泥水使开挖面保持稳定的力,通常应与作用在开挖面上的土压在对抗中保持平衡，上压与开挖面上含水土体的垂直作用的重力和土的内摩擦角大小有关。

(2)设定压力的管理

工程开工前，在多个地点进行土质和地下水调查，预先决定每个地点的设定压力。

(3)设定压力的修正

除了修正每一调查点的设定压力值外，对设定的压力值尚需周密地考虑对开挖面状态的适应情况，进行推测并跟踪修正是至关重要的。

5. 泥水处理

(1)泥水分离

泥浆从隧道回到地面，经一个分流管，分为 2 路，分别去分离设备，后进入泥水分离设备。泥水分离设备对浆液中渣土和泥浆进行分离，渣土排到弃渣场。分离后的泥浆，进入沉淀池。

沉淀池内的泥浆，根据泥浆质量情况，质量好的情况下，直接进入调浆池，如果分离效果不好，则进入辅助沉淀池，对未分离部分进行沉淀之后，再流入调浆池。从调浆池内，通过盾构机随机配备的泥浆泵，将浆液泵送到井下的盾构上循环使用。

沉淀池内泥浆累积，一定时间需要对沉淀物进行清理，使用挖掘机能够对淤积的淤泥进行清理，挖掘出来的淤泥倒运到晾晒场地内进行晾晒。

分离后的渣土直接使用汽车外运。未分离出来进入沉淀池的浓浆，采用全封闭的罐式运输车外运，杜绝泥浆运输过程中的污染。

(2)制浆

制备满足比重要求的泥浆，集中放置在调浆池内，静置 12 h 以上进行膨化。并通过增加不同特性的化学浆液对浆液的黏度等参数进行调整，得到最终满足掘进要求的泥浆。

(3)调浆

盾构掘进过程中，浆液性能处于持续变化状态，为能保证盾构良好的开挖状态，必须对泥浆性能进行调整，浆液的调整是个渐进过程，在泥浆性能变化的同时，对泥浆性能进行调整，对应浆液调整，实际主要做的是过程中监控。

浆液比重的调整：通过对调浆池内加新鲜浆液稀释、泵排浓泥浆等方式，降低调浆池内泥浆比重。

浆液黏度的调整：通过对调浆池内添加新鲜浆液或直接添加增粘浆液，增加泥浆中黏度。

6. 泥水输送

泥水输送系统示意如图 2-29 所示。

(1)泥水管路

进、出泥浆管均选用 ϕ325 的钢管输送。

(2)输送状态

泥水输送系统根据掘进需要设置有旁通状态、掘进状态和停止状态。

(3)中继泵设置

当盾构掘进到一定距离后，泵的输送能力达不到施工要求，必须增设中继泵以维持正常的泥水输送。

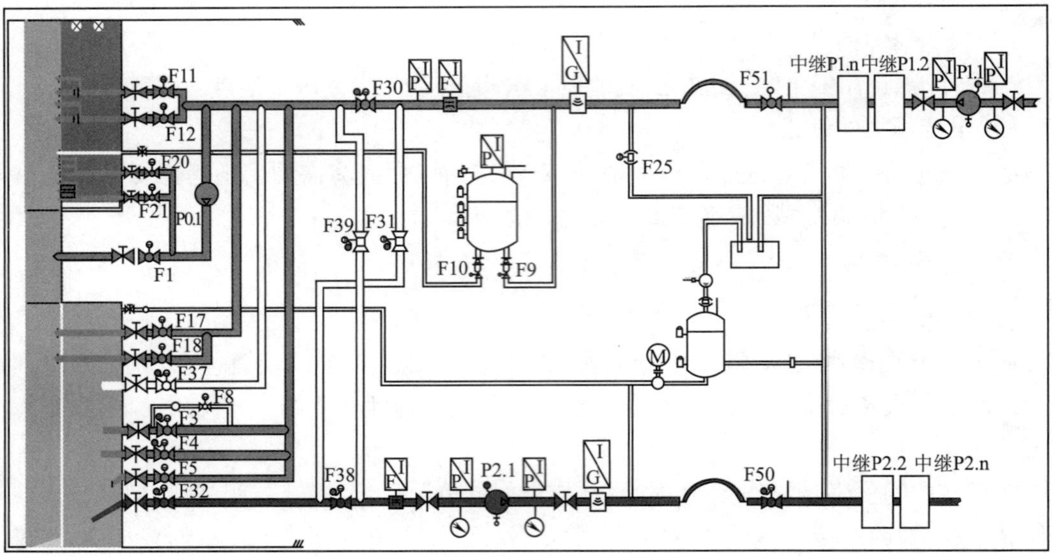

图 2-29 泥水输送系统示意

2.6 本章小结

(1)识别了区间隧道穿越松花江泥水平衡盾构法施工安全风险,包括盾构适应性和可靠性、长距离穿越松花江刀具磨损、盾尾泄漏、盾构江中掘进泥水失压导致江底击穿与江中冒顶、盾构掘进偏离设计轴线、始发井和隧道被暴雨淹没、江中遇不明障碍物、盾构突然断电、盾构上发生火灾、工作井频繁吊装作业、水平运输系统(电瓶车)溜车、工期风险,提出了相应的安全风险控制措施。

(2)泥水平衡盾构施工准备,包括盾构选型分析、场地平面布置、垂直运输与水平运输、泥水平衡盾构机组装、接管排污处理、隧道内通风及管路布置、隧道内通信、端头地层加固与降水、钢套筒密闭始发与接收、始发与到达重难点分析、泥水平衡盾构施工控制测量、掘进测量、测量管理措施等。

(3)在介绍盾构机主要技术参数的基础上,详细分析了刀盘刀具对地质的适应性、盾构对防滞排的适应性、盾构对高水压状态下防水密封性能的适应性、盾构对特殊情况带压进仓的适应性、盾构对控制地表沉降的适应性、盾构对长距离过江施工的适应性、盾构机掘进方向控制以及盾构对小曲线转弯的适应性。

(4)从泥水平衡盾构掘进工艺流程、泥水盾构掘进管理、泥水盾构泥浆管理、管片拼装、盾构掘进轴线控制、盾尾油脂压注、垂直运输与水平运输、接管排污处理、隧道内通风及管路布置等方面详细介绍了穿越松花江泥水平衡盾构施工技术。

(5)给出了泥水平衡盾构下穿松花江掘进参数控制值、同步注浆与二次注浆参数,选取了透水系数、含砂量、比重和黏度系数作为泥浆指标,在分析了膨润土对泥浆性能、纯碱对泥浆黏度、CMC 对泥浆黏度和屈服值、正电胶对泥浆黏度、滤失水量以及屈服值影响的基础上，黏土地层泥浆配制方案为水 +0.2% 分散剂，砂层中泥浆配制方案为水 +8% 膨润土（一级）+4% 纯碱 +0.5% 正电胶干粉 +0.2% 降滤失水剂，在冬期施工时掺入 1% 的防冻剂以防止泥浆结冰而影响泥浆的质量，并从泥水平衡控制、停歇时的管理、掘削排土量的检查、泥水压力管理、泥水处理与泥水输送的泥浆循环控制，建立了泥水平衡盾构下穿松花江施工控制技术。

第3章　富水砂层盾构连续穿越古建筑群施工技术

3.1　概　　述

哈尔滨地铁2号线盾构区间穿越松花江后，沿经纬街、熙园街、国民街等老城区需连续穿越古建筑群，盾构所穿越古建筑情况如下：

(1)人民广场站—中央大街站区间

人民广场站—中央大街站区间左线长度759.45 m，右线长度701.587 m，隧道埋深10.9～17.9 m。区间侧穿26栋建筑物，侧穿建筑物基础底部距离隧道顶部最小6.4 m，最大13.0 m；侧穿建筑物距离隧道外边线的水平距离最小3.1 m，最大17.6 m。道里文化体育局是市文物保护建筑，犹太人列尔曼住宅旧址是省文物保护建筑。

(2)中央大街站—尚志大街站区间

中央大街站—尚志大街站区间长度719.987 m，隧道埋深11.0～18.2 m。区间侧穿26栋建筑物，侧穿建筑物基础底部距离隧道顶部最小5.34 m，最大15.2 m；侧穿建筑物距离隧道外边线的水平距离最小3.4 m，最大17.1 m。犹太新会堂、哈尔滨一等邮局、六桂福珠宝展览馆、波兰医生扎瓦茨基住宅旧址分别为省市级历史文物保护建筑。

以上两区间历史保护建筑物6栋、商业办公楼20栋、住宅楼24栋、危房2栋。

(3)尚志大街站—哈尔滨站区间

尚志大街站—哈尔滨站区间长度652 m，隧道埋深10.3～17.8 m。区间下穿14栋建筑物，其中正穿11栋，侧穿3栋，同时下穿哈尔滨站咽喉区16股道。正穿建筑物基础底部距离隧道顶部最小7.3 m，最大17.3 m；侧穿建筑物距离隧道外边线的水平距离最小0.8 m，最大2.5 m；铁路咽喉区隧道最小埋深12 m。

(4)哈尔滨站—博物馆站区间

哈尔滨站—博物馆站区间长度为589 m，隧道埋深9.5～12.8 m。区间下穿21栋建筑，其中正穿1栋，侧穿20栋。正穿建筑物基础底部距离隧道顶部12.6 m；侧穿建筑物距离隧道外边线的水平距离最小0.6 m，最大22 m。区间侧穿两处国家级文物保护建筑，分别为斯基德尔斯基故居和革命领袖视察黑龙江纪念馆。

(5)博物馆站—工人文化宫站区间

博物馆站—工人文化宫站区间左线长度1 182 m，右线长度826 m，隧道埋深7.3～19.2 m。区间下穿37栋建筑，其中正穿12栋，侧穿25栋。正穿建筑物基础底部距离隧道顶部最小5.5 m，最大12.2 m；侧穿建筑物距离隧道外边线的水平距离最小0.4 m，最大16.7 m；以上三个区间穿越建(构)物情况：总共穿越建(构)筑物73处，其中下穿建筑物24栋，侧穿建筑物48栋，下穿铁路线1处。所穿越建筑物按其功能来划分，历史保护建筑2栋，商业办公楼有30栋，住宅楼有28栋，厂房有12座。

建筑物基础主要以毛石基础和筏板基础为主形式的浅基础，房屋结构形式主要以砖混结构为主。盾构机在超厚富水砂层掘进过程中对建筑物有较大影响，存在较大的安全风险，在盾构穿越建（构）筑物时，为防止其地基基础产生不均匀沉降变形，通过对盾构机进行选型，采用自动化监测三维成像等先进监控量测控制手段，配合同步注浆及二次注浆等加固措施，在盾构穿越建（构）筑过程中，控制出土量与土压力、渣土改良等盾构施工参数，达到规定控制标准。

3.2 盾构机针对性设计

在超厚富水砂层及粉质黏土地层中盾构机的适应性即掘进效率与沉降控制能力应是盾构连续穿越古建筑群重点考虑的问题，针对性的措施：合理的刀盘及刀具设计，恰当的刀盘开口率，合理的开口位置以及较强刀盘耐磨保护措施；管片壁后同步注浆系统满足控制地表沉降要求；盾构本体在压力状态下的防水密封性能；具备平衡开挖面水土压力的能力；防止流砂流入盾体；适应高水压的要求；足够的刀盘驱动扭矩和盾构推力；良好的渣土改良能力；具备预防喷涌的双螺旋输送机系统。

3.2.1 刀盘与驱动

1. 刀盘

刀盘的布置和选材适应富水砂层地质条件和长距离掘进的工程特点，刀盘配备撕裂刀、刮刀。配备撕裂刀及刀盘磨损检测装置。刀盘表面焊接防磨保护层，具有在刀盘后部拆装刀具的功能，确保富水砂条件下的有效掘进。

（1）刀盘开口率

该刀盘设计用于软土地层条件下的掘进，刀盘开口率为40%。撕裂刀、刮刀安装在刀盘面上的六个轮辐上，同时考虑有更换为滚刀的刀箱条件。在刀盘面和轮缘上，共计7个独立操作渣土改良注射口。在刀盘仓内装有渣土改良注射口和土压传感器。具有两套刀具磨损探测系统。

由于刀盘旋转时，中间部位线速度小，在黏土地层极易形成泥饼。作为一个防止中间黏结的措施是我们的刀盘设计中一大特点，中间的开口率较高，从而使中间部位的渣土极易进入土仓，同时使得刀盘中心部分的压力时刻可以被控制。刀盘的开口限制了进入切削仓的石块粒径在320 mm以下。这种设计使特大尺寸的石块留在刀盘的前面，然后用刀具来破碎。

（2）搅拌棒

四个搅拌棒装在土仓隔板上，主要用于搅拌土仓底部的沉渣，这种设计的作用在富水砂层中更明显，可以显著优化土压的控制。

（3）刀盘结构设计

刀盘是位于隧道掘进机最前端的回转结构。该结构件是设备在地层中起到掘进作用的主要部件。刀盘在整机中的重要性决定了它是在整个项目中最优先设计的。刀盘的设计和制造必须考虑到对整个隧道项目沿线地质条件变化的适应性。刀盘设计必须保证刀盘有足够的强度和刚度，用以应对掘进时各个方向上的巨大受力，同时也得保证刀盘足以高效的将切削下来的渣土收集进土舱。要使整机能够高效掘进，正确的刀具选择也非常重要。利用不同的刀具配置来应对各种变化的地质情况，如图3-1所示。

图3-1 刀盘

(4)刀盘结构的耐磨保护

刀盘结构采用Q690特种钢板制作，刀盘的防磨损保护是通过在整个刀盘包裹特种耐磨合金钢板实现的，该型特种耐磨合金钢板的耐磨性能在富水砂层掘进中远远高于目前已知其他耐磨材料，确保在富水砂层中高阻力、高摩擦力的掘进中刀盘结构不受到影响或破坏。

2. 刀盘驱动

刀盘驱动主要靠安装在前盾承压隔板支撑结构上的主轴承，前部与刀盘用拉伸预紧螺栓连接。主轴承是盾构设备的关键部件之一，为适应富水砂层特点和高水压的要求而选用。

(1)主轴承结构

主轴承是盾构机最重要部件之一，采用适用于高扭矩和大推力的重工况轴承，采用SKF/法国制造的耐高压三排三列的滚柱轴承，轴承直径达到目前此规格盾构机最大的轴承直径ϕ3 130.55 mm，如图3-2所示。轴承采用耐负荷和大寿命的高性能滚柱轴承，可以将径向及轴向的载荷传递到盾体上面。刀盘通过一个很结实的环安装在主轴承的内圈上，此环与轴承相比刚性非常强，允许载荷能够分配到大部分的轴承滚道上，限制了来自刀盘的点载荷。用双头螺柱将轴承固定在轴承的支承框架上。这些双头螺柱能确保轴承座圈预紧力的精确控制，并在高振动条件下保持预紧力。行星小齿轮安装在两个滚柱轴承之间。即使在高的载荷条件下，这种设计能够确保行星小齿轮与外齿圈实现良好的啮合，保证轴承的实际寿命比计算寿命更高。

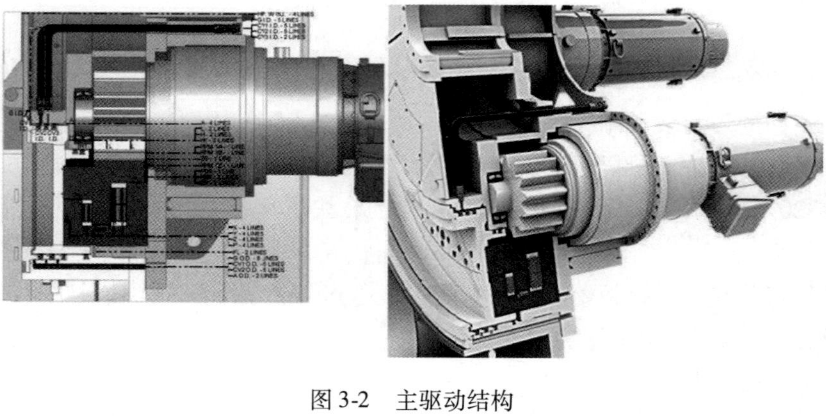

图3-2 主驱动结构

(2)主轴承密封

主轴承密封系统采用PLC自动控制分级加压模式，达到逐级减压最终确保土舱杂质不进入主轴承的目的。工作过程中，PLC会采集配置在土舱内的土压平衡传感器传回的土舱压力，自动对每个密封腔之间的介质进行压力控制。其中，前两道密封腔（Grease）中注入介质为 HBW 油脂，后两道密封腔（CV1，CV2，CV3）内注入介质为 68 号液压油。

当土舱内土压为 0 到 2 bar 时，第一道密封腔中的 HBW 油脂压力为对应的土压，余下的 CV1 到 CV3 密封腔内压力为 0，其工作模式如图 3-3 所示。

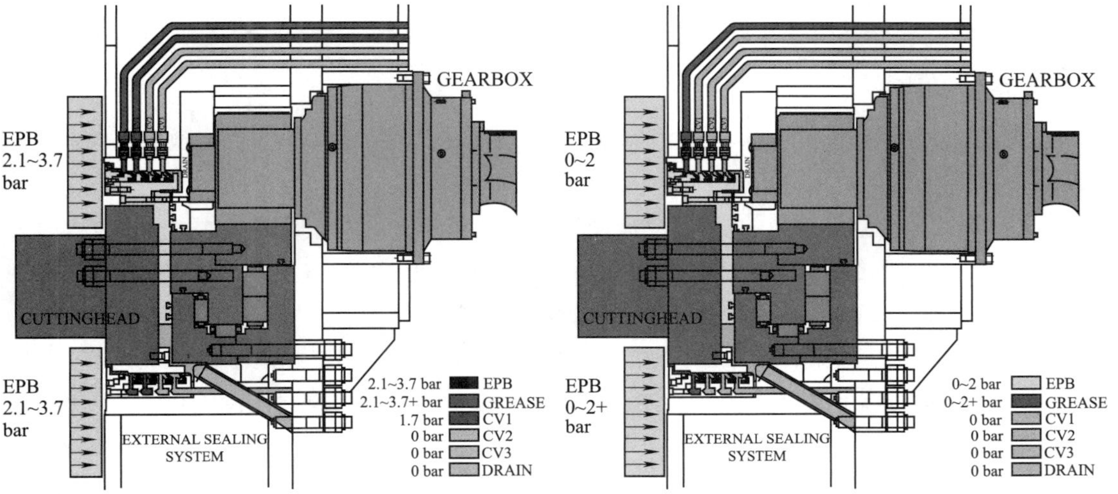

图 3-3　主驱动密封工作模式（1）

当土舱内土压为 2.1 到 3.7 bar 时，第一道密封腔中的 HBW 油脂压力为对应的土压，这时 CV1 腔中压力自动调节为 1.7 bar，CV2 和 CV3 腔中压力保持为 0，其工作模式如图 3-4 所示。

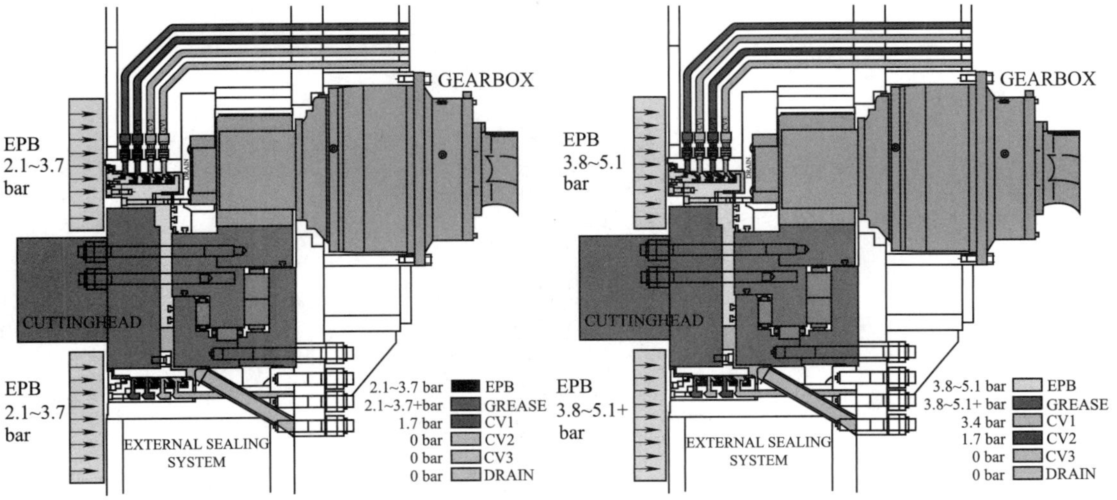

图 3-4　主驱动密封工作模式（2）

当土仓内的土压达到 5.2 到 6.5 bar 时，第一道密封腔中的 HBW 油脂压力为对应的土压，这时 CV1 腔中压力自动调节为 4.8 bar，CV2 腔中压力自动调节为 3.4 bar，CV3 腔中压力为 1.7 bar，主轴承内腔的压力为 0。主驱动内外径密封均为此工作模式，有效保证外界渣土等杂质无法进入内部传动系统,延长主轴承的寿命。

3.2.2　盾体结构与盾尾密封

盾体作为盾构机核心的主要承载体,其在盾构机构造中尤为重要。为适应超厚富水砂层的巨大水土压力,盾体结构按承受5 bar的静水压力进行设计,并设有隔板安全及良好的盾尾密封系统,以防止富水击穿盾尾刷,引发喷涌或地表沉降。

1. 盾体结构

盾体结构由平钢板或焊接的钢板制成,确保盾体圆周范围内有一个一致的、连续的厚度,以便确保在较高的压力条件下盾构断面形状的完整一致。

前盾体作为主驱动单元的支撑结构,位于刀盘的正后方。在土压平衡模式下,前盾通过布置在其底部的螺旋输送机有效地将刀盘切削下来的渣土收集并转运出去。前盾体在螺旋输送机入口处布置有油缸控制的闸门,在螺旋输送机缩回时可以关闭,为维护或临时停机提供便利。在前盾体的承压隔板上的各个不同位置均布土压传感器和渣土改良注射点,土压传感器能让操作手实时精确监控土舱内的土压变化,渣土改良注射点喷出的泡沫等介质能有效改善土体性状,以便螺旋输送机更高效地排渣出土。人闸和物料舱则安装在前盾体的上部。

中盾体位于前盾体和尾盾之间,其结构如图3-5所示。当隧道掘进机处于转弯段时,安装在中盾体上的被动铰接油缸能使尾盾进行相应的调整。中盾下半部安装的防侧滚条能降低由刀盘旋转带来的滚动趋势。主推进油缸也安装在中盾体内部,主推进油缸缩回后的空间可以容纳安装一环管片,然后通过油缸伸出使掘进机再次完成一环管片宽度的掘进距离。

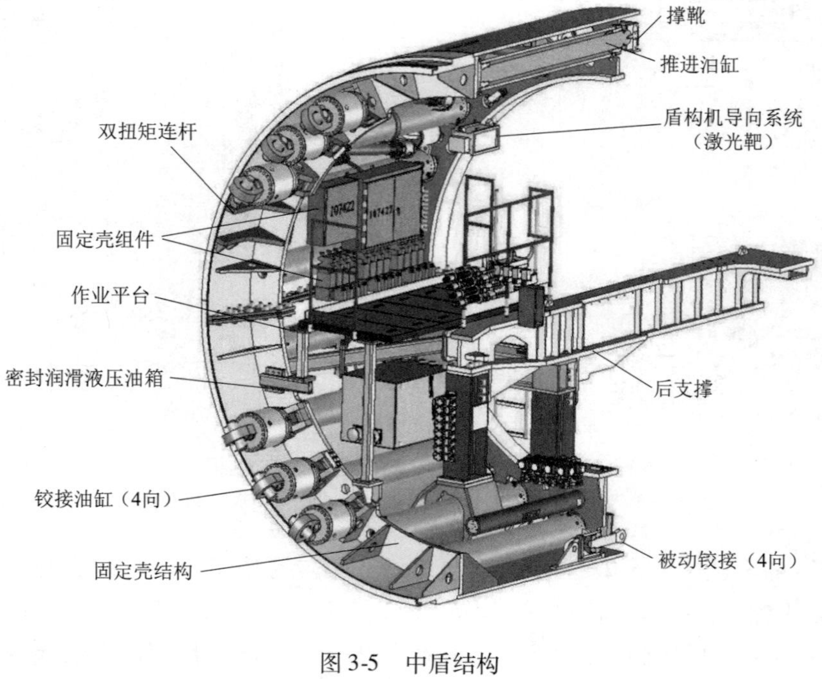

图3-5　中盾结构

掘进期间，尾护盾支持隧道的未衬砌部分。隧道衬砌管片装在移动护盾保护层内。当掘进机前进时，推进缸推进已安装的衬砌管片，使得掘进机向前运动。

2. 隔板安全闸门

隔板下部的出渣通道开口由 1 个平行的安全门关闭，安全门由左右两块移动钢板组成，用液压油缸驱动。安全门的运动从控制室来控制，隔板安全闸门的开与关示意如图 3-6 所示。

(a) 隔板安全闸门开　　(b) 隔板安全闸门关

图 3-6　隔板安全闸门开与关示意图

3. 盾尾密封

为保证盾尾壳体与管片之间的密封性，盾尾密封设计有三排金属钢丝刷、一道止浆板和一道向外的钢板束，如图 3-7 所示。钢丝刷和钢板束用螺栓连接在尾裙上，每一侧都用金属板保护。这三排密封之间形成几圈环形空间，持续不断地用密封油脂填充。油脂通过安装在后配套拖车上的流量可调的注脂泵注入。同时设有加注密封油脂的自动控制装置，并可转变为手动控制。密封圈的安装方式可方便进行更换。采用能使用 200 L/桶的盾尾油脂泵。每圈环形间隙由固定在尾裙内侧的导管供应油脂。

图 3-7　盾尾密封照片

盾尾密封油脂注入是连续进行并由每个注入点的压力检测器监测。注脂设备由控制室进行监控。操作人员是循环性的（对各个注入点的注浆是挨个进行的）进行注入。从一个阀到另一个阀的转换过程由控制室里（流量调节器）所设定的运行参数来进行控制，或者通过对控制室里可调压力界限的测量来进行控制。注脂控制与刀盘旋转是互锁的。当刀盘停止旋转时司机可以强行注脂。气动式注脂泵直接安装在后配套拖车的油脂桶上，通过气动阀为各个注脂点供应油脂。本工程盾构机尾护盾特点：材料采用 Q690 高强度结构钢材制成，更结实，更耐磨；盾尾内部的注浆管可以在掘进的过程中拆卸出来，并进行检修，更方便，更易维修。

3.2.3　自动导向系统

盾构机的掘进方向由一套 VMT 公司提供的 TACS 激光自动导向系统控制，其构成如图 3-8所示。该系统能向用户提供关于 TBM 当前空间位置和方向的连续的实时信息，通过正确的方向控制的操作，能使 TBM 与隧道设计轴线（DTA）的误差控制在较小范围内。

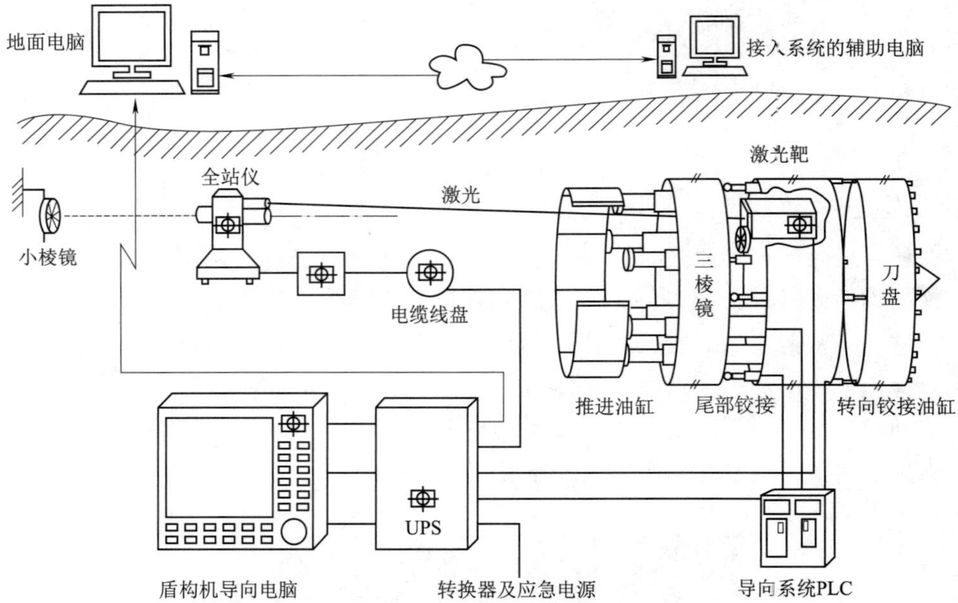

图 3-8　激光自动导向系统构成

激光自动导向系统的主要参照是由安装在隧道壁侧上方一个相对稳定位置的激光全站仪所发射的可视激光束，激光束发射的距离是 100 ~ 200 m，其工作原理如图 3-9 所示。

激光束通过盾构机内的净空间发射到安装在盾体内的电子激光接收靶（ALTU）上。激光到接收靶的距离也取决于激光通过的净空间的大小和隧道的弯曲程度。因此，每过一定时间就必须把激光系统向前移动，监测人员确定始发位置，以后的位置则由系统自己确定。

当激光束射到接收靶时，光束的精确中心与接收靶中心的入射角和偏航角就能测出，光束与 ALTU 接收靶的水平角也能确定下来。ALTU 接收靶内有一个双轴倾斜计传感器，用来监测盾体的倾斜和摆动情况。ALTU 接收靶的前部有一个反射三棱镜。激光参照位置与 ALTU 接收靶之间的距离由全站仪内的 EDM 测定。因此，通过激光参照的确切位置就可确定 ALTU 接收靶的确切位置和方向，进而确定 TBM 的确切位置和方向。

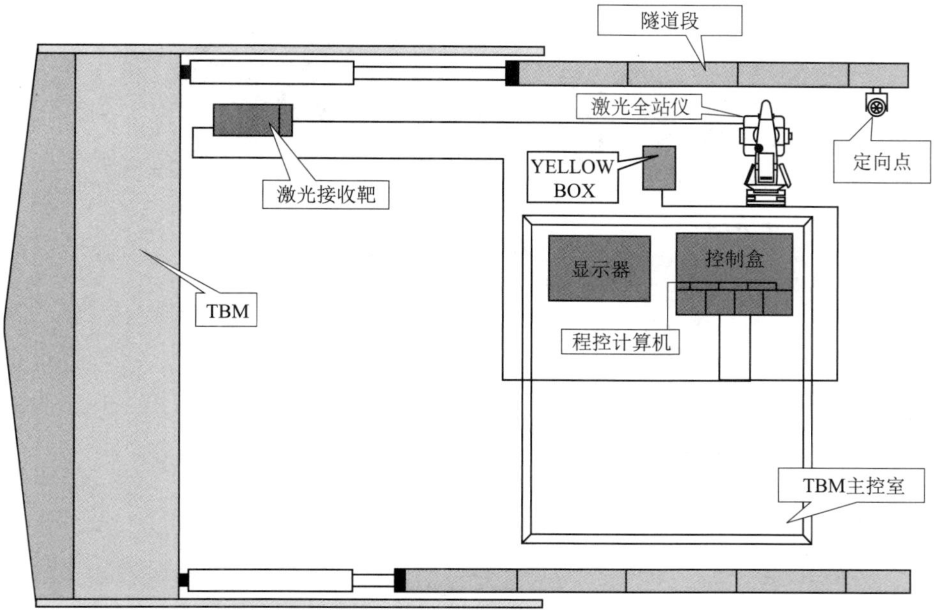

图 3-9　激光自动导向系统原理

系统不仅提供随时测量 TBM 精确位置的方法（尤其是掘进过程中），它还向操作人员提供清楚明确的结果，告诉他采取必要的校正措施，使盾构机的实际轴线尽可能和隧道设计轴线一致。确保在高水土压力条件下盾构机姿态稳定。

3.2.4　渣土改良与同步注浆系统

1. 渣土改良系统

为适应超厚富水砂层条件下的掘进，所有管路均设计为独立控制管路，可以实现单独管路注浆压力及流量控制，此种设计有利于稳定开挖面及更加有效地进行渣土改良。

(1) 渣土改良系统的独立

在刀盘上设计有 7 个分别独立控制的渣土改良喷嘴，用于对刀盘中心及各个容易结泥饼部位的冲洗和清理。这样既可以防止渣土在刀盘中心区域堆积（冲向开挖仓底部），起到有效保护刀具的作用。土舱内配置 6 个渣土改良注入口，螺旋输送机沿轴向均布 4 个渣土改良注入口，保证渣土从被刀盘切削下来直到排出均得到有效改良，并且有效降低、防止螺旋输送机卡死情况的发生。

(2) 膨润土系统

膨润土通过旋转接头的管线向刀盘前部注入，膨润土最大注入压力为 1.5 MPa。旋转接头固定在开挖仓隔板上，其上安装有直通式的独立无压力降的渣土改良管道，如图 3-10 所示。通过它传送新鲜带压泥浆到中心刀具处，这样即可以冲洗中心刀具防止中心结泥饼也可以起到促进开挖仓泥水流动的效果,确保良好的渣土改良效果。

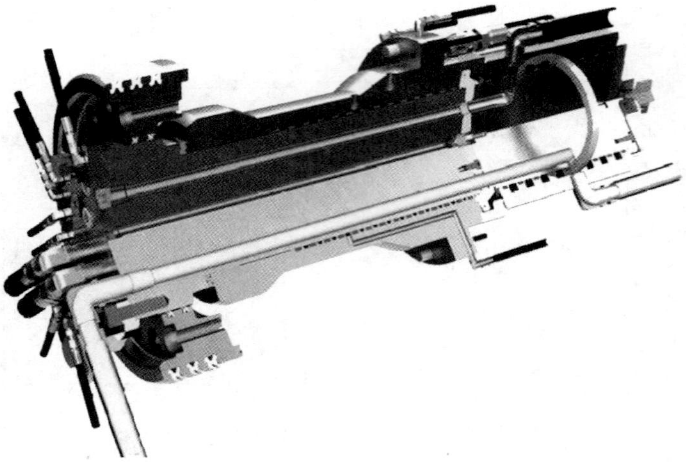

图 3-10　旋转接头示意

(3)泡沫系统

泡沫系统通过注入化学泡沫添加剂以改良地层。泡沫可以更好地控制掌子面的稳定。由许多微小气泡组成的泡沫缓冲效应可限制掌子面压力的波动。泡沫填补了被开挖物料的缝隙,使其可渗透性降低,因而使高水压开挖成为可能。泡沫的润滑作用能增加被开挖物料的流动性,减小渣土室中堵塞的风险,并减小工作扭矩因而减少电力消耗。泡沫可以减小地层的研磨性,从而增加和地层接触部件的寿命。

2. 同步注浆系统

同步注浆作为开挖后壁后注浆的主要手段,其系统的选定尤为重要,其必须满足富水砂层高水土压力的工作环境,确保同步注浆能对开挖缝隙实现有效回填。同步注浆系统包括砂浆存储罐、注浆泵以及控制单元等,分别安装在后配套拖车上,管路安装在盾壳内。

(1)砂浆存储罐

砂浆存储罐带有一个搅拌器。通过运输车上的可移动浆罐来补充浆液。搅拌器的作用是用来防止砂浆在管片拼装期间发生凝固。

(2)注浆泵

注浆泵为双柱塞型,液压驱动,如图 3-11 所示。注浆泵通过异形连接管和砂浆罐相连,连接段还安装有用于清洗的接口。泵直接装在砂浆罐的下方用于提高泵的效率。安装有清洁水箱,泵的活塞部分浸在水箱内便于活塞杆的清洗。每个柱塞将砂浆注入一条注浆管路中。因此,每一条管路都是独立的;每个柱塞的速度是可连续变化的,因此注浆管路的流量可以单独调整;注浆的压力、流量和每条线的注入量通过控制系统监测;水箱可以实现对砂浆泵柱塞密封系统的持续自动清洗。为防止注浆管路堵塞,同步注浆系统设置了注浆管路清洗装置。注浆完成后该装置可以直接对注浆管路进行清洗。即使万一注浆管路发生堵塞,还设置了供维修的检查口。

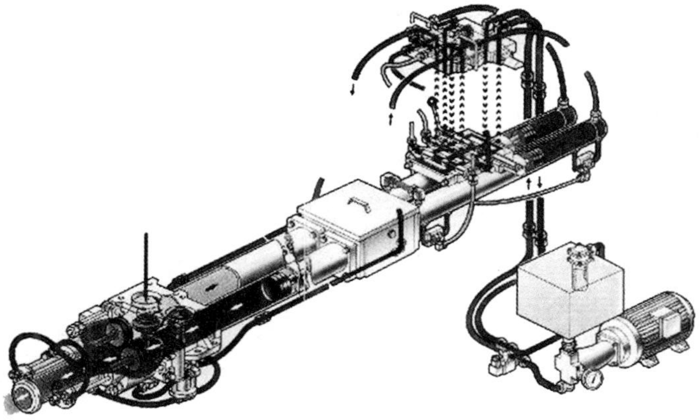

图 3-11　注浆泵结构

3.2.5　双串联螺旋输送机

1. 双螺旋系统原理及功能

螺旋输送机是土压平衡盾构排土系统的重要组件之一。在盾构施工中,螺旋输送机不仅具有排除开挖舱内渣土的作用,更重要的是具有控制螺旋输送机底部压力,进而维持盾构开挖面土压平衡的作用。通常一台土压平衡盾构中只配备一节螺旋输送机,但由于在一些水土压力较大的地区采用土压平衡盾构时,一节螺旋输送机难以平衡地层压力,利用双节串联螺旋输送机来解决土压平衡问题。

双螺旋盾构机就是在单级螺旋的基础上增加一个螺旋输送机,主要设备包括两级螺旋机、螺旋机筒体、螺旋机叶片、螺旋机轴、闸门油缸、液压泵、动力电机、液压马达、减速机、减速箱、闸门油缸行程传感器、土压传感器、压力传感器和渣土改良剂注入口等,如图 3-12 和图 3-13 所示。1、2 级螺旋采用对接方式,每级螺旋输送器具备独立的驱动系统,既可联动控制又可每级独立操作。第 1 级螺旋输送机采用中部环向驱动,第 2 级螺旋输送机采用端部轴向驱动。在 1 级与 2 级螺旋之间预留一定长度空间,以便能有效形成土塞效应。由于第 1 级螺旋输送机驱动系统安装处于固定位置,所以不具备伸缩功能。在第 1、2 级之间连接处安装第 1 道闸门,在第 2 级螺旋输送机出渣口安装第 2 道闸门,备有防喷涌的保压泵(图 3-14),其底部装有泄水闸阀,通过管道排入盾构机内的污水池。

螺旋输送机主要由圆筒状机壳和中心螺旋杆组成,工作时螺旋杆旋转,渣土充满机壳,由于泥土重量和泥土与机壳之间产生的摩擦阻力,机体内的渣土就像不旋转的螺母一样沿螺旋杆轴线平移输送。

螺旋输送机的主要功能如下:

(1)从有压力的密封土仓内将开挖下的渣土排出盾构;

(2)渣土在螺旋输送机内形成密封土塞,阻止渣土中水的流出,保持密封舱内的土压稳定;

(3)改变螺旋输送机转速,调节排土量,即调节密封土仓内土压力值,使其与开挖面水土压力保持动态平衡。

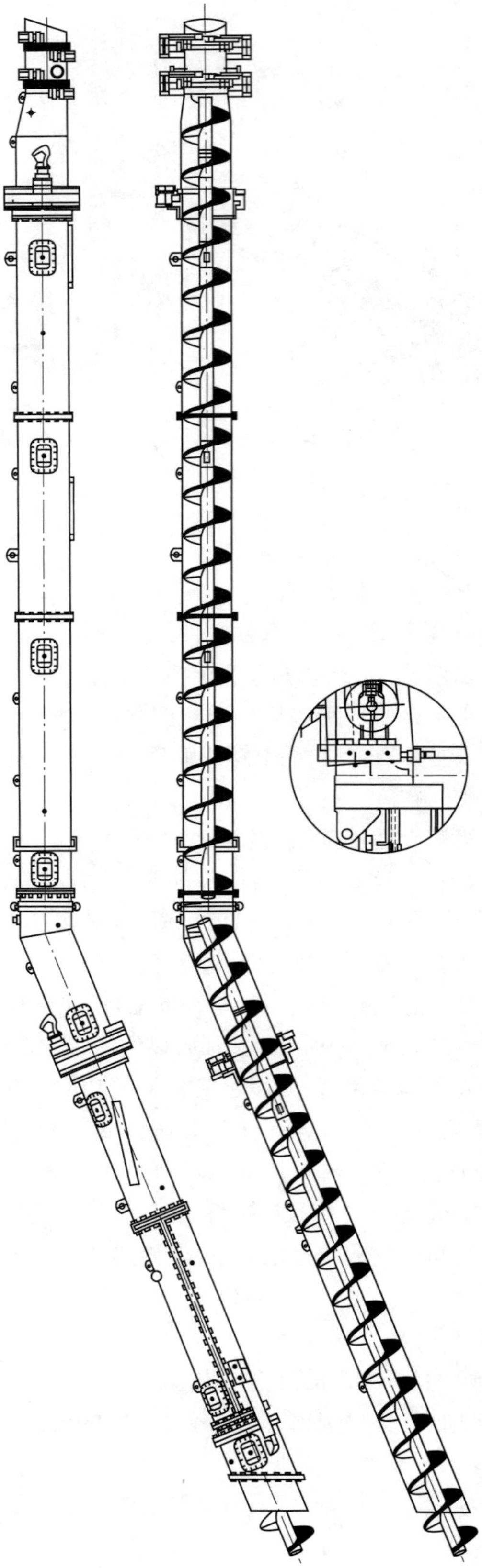

图3-12 双螺旋输送机构造

图 3-13　双螺旋输送机

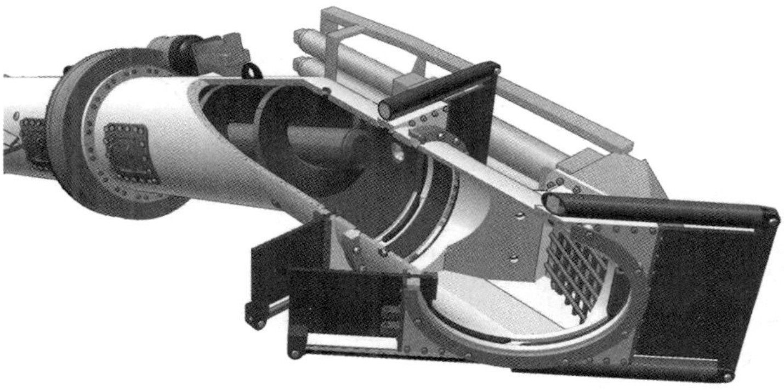

图 3-14　保压泵出渣系统

2. 双串联螺旋输送机力学模型

双螺旋输送机力学模型（图 3-15）计算时可以将两节螺旋输送机分别考虑，第 2 节螺旋输送机可以套用单螺旋输送机的计算公式，对于第二级螺旋输送机来说，可以将面 *FH* 处的压力等效为面 *EH* 处压力，利用同样的原理计算出双节串联螺旋输送机的底部压力大小。

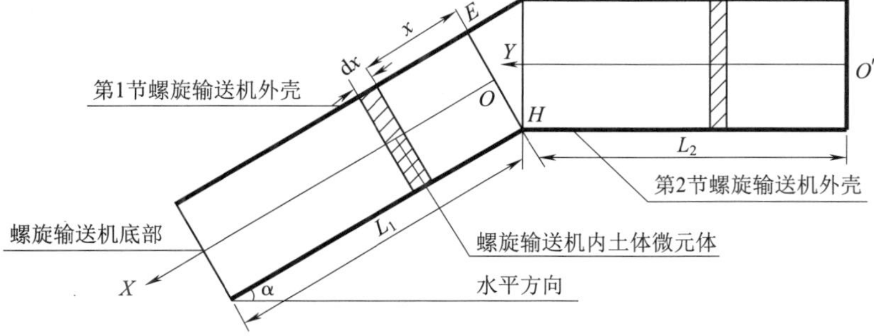

图 3-15　简化的双螺旋输送机力学模型

图 3-15 中符合含义如下：

L_1，L_2——第 1、2 级螺旋输送机长度；

α，β——第 1、2 级螺旋输送机倾角（第 2 节水平放置居多，即 $\beta=0$）；

R_1，R_2——第 1、2 级螺旋输送机半径；

x，y——第 1、2 级螺旋输送机微元体距螺旋输送机顶部的距离；

dx，dy——第 1、2 级螺旋输送机微元体的宽度。

选取图 3-15 中阴影部分（即螺旋输送机内土体的微元体）为研究对象，对其进行受力分析，微元体受力图如图 3-16 所示。为便于计算，定义微元体 4 个角点分别为 A、B、C、D，图 3-16 中各符号的物理意义如下：

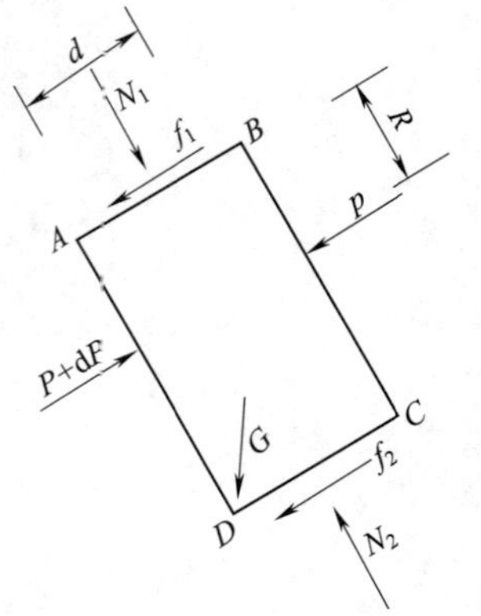

图 3-16　土体微单元受力图

P——微元体所受压力，为微元体右上方土体在自重作用下沿 x 轴方向的分力；

dP——P 在 x 方向上的压力增量，$P=CPR_2\sin\alpha\cdot x$；

G——微元体自重，$G=CPR_2dx$；

f_1——AB 界面所受摩擦力，$f_1=LN_1$；

f_2——CD 界面所受摩擦力，$f_2=LN_2$；

N_1——AB 界面所受压力；

N_2——CD 界面所受压力；

L——土体与螺旋输送机侧壁的动摩擦系数。

3. 双串联螺旋输送机的基本假设及计算

考虑螺旋输送机内流塑性土体的平衡状态及水土压力的连续性，假定如下：

（1）输送物为流塑态土，一般螺旋叶片相距在 0.5～0.7 m，在简化计算中螺旋叶片对土体影响忽略不计；

（2）螺旋机内土体呈流塑状态，均匀连续充满于螺旋输送机内部；

（3）AB 面上的正应力近似等于 BC 面上的正应力，可得 $N_1=PRdx$；

（4）$1/4AD$ 面上的正应力近似等于 DC 面上的正应力，可得 $N_2=G\cos\alpha+P+dP-G\sin\alpha\cdot Rdx$；

（5）假设 FH 处压力与 EH 处压力相等，即第 2 级螺旋输送机底部压力完全传递给第 1 级螺旋输送机的起始部位。

计算时分别考虑两节螺旋输送机：第 2 级螺旋输送机依照单螺旋输送机的计算公式进行计算；第 1 级螺旋输送机的计算方法同第 2 级螺旋输送机，只是顶部压力不为 0，而是第 2 级螺旋输送机的起始部位压力计算如下：

$$P_{EH}=\frac{P_{FH}R_1^2}{R_2^2} \tag{3-1}$$

两节螺旋输送机分别考虑，利用微元体的力学平衡条件，得出螺旋输送机底部（起始部位）压力表达式。

第 2 级螺旋输送机起始部位压力计算如下：

微元体在 y 轴方向受力平衡，$E_y=0$，则

$$P_2+dP_2-P_2-f_1-f_2-G\sin\beta=0$$

解出 $P_2 = LCPR_2 \sin\beta \cdot Y_2 + CPR_{22}(L\cos B + \sin\beta)Y$

其边界条件如下：

当 $Y=0$ 时，$P=0$，若不满足，则会在螺旋输送机出土口发生渣土喷涌；

当 $Y=L_2$时，便得出第 2 节螺旋输送机底部所能承受的压力最大值。

$$PL_2 = LCPR_2L_2(L_2 \sin\beta + R_2 \cos\beta) + CPR_{22}L_2 \sin\beta$$

第 1 级螺旋输送机底部压力计算：

先计算第 1 级螺旋输送机顶部压力。由 $P_{FH} = PL_2$，可得

$$P_{EH} = \frac{LCPR_1^2L_2^2\sin\beta}{R_2} + LCPR_1^2L_2\cos\beta + CPR_1^2L_2\sin\beta \tag{3-2}$$

微元体在 X 轴方向受力平衡，$E_X=0$，则

$$P_1 + dP_1 - P_1 - f_1 - f_2 - G\sin A = 0$$

P_1 计算原理同 P_2，只是上部边界条件不同，则

$$P_1 = LCPR_1 \sin\alpha \cdot X_2 + CPR_{21}(L\cos\alpha + \sin\alpha) \cdot X + P_{EH}$$

当 $X=0$ 时，$P=P_{EH}$。当 $X=L_1$时，便得出第 1 级螺旋输送机底部承受的压力最大值：$PL_1 = LCPR_1L_1(L_1\sin\alpha + R_1\cos\alpha) + CPR_{21}L_1\sin\alpha + P_{EH}$。

由前面分析可知，双节串联螺旋输送机底部压力计算可以分为三个部分：第 1 项表示机内土体与壳体间摩擦力对底部压力的影响；第 2 项表示机内土体自重对底部压力的影响；第 3 项表示第 2 级螺旋输送机的增加对底部压力的影响。

因此，对于双节串联螺旋输送机来说，主要问题是要讨论增加第 2 级螺旋输送机的必要性，即第 2 节螺旋输送机的增加对平衡前方水土压力的贡献。为了分析第 2 节螺旋输送机的作用大小，定义一个量 S，S 的物理意义是第 2 级螺旋输送机的底部土压占开挖舱底部水土压力的百分比，其表达式见式(3-3)。S 值越大，表明第 2 级螺旋输送机在双节串联螺旋输送机中发挥的作用越大。

$$P = \frac{P_{L_2}}{P_{L_1}} \times 100\% \tag{3-3}$$

综上可以得出第 2 级螺旋的可调角度 β 及其长度 L_2 对第 2 级螺旋输送机的有效性影响最大。而第 2 级螺旋直径 R_2 对平衡舱内开挖土压力的影响很小。受到隧道尺寸的因素限制，第 2 级螺旋的角度 β 可调范围有限，因此，第 2 级螺旋的直径大小只需满足盾构机总体设计即可。结合设备后配套设计及超厚富水砂层特性适当增加第 2 节螺旋的长度 L_2 来加强超厚富水砂层中掘进第 2 级螺旋的使用效率及防喷涌效果。因此螺旋输送机内径选定为 800 mm，螺旋输送机总长定为13 955 mm。

3.2.6　其他系统

1. 稳定器

盾构机配置 2 个稳定器，安装于盾构前体上部，两只撑脚可通过开孔伸出盾壳，呈羊角状。“振动”发生时，减震器油缸伸出，使撑靴柔性地顶在洞身上，对壳体施加一定的减震阻尼。一般在连续的掘进工作中，不断变换刀盘的转动方向以抵消盾构的横滚。

稳定器也能提供了一定的反扭矩，减少“横滚”现象的发生。稳定器不用时，可以收回盾

体内,外侧与盾构机壳体表面齐平,并且在其表面配有密封装置以防渣土渗入。

2. 集中润滑系统

在盾构机的中体位置安装有油脂储存桶和小型气动油脂泵,负责向盾构机内一些主要设备的运动部件提供脂润滑,包括主轴承密封、螺旋输送机等处。

3. 循环冷却系统

盾构机上的驱动主要为液压驱动,由于驱动功率大、工作环境恶劣,液压油温度较高,而油温过高会对盾构机设备和密封的寿命会产生相当的影响。同时,油温过高也会使隧道环境温度上升。因此,使用循环冷却系统可以通过热交换对液压油降温。盾构机上的循环冷却系统进水压力为0.45~0.5 MPa,温度为25 ℃,流量为40 m^3/h。在盾构机的后续台车上安装了可以缠绕20 m长水管的水管卷盘,可使盾构机在掘进12 m长度时才接一次水管。

4. 超前地质探测系统

针对本工程的地层软土内可能出现人防工程、空洞复杂地质和水文条件,设置了超前地质雷达探测系统,如图3-17所示。通过沿隧道的外圈发送的保护电流或电极和通过几个连续的内置小电极发射出的监测电流。通过这种布置,能够产生一个聚焦效应,由此形成的监测电流束被迫穿透盾构机前方几倍盾构机直径的距离。一些挖掘的部件可以被用作电极,就像切削工具,钻杆,盾构护盾/覆盖物,锚杆和金属支撑衬砌。

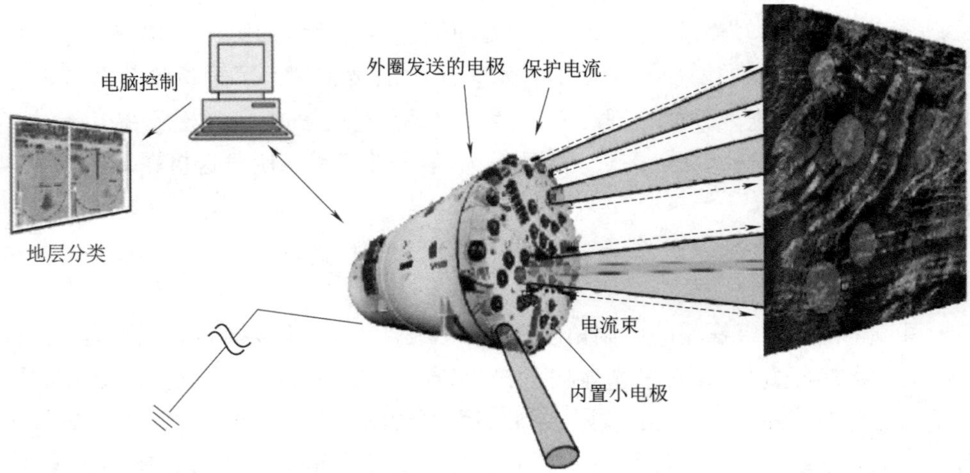

图3-17 超前地质探测系统原理示意

盾构机前的探测距离取决于开挖直径,探测1 m左右漂石的距离在2.5倍直径和3倍直径之间。如果障碍物的尺寸越大,探测的距离也越长(探测的精度也越准)。超前地质探测系统在有水或无水、干或湿的地层中都能可靠地工作。如果盾构机在饱和含水地层中地下水位以下环境中作业,此时因为超前地质探测的电流能够更好地接触地层,探测的效果将会更好。

5. 数据采集存储系统

该系统可以通过PLC采集盾构机上的传感器数据,包括刀盘、盾体、注浆、渣土运输、温度、后配套操作、测量值综述和错误信息等，然后将数据传送给控制室的主机，在主机上进行数据的记录、储存、显示和分析，同时，主机也可以对这些采集内容设定初始值，传送到 PLC 上；主机可以通过 Modem 和远程机连接，工作人员能通过远程机对盾构机提供远程维护、远程控制和监控掘进并保留掘进过程的数据。数据采集存储系统硬件连接如图 3-18 所示。

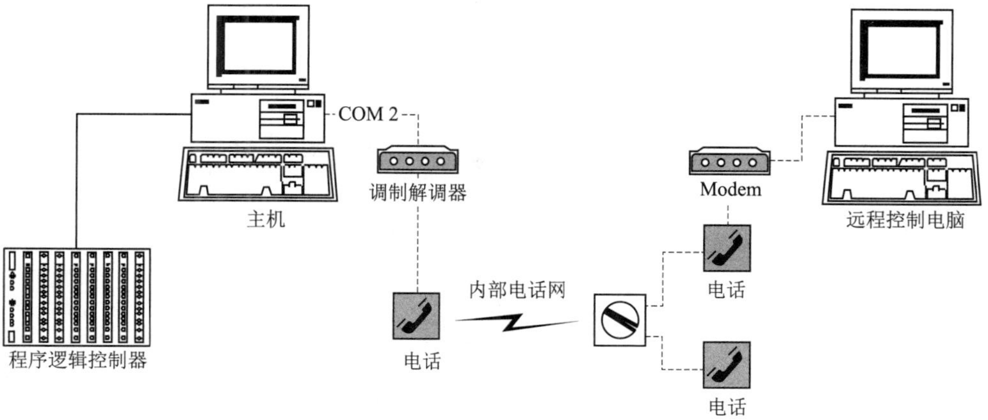

图 3-18　数据采集存储系统硬件连接

6. 安全保障系统

安全保障系统内容如下：

(1) 通风系统由涡轮式三级风机、DN1000 送风软管、风管筒、DN600 硬风管和次级风机等组成。能将地面的新鲜空气送入隧道，供人员呼吸并有效地降低隧道内的空气温度。

(2) 隧道内火源主要是油火和电火，为此，盾构机上配备了大量的便携式干粉灭火器以及消防面具。

(3) 隧道内空间拥挤，在盾构机上一些设备运行时(行走或旋转)会对人员安全构成威胁，为此，盾构机装备了一些声光报警装置。

(4) 盾构机上装备有紧急照明系统，可在供电突然终止时提供临时照明。

3.3　盾构穿越古建筑群盾构掘进控制技术

3.3.1　穿越建筑物盾构掘进参数控制

1. 出土量的控制

每环理论出土量 37.15 m^3(哈尔滨地区粉砂、中砂、粉质黏性土的松散系数 1.1 ~ 1.2)，控制每环实际出土量不大于 44.5 m^3。如发现超挖迹象，立即停止出土并反馈地面监控室，技术人员进行原因分析，制定切实可行的控制措施，及时对超挖部分填充注浆。采用优质泡沫对切削的渣土进行改良，确保地层不失水、出土顺畅。

(1) 盾构操作手：根据每环理论出渣体积计算理论进尺长度，通过理论进尺长度与实际进尺长度进行比较控制出渣量。

(2)渣土管理员:根据每环理论出渣体积与实际出渣体积进行比较,控制出渣量。

(3)龙门吊司机:根据每环理论出土重量与每环实际出土重量进行比较,控制出渣量。

2. 土仓压力控制

盾构在穿越建筑物群桩过程中,采用土压平衡模式掘进,土仓压力设置在 1 bar 左右。在盾构停机拼装管片期间,安排专人对土仓压力监控,土仓压力损失值接近 0.1 bar 时,及时进行增压。

3. 贯入度与掘进速度控制

贯入度控制:穿越建筑物掘进过程中贯入度设置在 8 ~ 10 mm,减少扭矩以避免掘进过程中对土体的扰动。

掘进速度控制:穿越建筑物掘进过程中掘进速度不大于 20 mm/min。

4. 推力与扭矩控制

推力:穿越建筑物掘进过程中盾构总推力 12 000 ~ 18 000 kN。

刀盘扭矩控制:穿越建筑物掘进过程中刀盘扭矩不大于 2 500 kN · m。

5. 注浆控制

采取同步注浆和二次注浆相结合的注浆方式对管片壁后的建筑间隙进行及时填充,防止沉降。

(1)同步注浆:每环理论注浆量 3.24 m^3,下穿建筑物时系数取 1.8 ~ 2.3,注浆方量 5.9 ~ 7.5 m^3/环。

注浆压力控制在 3 ~ 3.5 bar。根据监测数据实时调整注浆量、注浆压力,在控制沉降的同时,避免地面隆起。

优化浆液配比,通过调整胶凝材料掺量来调整浆液稠度(稠度为 11 ~ 13 s),缩短浆液凝结时间(3 ~ 4 h),确保地层的稳定性,控制沉降。

(2)二次注浆:在盾构下穿建筑物时及时跟进二次注浆(管片脱出盾尾 5 环后二次注浆),根据监测数据及管片开孔检查情况,动态调整注浆量、注浆压力及注浆材料。二次注浆采用 1∶1体积比双液浆。

3.3.2 双螺旋机防喷涌控制

1. 渣土改良

土压平衡式盾构需要在盾构密封舱内充满开挖泥土,通过对开挖土体施加压力来平衡开挖面上的水土压力,因此土压平衡式盾构压力舱内土体的理想状态应为“塑性流动状态”。从土力学的角度分析,这种塑性流动状态主要包括土体不易固结排水、具有较低的透水率、较低的内摩擦角等特征,其力学指标主要包括渗透系数、内摩擦角和内聚力、坍落度、压缩系数。渣土改良效果好坏直接关系到土压平衡盾构在超厚富水砂层中施工是否成功的关键因素,渣土改良效果好,螺旋输送机出土顺畅,盾构掘进过程就顺利;如果渣土改良效果差,盾构机切削下来的土体无法达到塑性流动状态,导致盾构出渣不畅,可能产生喷涌或结泥饼的情况,严重时会导致地面塌陷、房屋倒塌,危及人民生命财产安全。富水砂层盾构掘进渣土改良的目的是:①提高土舱内渣土的抗渗透能力,避免开挖面因排水固结而造成较大的地表沉降甚至坍塌事故；②降低土舱内渣土以及开挖面土体的内摩擦角，减少渣土对刀盘刀具的磨损，降低刀盘扭矩；③提高土舱内渣土的可塑性，防止渣土黏附在刀盘上结成泥饼。目前，施工中常用的渣土改良添加剂主要有泡沫剂、膨润土以及高分子聚合物。

(1)泡沫改良

考虑盾构施工实际情况，试验按泡沫剂与水的体积比(体积比为添加剂与水的体积之比、质量比为添加剂与水的质量之比)为 3% 进行配制，充分发泡后掺入砂土，进行渣土改良坍落度试验。现场试验结果表明，采用体积比为 3% 、外掺量(添加剂与水拌和后的混合物与土的体积比)为3% ~ 5% 的泡沫对砂土进行改良，其坍落度在 200 ~ 210 mm 范围内，和易性较好。

(2)膨润土改良

参考以往施工经验，用钠基膨润土，按质量比为 1∶6，1∶7 及 1∶8 分别配制膨润土泥浆进行渣土改良坍落度试验。现场试验表明，采用质量比为 1∶7、外掺量为 8% ~ 10% 的膨润土泥浆对砂土进行改良，其坍落度在 195 ~ 205 mm 范围内，和易性及保水性均较好。

(3)高分子聚合物改良

采用质量比为 0.3% 的高分子聚合物配合质量比为 1∶7、外掺量为 8% 的膨润土泥浆对砂土进行坍落度试验(由于现场实际施工中，不会单独使用高分子聚合物进行渣土改良，故研究中采用的高分子聚合物改良的土样事先经过了质量比为 1∶7、外掺量为 8% 钠基膨润土的改良)。现场试验表明，当高分子聚合物的外掺量在 2% ~ 3% 时，渣土的和易性及保水性均已很好，坍落度在 195 ~ 210 mm 范围内。

通过对现场的坍落度试验结果进行对比分析，确定了泡沫、膨润土和高分子聚合物添加剂的合理配比，即体积比为 3% 的泡沫、质量比为 1∶7的膨润土、质量比为 0.3% 的高分子聚合物。泡沫可导致富水砂性地层的压缩性降低；膨润土对富水砂性地层的压缩特性有很好的改良效果；高分子聚合物对此类地层的压缩性亦有一定的改良作用。掺入泡沫的土体，其渗透系数仅降低了25.45%，可见，泡沫对地层的渗透性能有一定的改善，但作用不大；掺入膨润土的土体，土样的渗透系数最大降低了 63.3%，对于改良地层的渗透性能，膨润土有着非常良好的效果；高分子聚合物对地层的渗透特性也具有较好的改善，渗透系数降低了 38.5% . 泡沫对砂性土的固态细观结构改良基本无作用；膨润土作为细颗粒，能够填充到砂砾粗颗粒的孔隙中，对富水砂层土体细观结构有非常显著的改良效果；而高分子聚合物虽然也有一定的填充作用，但是高分子聚合物会将一部分细颗粒胶结成块状大颗粒物质，与致密的土样整体分离。

2. 防喷涌处理

土压平衡盾构机在超厚富水砂层施工掘进过程中，渣土改良效果不佳易发生喷涌现象，发生喷涌前，螺旋输送机出渣口会有一些前兆，一旦发现螺旋输送机出渣口有少量的泥浆涌出并有喷涌发生的征兆时，立即调整两段螺旋输送机的转速，使第 2 级螺旋输送机螺旋转速小于第 1 级螺旋输送机螺旋转速，这样，由于第 1 级螺旋输送输出的渣土多于第 2 级螺旋输送机的渣土，使渣土很快在两段螺旋输送机内积聚而形成土塞效应，从而可以有效抑制喷涌发生。如果发现出渣口有大量泥浆喷出，就快速将双螺旋输送机停机，将双螺旋输送机的联动控制改为手动控制，关闭出土口闸门及 1、2 级螺旋输送机之间的闸门，通过第 2 级螺旋输送机底部的泄水闸阀，将 2 级螺旋输送机内压力水排出，再打开第 2 级螺旋输送机的出渣口闸门,使土仓内积水进入螺旋输送机后关闭该闸门,依次循环反复操作,开、关第2级螺旋输送机底部的泄水闸阀、第2级螺旋输送机出渣口闸门和第1、2级螺旋输送机之间的闸门,即可控制喷涌事故发生,并提高土仓内压力,使其大于掌子面切口压力20 kPa。

3.4 同步注浆与二次注浆技术

3.4.1 同步注浆材料配合比试验

1. 同步注浆材料配合比设计

盾构机的刀盘开挖直径为6 260 mm,管片外径为6 000 mm,当管片在盾尾处安装完成后盾构机向前推进,管片与土层之间形成13 cm的施工间隙时,及时采用浆液材料填充此环形间隙有利于防止和减少地层变形,提高结构的稳定性。

采用水泥砂浆(可硬性浆液)作为同步注浆材料,具有凝结时间较短、强度高、耐久性好和抗腐蚀性好等特点。

对浆液配合比进行不同的试调配及性能(流动性、稠度、析水率、凝胶时间、浆液强度等)测定比较,优化出满足不同条件下使用要求的配方,书面报监理工程师审定后正式投入使用。同时在试推进施工过程中对浆液的配合比核对推进后地表沉降监测情况进行相应的优化及调整。

同步注浆浆液采用水泥、砂、粉煤灰、膨润土及水调配而成,根据不同的地质条件和要求分别进行了6种不同的配合比,列于表3-1中。

表3-1 同步注浆不同配合比(质量比)

序号	水泥	砂	粉煤灰	膨润土	水
方案1	7	20	46	3	24
方案2	8	19	46	3	24
方案3	11	17	46	3	24
方案4	13	15	45	3	25
方案5	13	25	30	3	29
方案6	11	26	34	3	26

2. 同步注浆材料不同配合比试验结果

不同泥浆配合比下稠度、7 d和28 d强度结果列于表3-2中,质量百分比和7 d、28 d强度如图3-19所示。

表3-2 同步注浆不同配合比试验结果

序号	稠度	7 d	28 d	序号	稠度	7 d	28 d
方案1	113	0.24	4.5	方案4	113	0.63	8.2
方案2	112	0.34	5.6	方案5	120	0.38	8.17
方案3	114	0.43	6.8	方案6	125	0.32	6.53

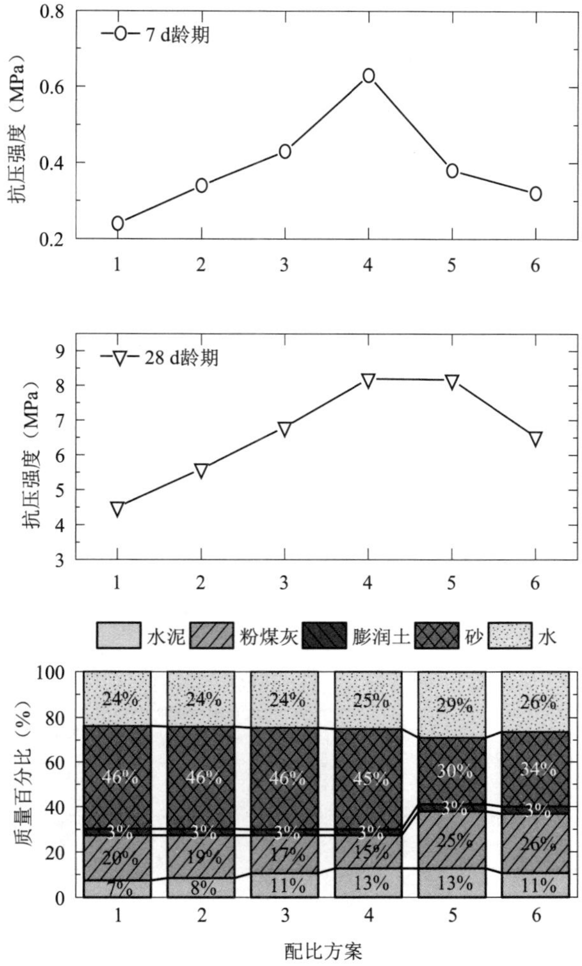

图 3-19　不同配合比及其 7 d 和 28 d 强度

3. 试验相关性分析

根据不同方案中水泥、粉煤灰、膨润土、砂、水等的比例及其对稠度、7 d 强度、28 d 强度的影响，对各成分进行了相关性分析，主成分分析关系如图 3-20 所示，主成分分析系数见表 3-3。

水泥含量和 7 d 强度、28 d 强度位于第一象限，增加水泥含量是最有效地提高 7 d 和 28 d 强度的方法。砂的含量和 7 d 强度、28 d 强度位于上半区，及保持水泥含量不变同时增加砂的含量也能够调高提高 7 d 和 28 d 强度，但此时泥浆的稠度会显著下降。粉煤灰和稠度指标位于第四象限，表明增加粉煤灰的含量能够有效增加稠度，但此时泥浆的强度会显著下降。

方案 3 和方案 4 是偏重于强度控制的方案，同时其稠度较小，适用于渗透系数较小的黏土和粉质黏土层。方案 1 和方案 2 和水泥含量处于相反的方向，即偏重于经济的方案。方案 5 和方案 6 位于和强度相反的方向，即强度较低但稠度较大，适合于孔隙较大的砂土地层。综合建议采用方案 5。

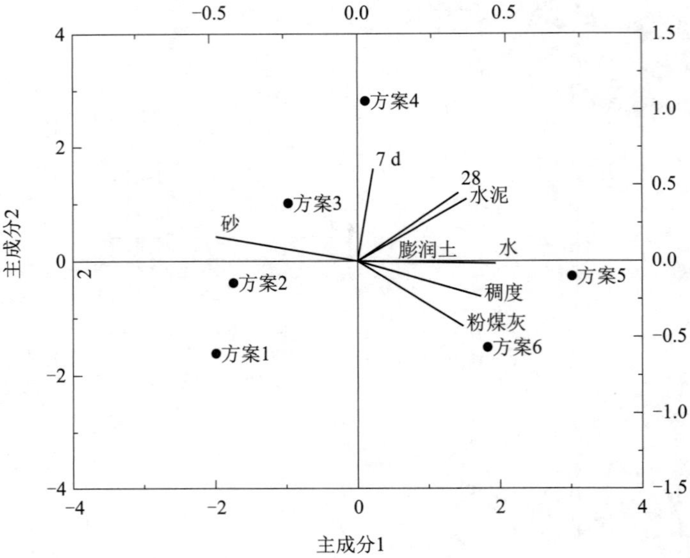

图 3-20 主成分分析关系

表 3-3 主成分分析系数表

主成分	主成分 1 系数	主成分 2 系数
水泥	0.368 43	0.407 51
粉煤灰	0.356 5	−0.429 54
砂	−0.478 09	0.160 66
膨润土	0	0
水	0.465 43	−0.016 19
稠度	0.415 79	−0.233 64
7 d 强度	0.052 58	0.607 21
28 d 强度	0.341 07	0.447 29

方案 5 浆液配合比的物理力学指标如下：

(1)胶凝时间：一般为 6 ~ 8 h，根据地层条件和掘进速度，通过现场试验加入促凝剂及变更配比来调整胶凝时间。对于强透水地层和过建筑物、小曲线等地段，可通过现场试验进一步调整配比和加入早强剂或减水剂，进一步缩短胶凝时间，获得早期强度，保证良好的注浆效果。

(2)固结体强度：28 d 不小于 2.5 MPa。

(3)固结收缩率：<5%。

(4)浆液稠度：9 ~ 13 cm。

(5)浆液稳定性：倾析率(静置沉淀后上浮水体积与总体积之比)小于 5%。

3.4.2　同步注浆

1. 同步注浆设备

盾构机推进时，通过安装在盾尾内的内置式注浆管向管片与地层间的环形施工间隙注入足量的填充浆液。每条管上有高压力表和阀门，该管通过软管与盾构机 1 号拖车上配置的注浆泵分别相连，注浆泵可手动控制，也可自动控制，如图 3-21 所示。

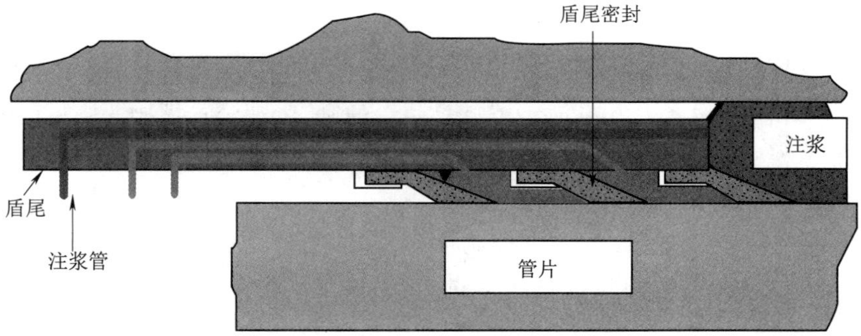

图 3-21　同步注浆示意

同步注浆系统：配备液压注浆泵 2 台，注浆能力为 $2 \times 12\ m^3/h$，8 个盾尾注入管口（其中 4 个备用）及其配套管路。

运输系统：砂浆罐车（$8\ m^3$），带有自搅拌功能和砂浆输送泵，随编组列车一起运输。

2. 同步注浆工艺

同步注浆与盾构掘进同时进行，通过同步注浆系统及盾尾的内置 2 ×4 根注浆管，在盾构向前推进盾尾空隙形成的同时进行。同步注浆与盾尾空隙形成在瞬间产生，从而使周围土体获得及时的支撑，可有效地防止土体的坍陷，控制地表的沉降。

同步注浆材料大多为水泥砂浆，由水泥、砂、粉煤灰、膨润土、水和外加剂等组成。注浆可根据需要采用自动控制或手动控制方式，自动控制方式即预先设定注浆压力，由控制程序自动调整注浆速度，当注浆压力达到设定值时，自行停止注浆。手动控制方式则由人工根据掘进情况随时调整注浆流量，以防注浆速度过快，而影响注浆效果。一般不从预留注浆孔注浆，以降低从管片渗漏水的可能。

（1）注浆量确定

注浆量的确定是以盾尾施工空隙量为基础并结合地层、线路及掘进方式等。考虑适当的饱满系数，以保证达到充填密实的目的，根据施工实际，这里的饱满系数包括由注浆压力产生的压密系数，取决于地质情况的土质系数，施工消耗系数，由掘进方式产生的超挖系数等。一般主要考虑压密系数和超挖系数。以上饱满系数在考虑时须累计。

注浆量经验计算公式为

$$Q = q\lambda$$

式中　q——盾构施工引起管片背面的空隙（m^3），$q = \pi(b-d)L/4$

其中 b——盾构切削外径（m），

d——预制管片外径(m),

L——回填注浆段长即预制管片每环长度;

λ——注浆率(一般的130%~180%),$\lambda = a_1 + a_2 + a_3 + a_4 + 1$

其中 a_1——压密系数,取0.3~0.5,

a_2——土质系数,取0.05~0.15,

a_3——施工损耗系数,取0.1~0.20,

a_4——超挖系数,取0.1~0.2。

(2)注浆压力确定

注浆压力主要取决于地层阻力,但与浆液特性,土仓压力,设备性能,管片强度也有关系。注浆压力通常为0.1~0.3 MPa,一般计算式不准确,必须结合现场实际情况和地面沉降监测分析数据来确定。

(3)注浆压力控制

注浆过程有注浆压力、注浆量两个控制标准,以注浆压力控制注浆过程为主;如果地层自稳性好,地下水压小时,以注浆量控制为主。

富水砂层的理论注浆量为4.9~6.5 m^3,盾构机注浆泵为活塞式注浆泵,每冲程理论的注浆量为12 L,由于活塞泵前面的储浆囊里经常有凝结的水泥块,根据经验,每冲程的注浆在10~11 L,施工时一般按10 L考虑。

盾构机注浆管沿盾尾圆周方向均匀布置,相邻两个注浆管的圆心角为90°。注浆管布置如图3-22所示,①、④号注浆量:②、③号注浆量约为3:1。

图3-22　注浆管布置图

注浆过程控制要求如下:

①、④号管注浆量应达到450冲程,注浆压力控制在1.5~2.5 bar;

②、③号管注浆量应达到150冲程,注浆压力控制在1.5~3.0 bar。

当4条注浆管的冲程与掘进长度不成比例,注浆量偏小时,调大①、②、③、④号管注浆压力,加快注浆速度。②、③号管注浆冲程能超过100个,注浆压力接近3.0 bar时,一般不要调大。当四条注浆管的压力都大于限值时,停止注浆,以防堵管。采用注浆压力和注浆量双控。

(4)注浆速度

注浆速度应与掘进速度相匹配,所以注浆泵的性能要满足注浆速度的需求,其计算公式为

$$Q_v = QVt/L_0$$

式中　Q_v——在长度 Vt 范围内理论注浆量(L);

Q——理论注浆量(L);

V——掘进速度(mm/min);

t——掘进有效时间(min);

L_0——管片宽度减去 150 mm(如 $L_0 = 1\ 200 - 150 = 1\ 050$ mm)。

若掘进速度稳定,Q_v 与 t 是线性关系。

3.4.3　同步注浆模拟

1. 模型建立

对单个隧道的注浆过程进行模拟分析。地质条件分为单层砂土层和分层(上部为粉质黏土层,下部为砂土层)。计算中土体孔隙率取 0.3,泥浆动力黏滞系数取 0.001 Pa · s,渗透率分别为1×10^{-8} m^2(砂土)和 1×10^{-10} m^2(黏土)。计算网格如图 3-23 所示,同步注浆边界如图 3-24 所示。

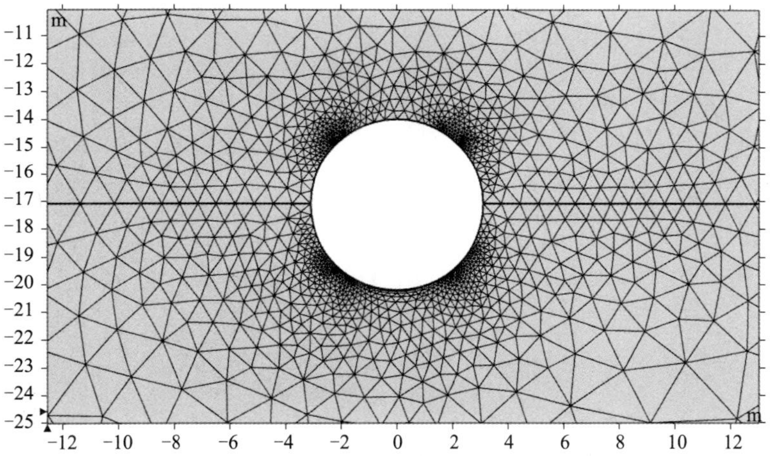

图 3-23　计算网格

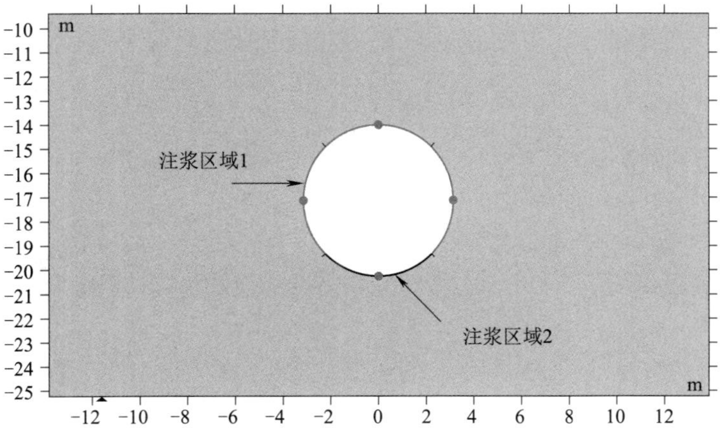

图 3-24　同步注浆边界

2. 单层地层模拟分析结果

单层地层同步注浆模拟结果如图 3-25 ~ 图 3-28 所示。

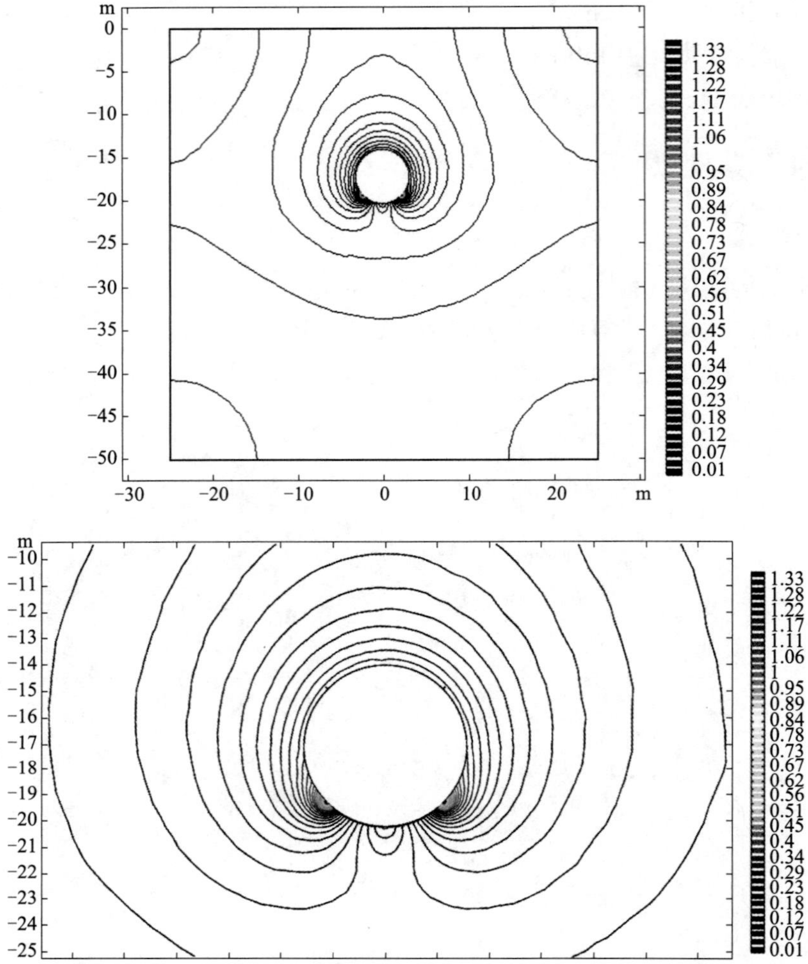

图 3-25　单层地层同步注浆速度场(×10 cm/s)

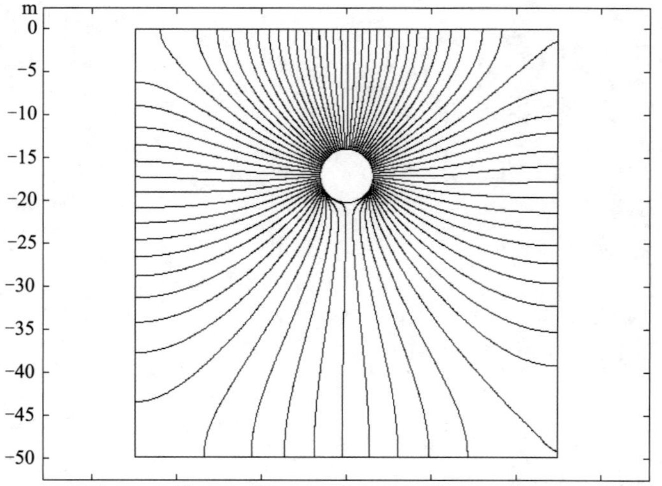

图 3-26　单层地层同步注浆泥浆流线

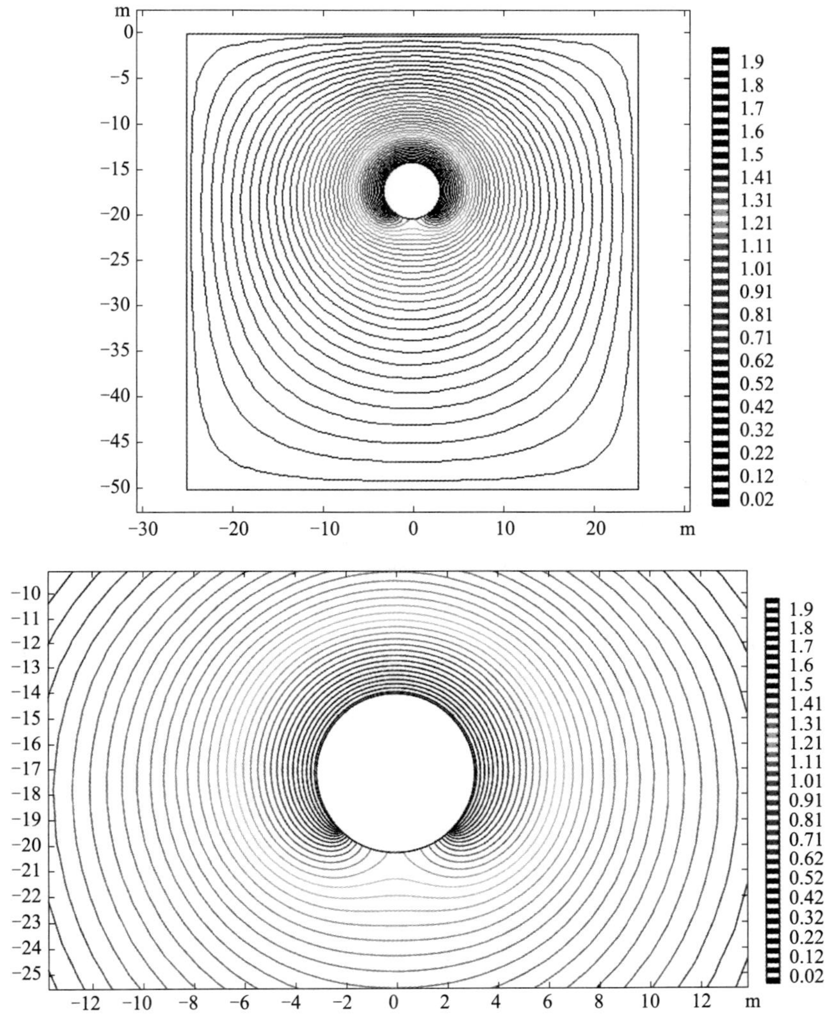

图 3-27　单层地层同步注浆压力场(atm)

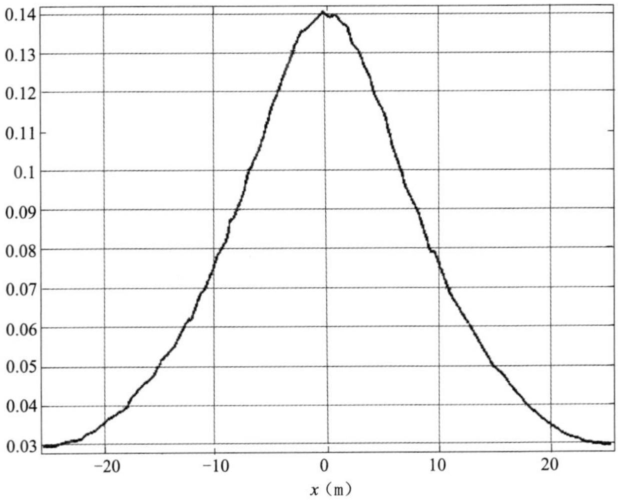

图 3-28　单层地层地下 10 m 处速度(×10 cm/s)

图 3-25 表明,由于隧道下部注浆压力较小,注浆范围在隧道下部也较小,约为距隧道外侧 4 m,在其他方向较大,距隧道外侧 8 m。

图 3-28 表明,在地下 10 m 处,隧道正上方的渗透速率最大,约为 1.4 cm/s。随着水平距离的增加,渗透速率迅速下降,在距隧道中心 10 m 处下降至 0.8 cm/s。

3. 分层地层同步注浆模拟

分层地层同步注浆模拟结果如图 3-29 ~ 图 3-32 所示。

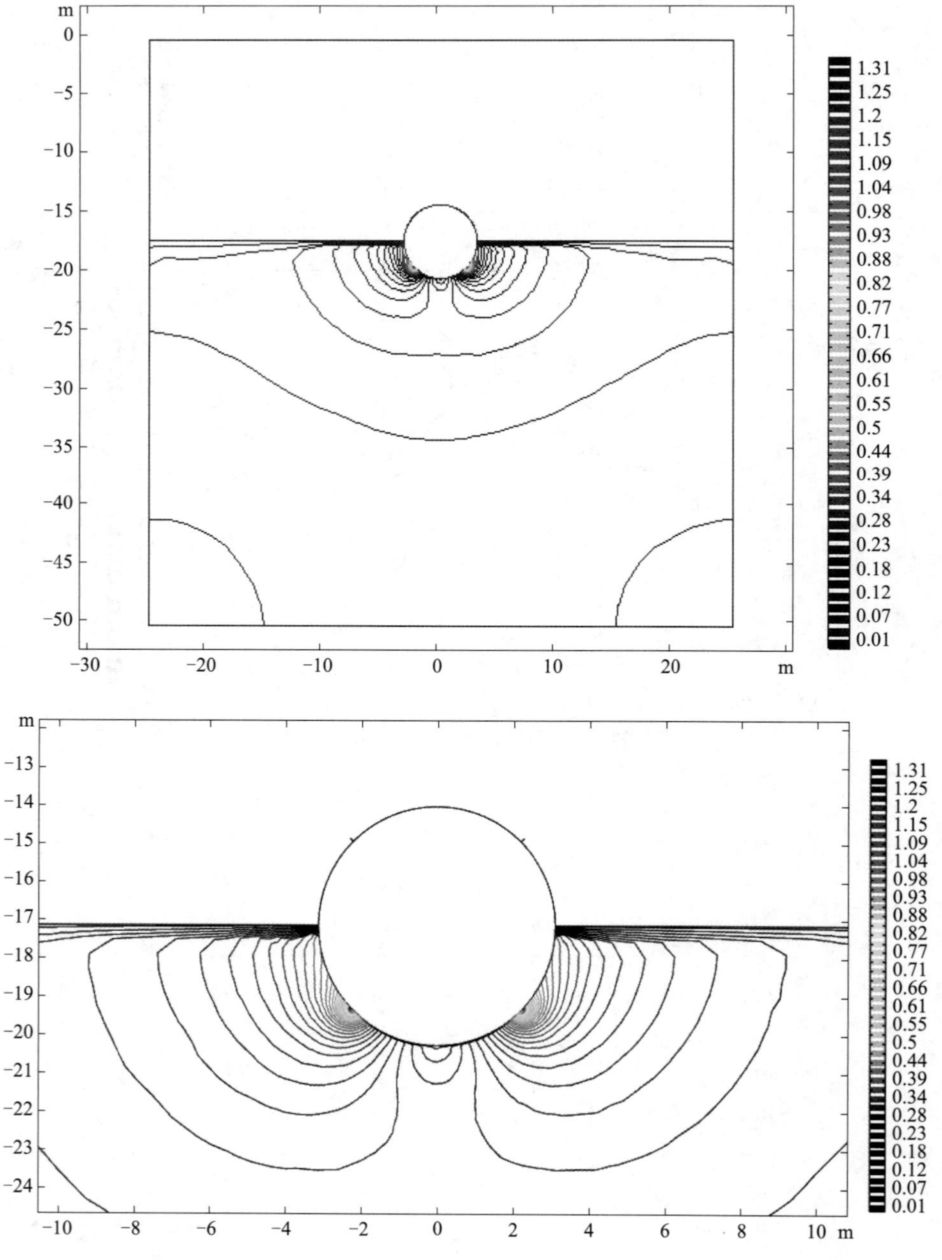

图 3-29　分层地基同步注浆速度场(×10 cm/s)

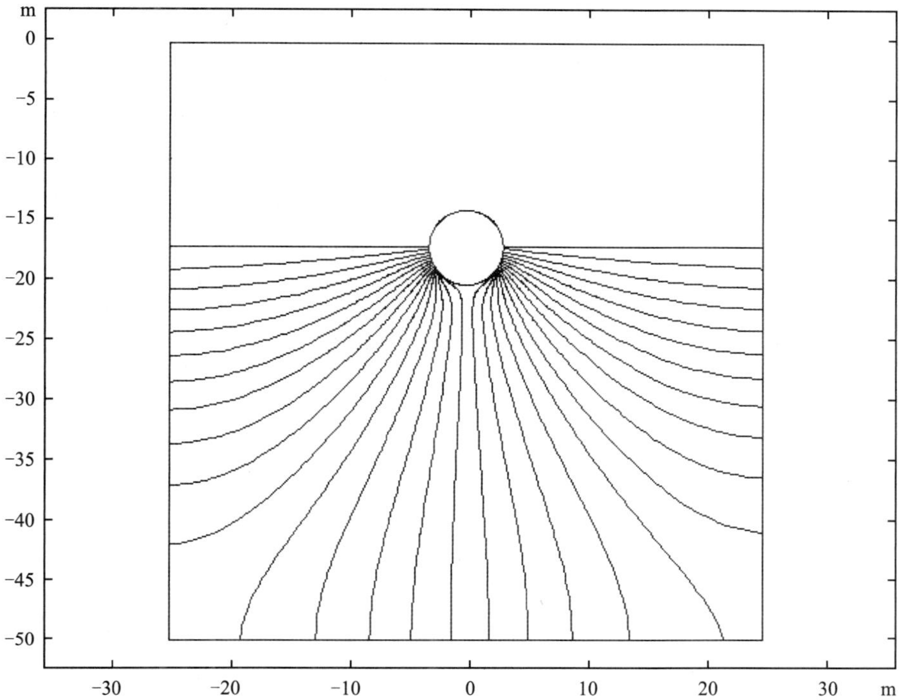

图 3-30　分层地基同步注浆泥浆流线

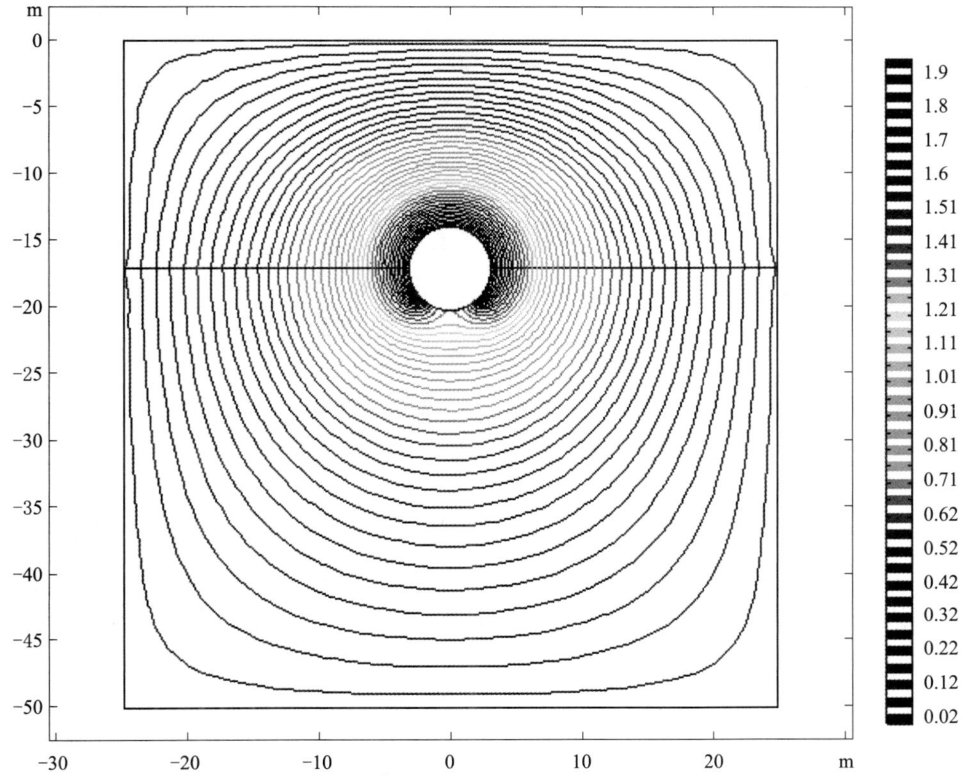

图　3-31

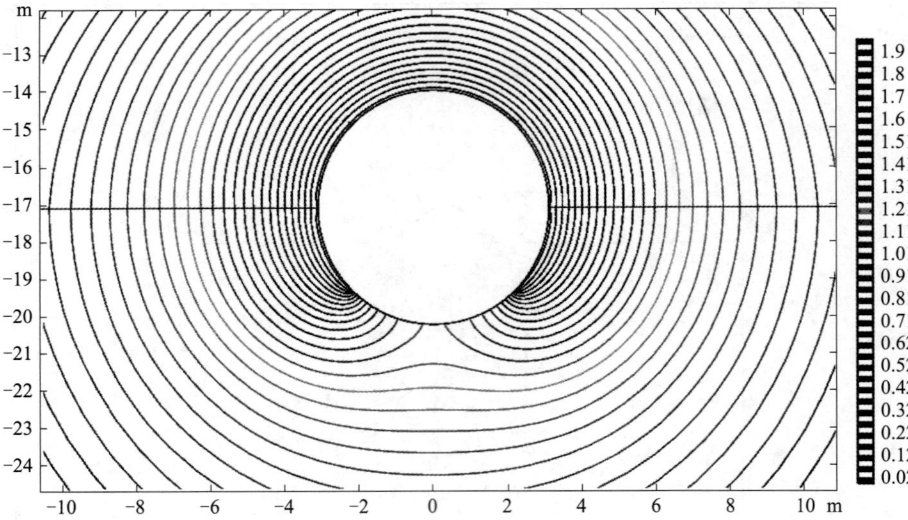

图 3-31 分层地基同步注浆压力场(atm)

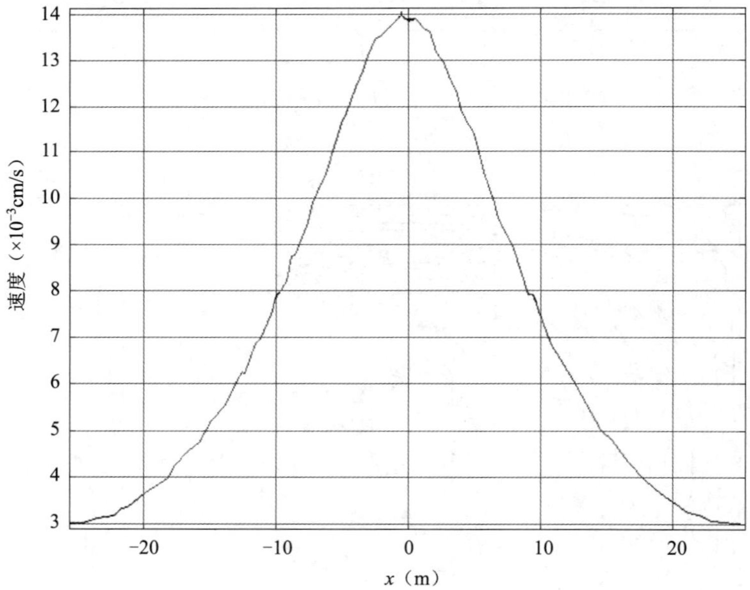

图 3-32 分层地基地下 10 m 处速度

图 3-29 和图 3-30 分别为分层地层条件下同步注浆的速度场和泥浆流线。计算结果表明,在分层地基下,同步注浆浆液主要在砂土层渗透,很难进入到黏土层。图 3-32 表明,在地下 10 m 处,在隧道正上方,由于黏土层的存在,泥浆的渗流速度降至 0.014 cm/s,约为砂土层的 0.01 倍。

3.4.4 二次注浆

根据同步注浆填充量不足、地面变形过大、穿越建筑物等地段须进行二次注浆。二次注浆材料通过吊装孔进行压注,可选用水泥—水玻璃双液浆,在管片出台架后进行,注浆压力为0.3～0.5 MPa。

1. 二次注浆的注浆方式

一般采用双液型浆液注浆，即A液+B液：A、B液凝胶时间控制在60 s左右。

(1)首先是先注水泥浆液(A液)(膨润土、粉煤灰、黄沙、水、水泥)对背衬进行填充；

(2)然后是注水玻璃双液浆(B液)对注浆孔(开孔位置)进行封口。

2. 二次注浆浆液的配比

二次注浆采用水泥浆及水玻璃双液浆，

(1)A液(主要采用水泥浆)水泥∶水=100∶100(质量比)。

(2)B液(主要采用水玻璃溶液)水∶水玻璃=3∶2。

浆液体积比例：A液75%，B液25%，二次注浆主要技术参数列于表3-4～表3-6中。

表3-4　双液浆浆液配合比

浆液名称	水玻璃	水灰比	稳定剂	减水剂	A、B液混合体积比
双液浆	35Be+	0.8～1.0	2%～6%	0～1.5%	1∶1～1∶0.3

表3-5　二次注浆主要技术参数

二次注浆量(建议值)	水泥浆液注浆压力(建议值)	水玻璃浆液注浆压力(建议值)	备　注
2 m^3/5环	0.2～0.4 MPa	0.3～0.5 MPa	建议根据现场现场试验情况进行动态控制

表3-6　二次注浆浆液性能指标

注浆方式	稠度(cm)	比重(g/cm^3)	结实率(%)	凝胶时间(h)	1 d抗压(MPa)	28 d抗压(MPa)
二次注浆	12.5～13.0	1.43～1.55	>97	<4	>0.3	>1.0

3. 二次注浆设备

注浆泵1台(双液注浆泵)；小型浆液拌和筒1个；注浆阀6个；50 m ϕ32注浆软管3条，1条备用；三通1个。

4. 二次注浆工艺

(1)注浆顺序

对同步注浆不足或地面沉降较大位置进行二次注浆，对该范围内管片每环注4个孔，即顶部、两腰和底部，同一环管片严格按‘先拱顶后两腰，两腰对称’的方法注入。

(2)注浆压力

双液浆注浆压力控制在0.3～0.5 MPa。

(3)二次补强注浆工艺

在注浆前先选择合适的注浆孔位，戴上注浆单向逆止阀后，用电锤钻穿该孔位后3 cm

保护层，接上三通及水泥浆管和水玻璃管。注双液浆时，先注纯水泥浆液1 min后，打开水玻璃阀进行混合注入，终孔时应加大水玻璃的浓度。在一个孔注浆完结后应等待5～10 min后将该注浆头打开疏通查看注入效果，如果水很大，应再次注入，至有较少水流出时可终孔，拆除注浆头并用双快水泥砂浆对注浆孔进行封堵，带上塑料螺堵并进行下一个孔位注浆。

注浆过程中应有排气孔，排气孔原则上设在预注浆孔上，并安装注浆单向逆止阀，同时打开球阀，直至出现冒浆时关闭球阀，10 min后检查注浆效果，如有水溢出，应对该孔进行注浆。

3.5 盾构下穿古建筑群沉降监测分析

3.5.1 建筑物沉降监测点布置原则

地表建筑物的监测主要包括对施工影响范围的房屋、高层建筑等各类建筑物的沉降进行观测的同时，并对其水平位移、倾斜状态进行必要的观测，通过观测结果的分析，把握隧道施工对地表建筑物的影响程度，判定建筑物的安全性，以及采用的工程保护措施的可靠性。

地表建筑物沉降采用高精度全站仪或精密水准仪进行测量，观测点布置如图3-33所示。

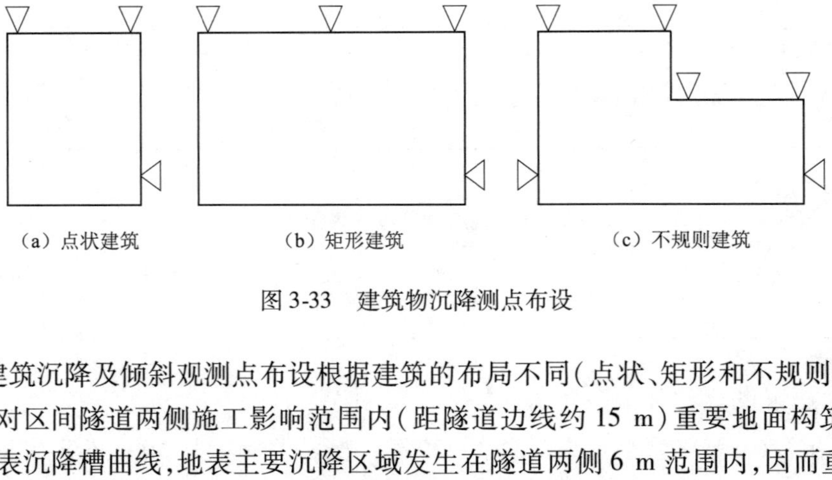

(a) 点状建筑　(b) 矩形建筑　(c) 不规则建筑

图3-33　建筑物沉降测点布设

一般建筑沉降及倾斜观测点布设根据建筑的布局不同（点状、矩形和不规则建筑）而不同，原则上对区间隧道两侧施工影响范围内（距隧道边线约15 m）重要地面构筑物进行监测，根据地表沉降槽曲线，地表主要沉降区域发生在隧道两侧6 m范围内，因而重点对隧道两侧10 m范围内地面构筑物进行监测，测点主要布设在隧道两侧10 m范围内重要构筑物四角及其周围基础上。沉降观测点一般采用中10～15 mm，长100～200 mm的膨胀螺栓或半圆头圆钢筋弯曲制成。埋设时先在建筑物的基础或墙上钻孔，然后将预埋件放入，孔与测点四周空隙用水泥砂浆填实。测点的埋设高度应方便观测，同时测点应采取保护措施，避免在施工和使用期间受到破坏。

3.5.2 盾构下穿古建筑群沉降监测分析

连续穿越建筑物监测工作量大，监测数据较多，重点对历史保护建筑进行了数据罗列，绘制了沉降曲线图，并进行了监测数据分析。

1. 道里体育文化局监测

测点布置如图 3-34 所示,沉降变化时程曲线如图 3-35 所示。从监测数据可以看出,盾构机侧穿建筑物过程中,监测数据没有出现较大波动,建筑物整体变形较为稳定。盾构机通过后,监测数据趋于平稳,最大沉降点为 JGC1-02,沉降量为 -3.42 mm,小于设计要求的 -10 mm。

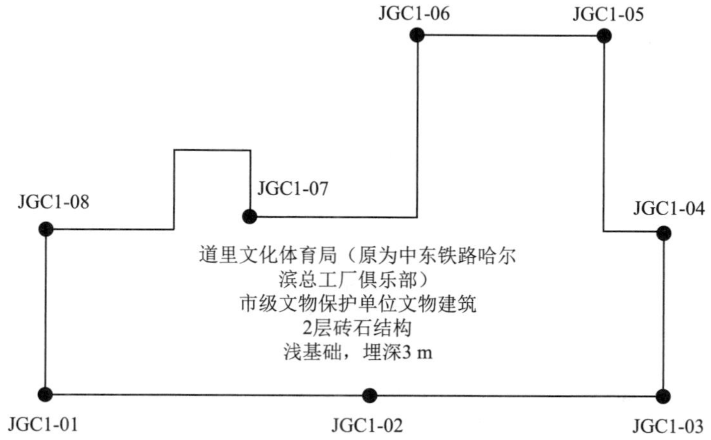

图 3-34　道里文化体育局监测点平面布置

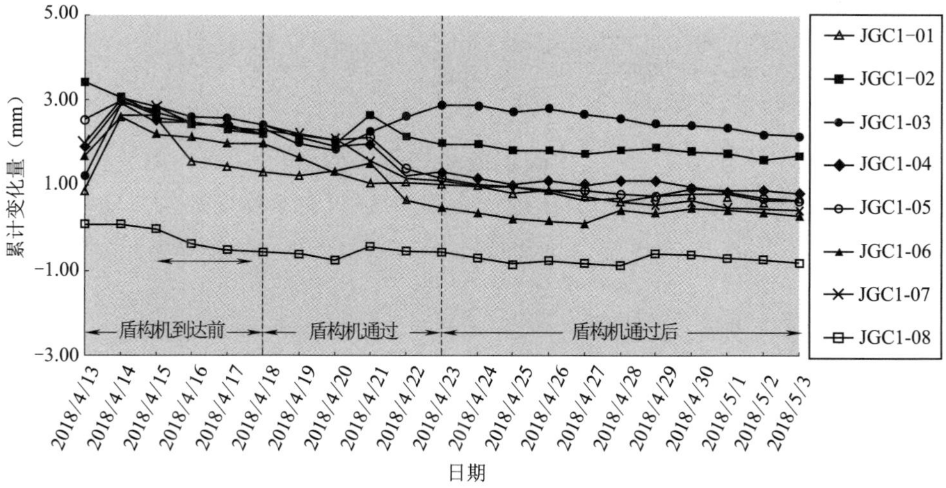

图 3-35　道里文化体育局盾构穿越沉降变化时程曲线

2. 波兰医生扎瓦茨基住宅旧址监测

测点布置如图 3-36 所示,沉降变化时程曲线如图 3-37 所示。从监测数据可以看出,盾构机侧穿建筑物过程中,监测数据没有出现较大波动,建筑物整体变形较为稳定。盾构机通过后,监测数据趋于平稳,最大沉降点为 JGC11-16,沉降量为 -1.26 mm,小于设计要求的 -10 mm。

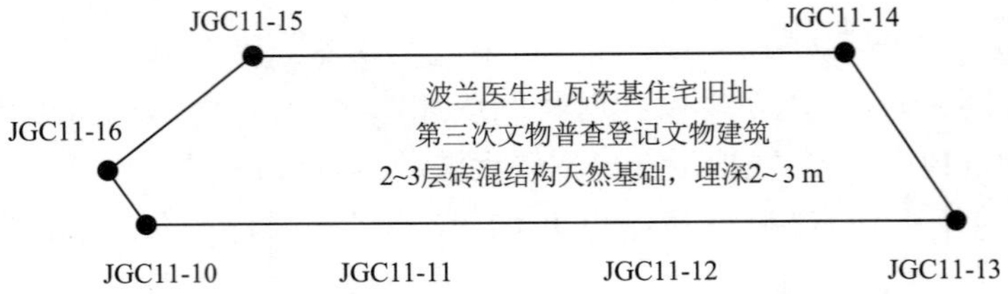

图 3-36 波兰医生扎瓦茨基住宅旧址建筑物监测点布置

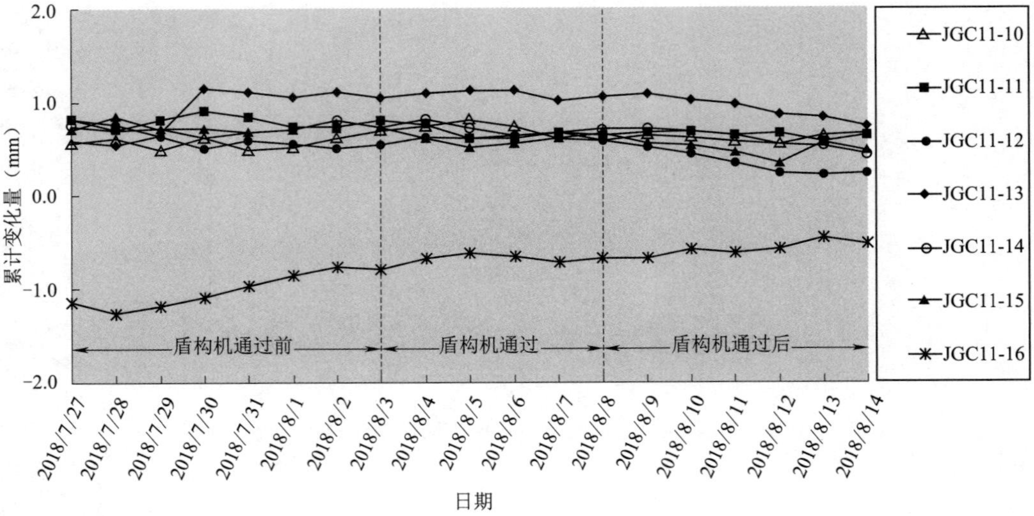

图 3-37 波兰医生扎瓦茨基住宅旧址盾构穿越沉降变化时程曲线

3. 哈尔滨万国储蓄会旧址监测

测点布置如图 3-38 所示，沉降变化时程曲线如图 3-39 所示。从监测数据可以看出，盾构机侧穿建筑物过程中，监测数据没有出现较大波动，建筑物整体变形较为稳定。盾构机通过后，监测数据趋于平稳，最大沉降点为 JGC11-07，沉降量为 −1.42 mm，小于设计要求的 −10 mm。

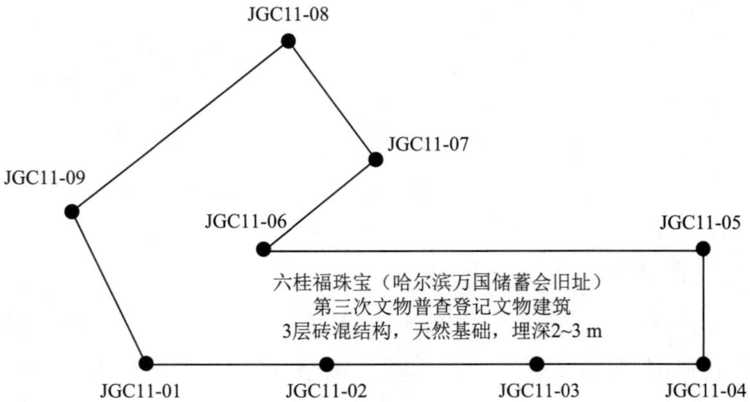

图 3-38 哈尔滨万国储蓄会旧址建筑物监测点布置

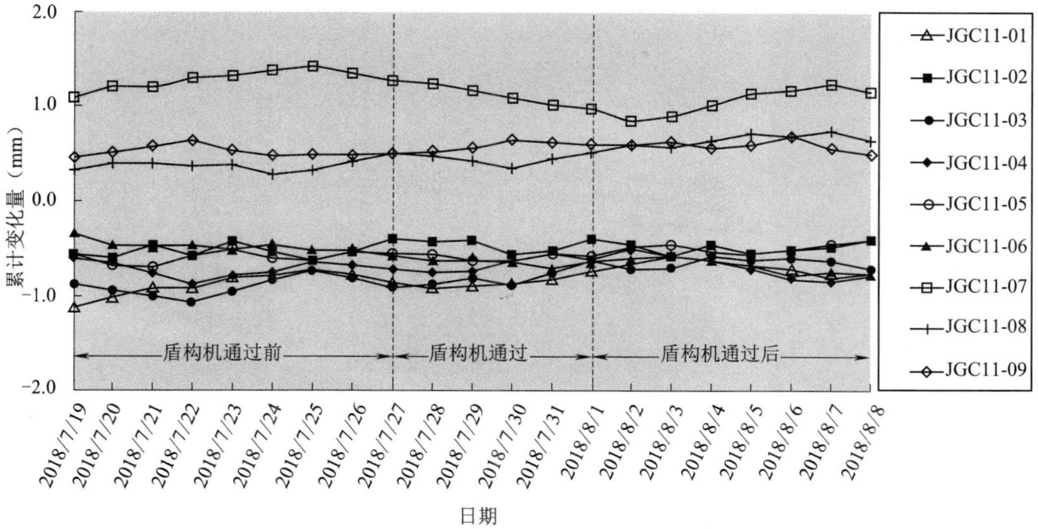

图 3-39　哈尔滨万国储蓄会旧址盾构穿越沉降变化时程曲线

4. 哈尔滨一等邮局监测

测点布置如图 3-40 所示，沉降变化时程曲线如图 3-41 所示。从监测数据可以看出，盾构机侧穿建筑物过程中，监测数据没有出现较大波动，建筑物整体变形较为稳定。盾构机通过后，监测数据趋于平稳，最大沉降点为 JGC9-01，沉降量为 －1.22 mm，小于设计要求的 －10 mm。

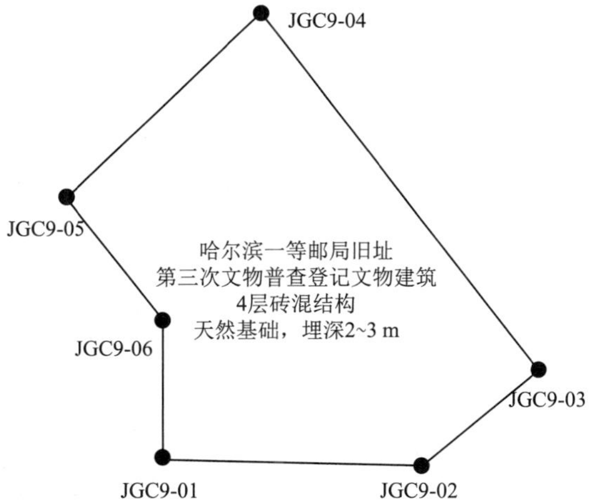

图 3-40　哈尔滨一等邮局建筑物监测点布置

5. 犹太人住宅旧址监测

测点布置如图 3-42 所示，沉降变化时程曲线如图 3-43 所示。从监测数据可以看出，盾构机侧穿建筑物过程中，监测数据没有出现较大波动，建筑物整体变形较为稳定。盾构机通过后，监测数据趋于平稳，最大沉降点为 JGC13-02，沉降量为 －0.69 mm，小于设计要求的 －10 mm。

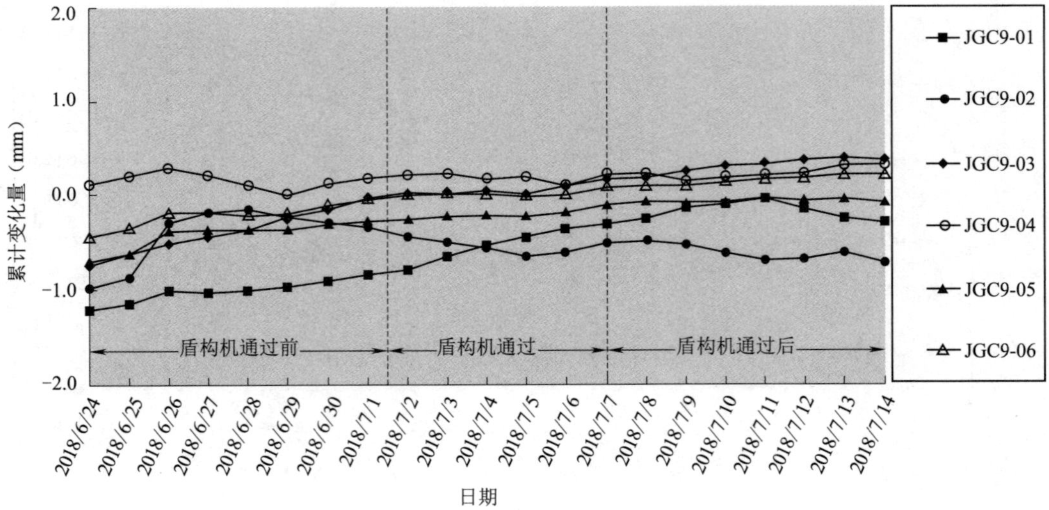

图 3-41　哈尔滨一等邮局旧址建筑物沉降变化时程曲线

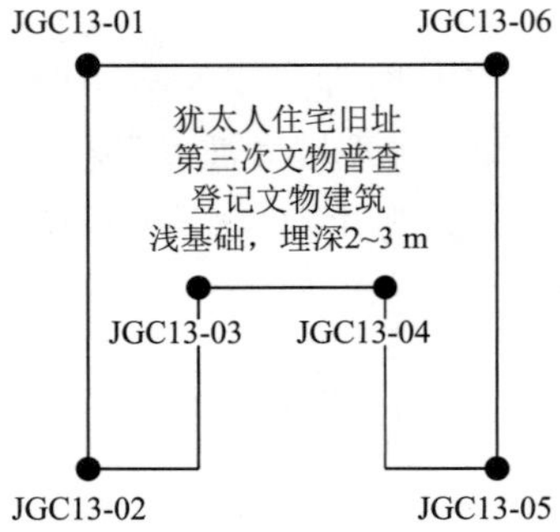

图 3-42　犹太人住宅旧址监测点布置

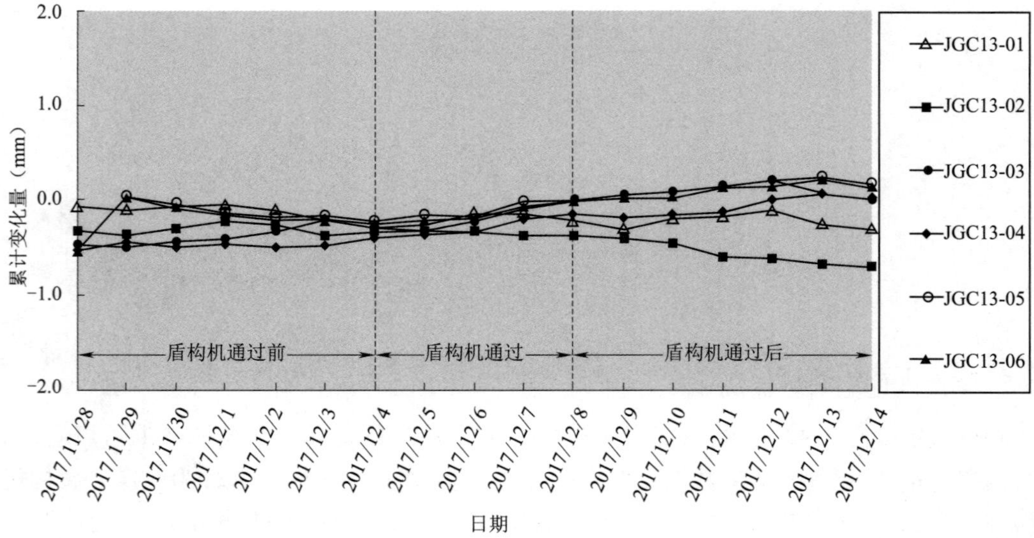

图 3-43　犹太人住宅旧址盾构穿越沉降变化时程曲线

6. 犹太人新会堂旧址监测

测点布置如图 3-44 所示，沉降变化时程曲线如图 3-45所示。从监测数据可以看出，盾构机侧穿建筑物过程中，监测数据没有出现较大波动，建筑物整体变形较为稳定。盾构机通过后，监测数据趋于平稳，最大沉降点为 JGC2-07，沉降量为 －1.78 mm，小于设计要求的 －10 mm。

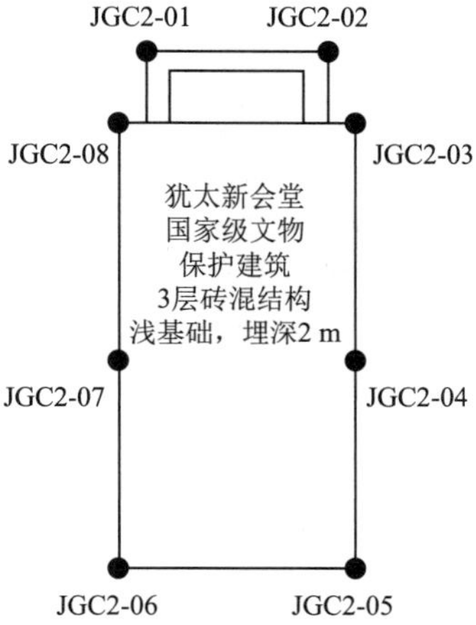

图 3-44　犹太人新会堂旧址建筑物监测点布置

7. 哈尔滨犹太人活动群旧址监测

测点布置如图 3-46 所示，沉降变化时程曲线如图 3-47所示。通过采用隔离桩技术措施，从监测数据可以看出，盾构机侧穿建筑物过程中监测数据没有出现较大波动，建筑物整体变形较为稳定。沉降最大监测点为 JGC40，沉降量为 －2.19 mm，小于设计要求的 －10 mm。

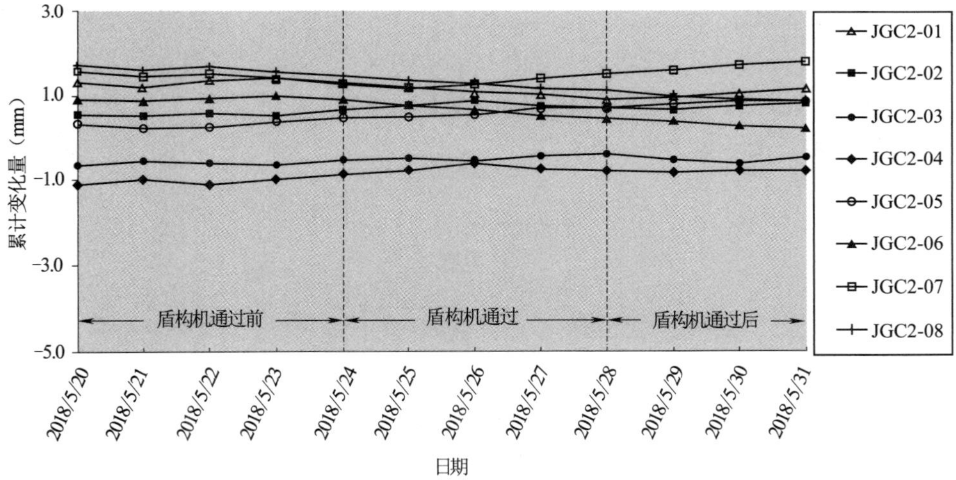

图 3-45　犹太人新会堂旧址盾构穿越沉降变化时程曲线

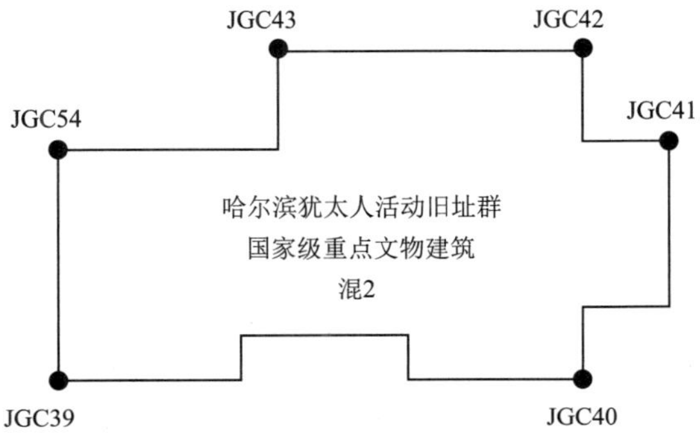

图 3-46　哈尔滨犹太人活动群旧址建筑物监测点布置

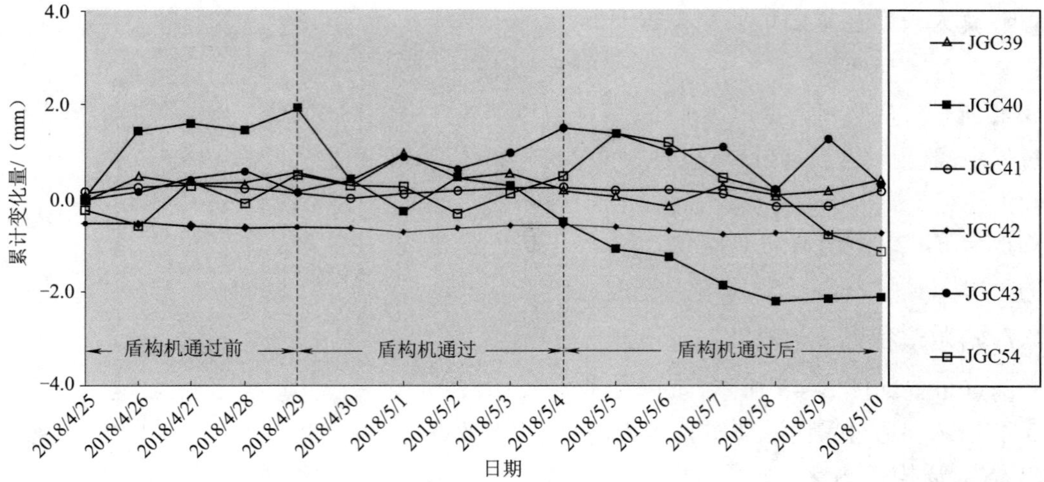

图 3-47 哈尔滨犹太人活动群旧址盾构穿越沉降变化时程曲线

8. 革命领袖视察黑龙江纪念馆监测

测点布置如图 3-48 所示，沉降变化时程曲线如图 3-49 所示。本建筑从监测数据可以看出，建筑物整体变形较为稳定，变形较大阶段主要集中在盾构机通过时。盾构机通过后，建筑物变形量趋于稳定，在盾构机侧穿建筑物过程中，最大沉降点为 JGC51，沉降量为 −2.97 mm，小于设计要求的 −10 mm。

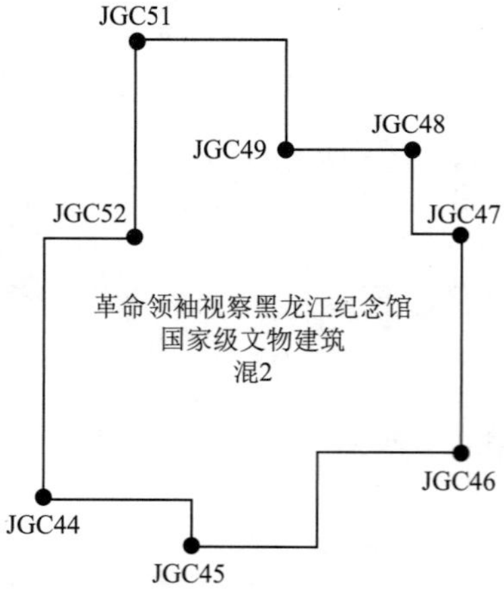

图 3-48 革命领袖视察黑龙江纪念馆建筑物监测点布置

9. 沉降监测总结

总之，在超厚富水砂层盾构区间连续穿越建（构）筑物群推进施工期间，对周边历史建筑物、穿越重要建筑物沉降均进行了监测。通过对施工监测数据进行统计，各周边建筑物沉降均未超过报警值，且沉降数值控制良好。周边建筑物沉降监测点均趋于稳定。通过超厚富水砂层条件下盾构连续穿越古建筑群技术的研究及应用，各建筑物沉降得到了很好控制，沉降速率、差异沉降量和累计沉降量均控制在规范允许范围内，最大沉降量为 −3.42 mm，小于设计控制值为 −10 mm，满足要求。

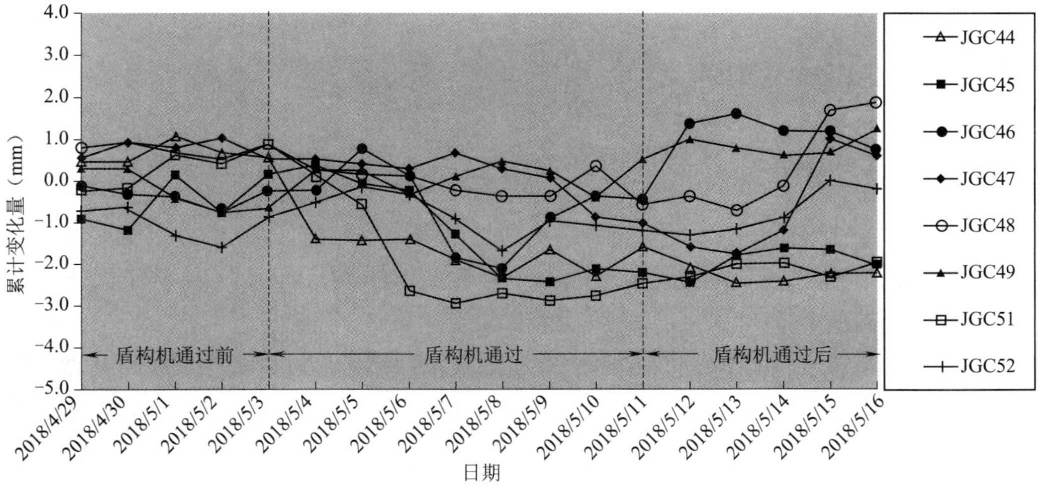

图 3-49　革命领袖视察黑龙江纪念馆盾构穿越沉降变化时程曲线

3.5.3　古建筑群沉降控制措施

1. 盾构施工引起沉降

盾构施工导致的沉降过程如下：

(1)初始沉降

初始沉降指在距开挖面还有几十米处的地面观测点在盾构面到达该点前产生的沉降值，产生初始沉降的主要原因是地下水位的下降。

(2)开挖面前方沉降

开挖面前方沉降指的是在距开挖面约几米处的观测点产生的沉降或隆起，主要由于盾构机推力过大或过小，开挖面土压力失衡导致。

(3)盾构通过时沉降

该沉降指从开挖面到观测点至盾尾到达该点为止产生的沉降，是盾构施工扰动周边土体导致的。

(4)盾尾孔隙沉降

该沉降是盾尾通过观测点时引起的沉降，主要由于盾尾空隙土体失去盾构支撑或管片壁后注浆不及时引起的土体应力释放导致。

(5)后续固结沉降

该沉降是土体被扰动后引起的固结和蠕变后续变形，具有较强的时效性。

根据工程地质情况、水文条件和沉降监测结果，本项目盾构开挖时应重点关注以上几类变形。

2. 沉降控制措施

盾构区间主要通过中粗砂层、细砂层、粉质黏土层，透水性强，盾构机穿越软土地层技术要求高。在此种地层中进行盾构施工容易引起地面沉降、喷涌和流砂等现象。根据各种导致沉降的原因，拟采用以下针对性措施严格控制沉降。

（1）通过补充地质勘探探明涌水量情况，根据情况采取措施。

（2）加强工序衔接，减少各道工序的时间，从而减少进入土仓内的水量。

（3）配置合理的刀具，采用土压平衡模式掘进，严格控制土压和推进速度，根据出土的情况，向土仓内适当加入高分子材料，防止喷涌。

（4）采取合理的渣土改良措施，避免喷涌现象的发生，主要是在区间富水砂层采用膨润土浆液注入土仓改良渣土，高分子聚合物选用两性聚丙烯胺，具有较强的吸水膨胀并增加黏稠性，注入后提高渣土的黏稠度，使渣土改良成塑性流动体，有利于螺旋机排土而不发生喷涌现象。

（5）加强对同步注浆的管理，保证足够的注浆量，必要时，通过管片预留注浆孔做好二次注浆，在发生地表变形对应管片每 3～5 环进行施作环箍，进行环向注浆封堵。并通过对洞内管片移动情况的监测及时调整浆液的配比，防止管片下沉或左右偏移。

（6）盾构掘进施工中，通过门吊称重系统记录每一环出土重量，控制每一环出土量并优化同步注浆参数。

（7）通过土仓内压力传感器监控土仓内部压力，结合地面监测点监控数据，科学确定掘进时土仓压力。

（8）增加测量地面监测人员，执行定期监测制度，及时反馈地面监测数据

3.6　本章小结

（1）针对超厚富水砂层对刀盘的强包裹性及摩擦性，盾构机刀盘及螺旋机耐磨材料分别为特种耐磨复合钢板及硬质耐磨焊材，增强其耐磨性。刀具合金材质采用硬质合金，用以提高切削刀具的掘进寿命，在刀盘圈梁周边堆焊了大量的网格状耐磨硬质合金，减轻刀盘的磨损，实现了建筑物群连续穿越的安全。

（2）针对超厚富水砂层高水土压力的特点，主轴承密封采用四道密封腔，并在密封腔与旋转轴间设置迷宫密封，增强密封效果。盾尾密封能在高水压下安全推进；能有效止水，防止发生高压涌水的特点。使用独立的渣土改良系统，在刀盘、土仓、螺旋机上共设有 17 个渣土改良注入口，实现膨润土、泡沫剂、高分子聚合物的多样化选择，另土仓内设 4 根搅拌棒，提高渣土的和易性和流塑性，有效减少刀盘、刀具及螺旋输送机的磨损，实现了对结泥饼、喷涌事故的有效预防。

（3）通过对双螺旋系统组成的力学模型、数学模型进行分析计算。得出了影响第 2 级螺旋控制开挖面水土平衡的影响因素主要为螺旋机长度及可调角度，排除了螺旋直径对平衡开挖面压力影响的可能性。确定了以第 2 级螺旋长度为主要影响因素的设计思路，研发了适合超厚富水砂层盾构掘进的双螺旋系统，确保了盾构掘进过程中无喷涌事故的发生，有效地将区间沿线的建（构）筑物沉降、倾斜控制在标准范围之内。

（4）穿越建筑物盾构掘进参数控制：出土量不大于 44.5 m^3；土仓压力 1 bar；贯入度设置在 8～10 mm；掘进速度不大于 20 mm/min；盾构总推力 12 000～18 000 kN；刀盘扭矩不大于 2 500 kN · m；同步注浆方量 5.9～7.5 m^3/环，注浆压力控制在 3～3.5 bar；管片脱出盾尾 5 环后二次注浆，二次注浆采用 1∶1体积比双液浆，注浆压力为 0.3～0.5 MPa、2 m^3/5 环。

(5)通过对同步浆液性能进行试验检定,设置多组对照组,得到了同步浆液最优配合比。方案3和方案4是偏重于强度控制的方案,同时其稠度较小,适用于渗透系数较小的黏土和粉质黏土层。方案1和方案2和水泥含量处于相反的方向,即偏重于经济的方案。方案5和方案6位于和强度相反的方向,即强度较低但稠度较大,适合于孔隙较大的砂土地层。综合建议采用方案5,即水泥∶砂∶粉煤灰∶膨润土∶水=13∶25∶30∶3∶29。

(6)结合多孔介质渗透理论,对隧道开挖过程中的同步注浆过程进行数值模拟,得到了模拟同步浆液扩散速度场、泥浆流线场,同步注浆压力场在不同地层介质中的变化,避免了因同步注浆不足造成的地表沉降。

(7)二次注浆采用双液型浆液,即A液+B液。A液(主要采用水泥浆)中,水泥∶水=100∶100(质量比);B液(主要采用水玻璃溶液)中,水∶水玻璃=3∶2;浆液体积比例:A液75%、B液25%;A、B液凝胶时间控制在60 s左右。

(8)在超厚富水砂层盾构区间连续穿越建(构)筑物群推进施工期间,对周边历史建筑物、穿越重要建筑物沉降均进行了监测。通过超厚富水砂层条件下盾构连续穿越古建筑群技术的研究及应用,各建筑物沉降得到了很好控制,最大沉降量为-3.42 mm,小于设计控制值为-10 mm,满足要求。

(9)在分析盾构施工引起沉降详细过程包括初始沉降、开挖面前方沉降、盾构通过时沉降、盾尾孔隙沉降和后续固结沉降基础上,提出了针对性沉降控制措施。

第 4 章　软土刀盘盾构穿越建筑物群桩施工技术

4.1 概　　述

随着我国城市化进程的加快和城市地下空间工程的发展,以地铁工程为代表的城市快速轨道交通系统成为解决交通拥堵和扩充城市空间的重要举措。随着城市地铁的持续建设和地铁网络的不断完善,施工环境却变得日益复杂,表现在新线与旧线的交叉、新规划线路之间的交叉等越来越多,施工中穿越道路、桥梁、建筑物、各类管线等结构物的情况也日益增多,尤其是当结构物下方存在有打入深度较深的桩基时,这不仅对隧道的施工形成了障碍,而且还增加了施工的难度。拟建隧道盾构软土刀盘如何穿越既有地下结构物的研究,对于提高现代城市的市政工程施工技术水平具有重要的指导作用,而且还具有重要的经济价值和社会意义。

哈尔滨地铁 2 号线盾构隧道博物馆至工人文化宫区间在里程 SK20 + 124.62 ~ SK20 + 158.52 m处下穿博苑中山幼儿园,博苑中山幼儿园为地上 2 层建筑,为钢筋混凝土框架结构。幼儿园地下基础为 ϕ400 mm 钻孔灌注桩,桩长 12.6 m,混凝土标号 C25,配主筋 5 根 ϕ14 钢筋和箍筋 ϕ10@200 mm 钢筋。盾构区间左线穿越 26 根钻孔灌注桩和 16 根围护桩,右线穿越 31 根钻孔灌注桩和 7 根围护桩。幼儿园地下一层及地下二层平面布置如图 4-1 所示。

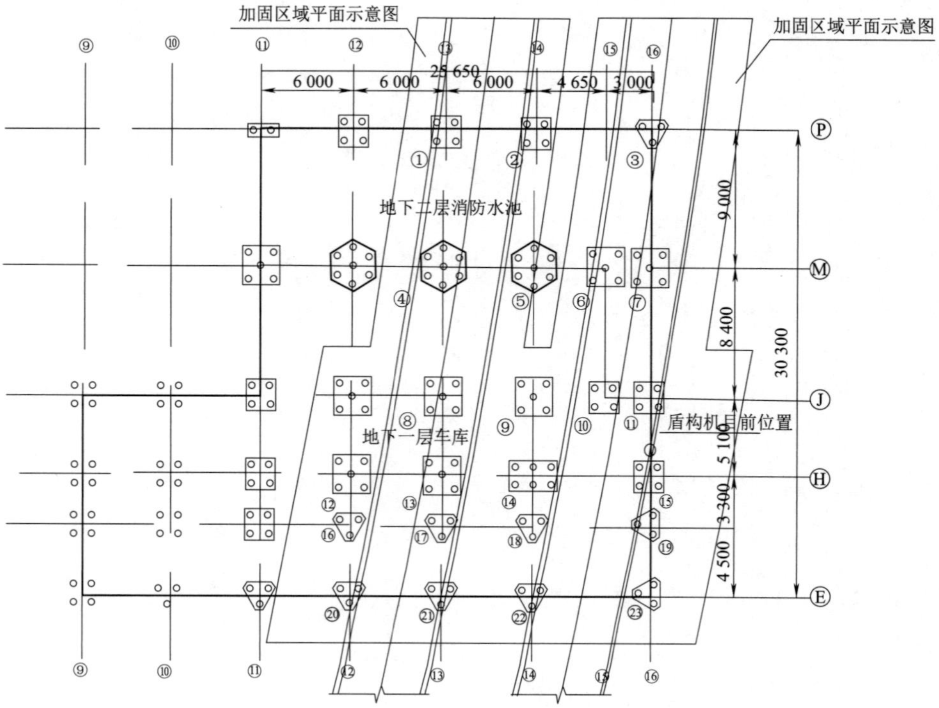

图 4-1　盾构区间与地下结构相对位置关系平面图(单位:mm)

博苑中山幼儿园房屋形式为地上两层、地下一层（局部地下二层）结构，基础形式为桩基础。车库顶板上表面标高为 ±0，地下一层标高为 −5.8 m（相对标高），局部地下二层标高为 −9.7 m，负一层底板厚 300 mm（防水底板），负二层底板厚 400 mm（防水底板）。负一层桩基承台底标高为 −7.2 m，承台厚度为 1.2 m；负二层桩基承台底标高为 −11.1 m，承台厚度为 1.2 m。根据结构跨度，现有 3 桩承台、4 桩承台、5 桩承台、6 桩承台、7 桩承台，桩基为局部配筋。

根据地质勘察报告，土层自上而下主要为杂填土、粉质黏土、中粗砂。地下一层及地下 2 层承台均位于 6-1 粉质黏土层，承载力特征值为 130 kPa，盾身主要位于 6-2 中砂层中，承载力特征值为 270 kPa。

4.2　基础沉降分析

4.2.1　计算方法

1. 计算目的

对于房屋基础主要计算基础的原有沉降量，截断桩基后的沉降量，对比计算结果核算差异沉降及绝对沉降量是否满足相关要求。如不满足要求，需对基础底部土体进行加固，同时给出核算需要的加固范围，加固体强度及加固后满足要求的基础沉降及差异沉降量。

计算过程主要如下：

（1）根据上部荷载，利用 PKPM 整体建模，计算结构承台上各立柱竖向荷载。

（2）根据承台竖向荷载及承台大小将计算承台分类。

（3）不考虑桩基左右，将原有基础承台当作独立基础，根据相关公式及地层物理力学参数计算不同类型的独立承台基础沉降量，及需要的持力层承载力特征值，同时给出合理的加固体强度。

（4）计算原有基础（桩 + 承台）的沉降量，对比上一步计算结果计算出不同柱跨之间的差异沉降，复核结构是否满足相关规范要求。

（5）考虑对土体进行加固（加固土体强度大于基础所需承载力），进行沉降计算。

2. 计算方法

（1）根据《建筑地基基础设计规范》第 5.3.5 条，计算地基变形时，地基内的应力分布，可采用各向同性均质线性变形体理论。计算示意图如图 4-2 所示，其最终变形量计算公式如下：

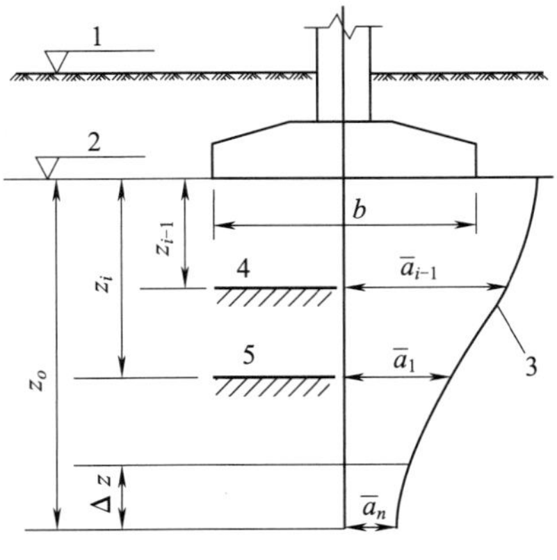

图 4-2　基础沉降技术的分层示意图

1—天然底面标高；2—基底标高；3—平均附加压力系数曲线；4—$i-1$ 层；5—i 层

$$s = \phi_s s' = \phi_s \sum_{i=1}^{n} \frac{p_0}{E_{si}}(z_i\bar{a}_i - z_{i-1}\bar{a}_{i-1}) \tag{4-1}$$

式中　s——地基最终变形量（mm）；

s'——按分层总和法计算出的地基变形量(mm)；

ϕ_s——沉降技术经验系数，根据地区沉降观测资料及经验确定，无经验地区可根据深度范围内压缩模量的当量值、基底附加压力查表；

n——地基变形技术深度范围内所划分的土层数；

p_0——相应于作用的准永久组合时基础底面处的附加压力(kPa)；

E_{si}——基础底面下第 i 层土的压缩模量(MPa)，应取土的自重压力至土的自重压力与附加压力之和的压力段计算；

z_i，z_{i-1}——基础底面至第 i 层土、第 $i-1$ 层土底面的距离(m)。

(2)竖向荷载计算

采用 PKPM 整体建模，计算结构各个承台所受竖向荷载，计算结果如图 4-3 所示。

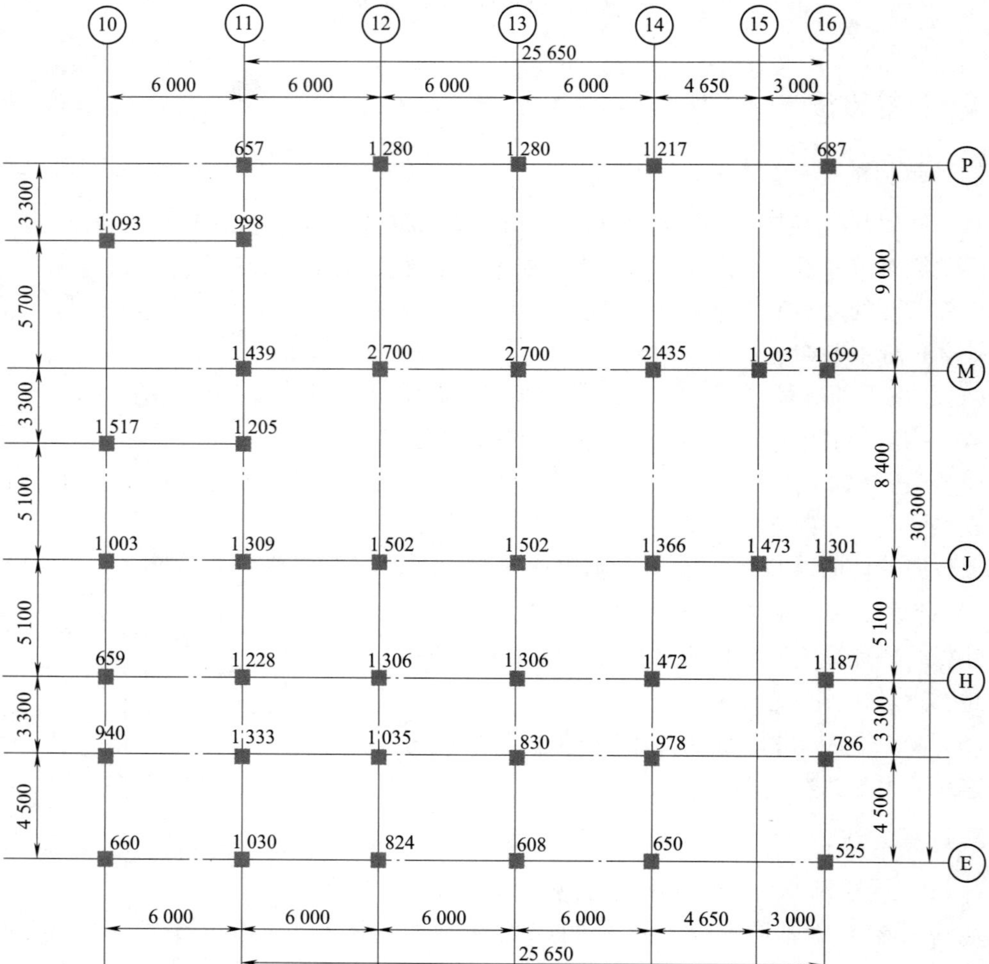

图 4-3　竖向荷载(单位：kPa，尺寸单位：mm)

(3)桩基承台编号

根据桩基布置图纸及桩基竖向荷载计算结果，将桩基承台分类编号，分别计算各个承台的沉降值，桩基承台编号如图 4-4 所示。

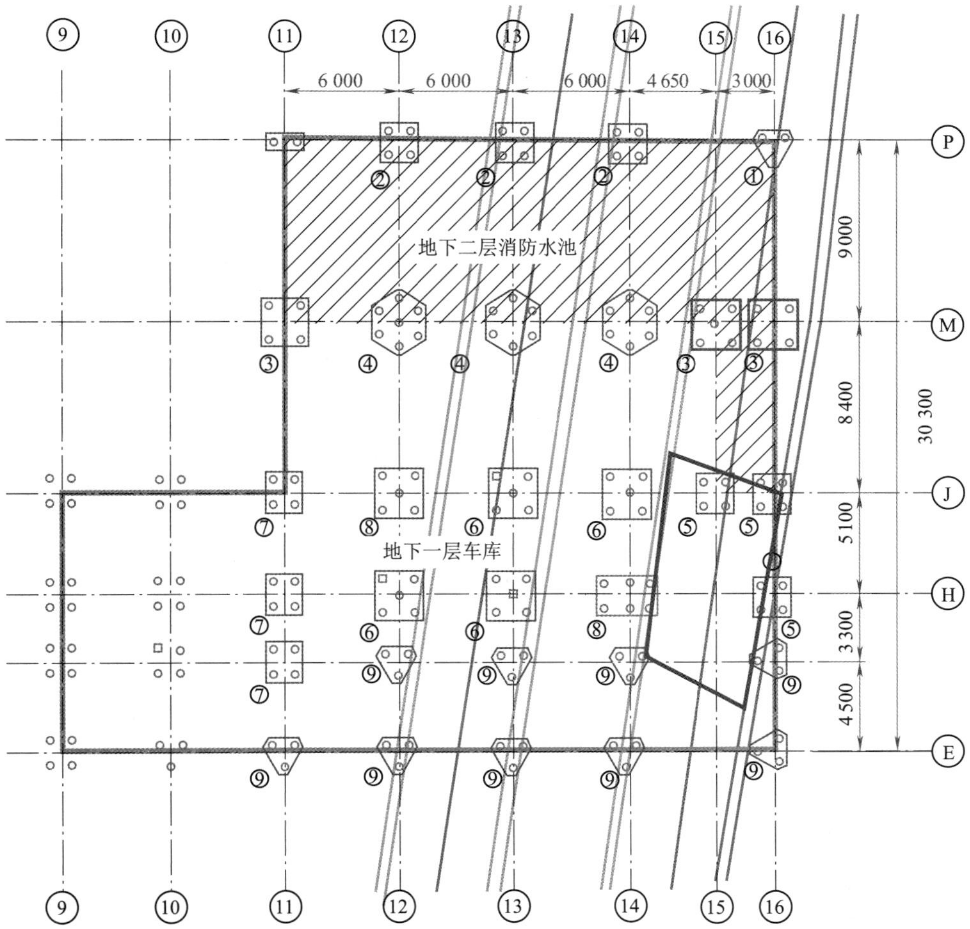

图 4-4　桩基承台编号图(单位:mm)

(4)等面积换算

等面积换算共有如下 4 种：

(1)1 号承台为地下二层结构部分 3 柱承台，承台形状三角形，根据等面积带换原则，换算为 1.65 m×1.65 m 正方形，边长 $b=1.65$ m，$0.4b=0.66$ m；

(2)4 柱承台为 2 m×2 m 矩形，边长 $b=2$ m，$0.4b=0.8$ m；

(3)5 桩承台为 2.5×2.5 m 正方形，边长 $b=2.5$ m，$0.4b=1$ m；

(4)7 桩承台形状为六边形，根据等面积带换原则，换算为 2.68 m×2.68 m 正方形，边长 $b=2.68$ m，$0.4b=1.072$ m。

4.2.2　基础沉降计算

计算采用理正工具箱，分别计算以下三种工况进行对比分析：

(1)土体不加固、桩基不切除时的承台沉降量；

(2)土体不加固、桩基切除时的承台沉降量；

(3)土体加固、桩基切除时的承台沉降量。

1. 土体不加固桩基不切除时沉降计算

(1)底标高 -11.1 m 三桩承台沉降计算

土层参数列于表 4-1 中。

表 4-1 底标高 11.1 m 土层参数

层号	土类名称	层厚(m)	重度(kN/m^3)	饱和重度(kN/m^3)	压缩模量(MPa)	承载力特征值(kPa)
1	填 土	2.46	16.00	—	0.00	0.00
2	黏性土	4.00	19.00	—	3.54	130.00
3	黏性土	4.00	20.00	—	5.18	130.00
4	中 砂	6.60	20.00	20.00	14.16	270.00
5	粗 砂	4.80	—	21.00	13.36	320.00
6	中 砂	13.00	—	21.00	16.80	280.00

沉降计算点位置(x,y,z):(0.000,0.000, -23.700 m)。
沉降计算深度 z_n:2.000(m)。
沉降计算点附加应力:264.352(kPa)。
桩基等效沉降系数 ψ_e:0.141。
最终沉降量:4.3(mm)。

(2)底标高 -11.1 m 四桩承台沉降计算

沉降计算点位置(x,y,z):(0.000,0.000, -23.700 m)。
沉降计算深度 z_n:2.300(m)。
沉降计算点附加应力: 275.320(kPa)。
桩基等效沉降系数 ψ_e:0.149。
最终沉降量:4.9(mm)。

(3)底标高 -11.1 m 五桩承台沉降计算

沉降计算点位置(x,y,z):(0.000,0.000, -23.700 m)。
沉降计算深度 z_n:2.800(m)。
沉降计算点附加应力:286.153(kPa)。
桩基等效沉降系数 ψ_e:0.159。
最终沉降量:5.1(mm)。

(4)底标高 -11.1 m 七桩承台沉降计算

沉降计算点位置(x,y,z):(0.000,0.000, -23.700 m)。
降计算深度 z_n:3.500(m)。
沉降计算点附加应力:409.002(kPa)。
桩基等效沉降系数 ψ_e:0.171。
最终沉降量:8.3(mm)。

(5)底标高 -7.2 m 三桩承台沉降计算

土层参数列于表 4-2 中。

表 4-2　底标高 7.2 m 土层参数

层号	土类名称	层厚(m)	重度(kN/m³)	饱和重度(kN/m³)	压缩模量(MPa)	承载力特征值(kPa) f_{ak}
1	填　土	2.46	16.00	—	0.00	0.00
2	黏性土	4.00	19.00	—	3.54	130.00
3	黏性土	4.00	20.00	—	5.18	130.00
4	中　砂	6.60	20.00	20.00	14.16	270.00
5	粗　砂	4.80	—	21.00	13.36	320.00

沉降计算点位置(x,y,z):(0.000,0.000, -19.800 m)。

沉降计算深度 z_n:2.059(m)。

沉降计算点附加应力:419.762(kPa)。

桩基等效沉降系数 ψ_e:0.111。

最终沉降量:4.4(mm)。

(6)底标高 -7.2 m 四桩承台沉降计算

沉降计算点位置(x,y,z):(0.000,0.000, -20.700 m)。

沉降计算深度 z_n:1.159(m)。

沉降计算点附加应力:274.257(kPa)。

桩基等效沉降系数 ψ_e:0.142。

最终沉降量:5.9(mm)。

(7)底标高 -7.2 m 五桩承台沉降计算

沉降计算点位置(x,y,z):(0.000,0.000, -20.700 m)。

沉降计算深度 z_n:1.159(m)。

沉降计算点附加应力:268.507(kPa)。

桩基等效沉降系数 ψ_e:0.152。

最终沉降量:6.4(mm)。

(8)底标高 -7.2 m 六桩承台沉降计算

沉降计算点位置(x,y,z):(0.000,0.000, -20.700 m)。

沉降计算深度 z_n:1.159(m)。

沉降计算点附加应力:300.298(kPa)。

桩基等效沉降系数 ψ_e:0.177。

最终沉降量:8.1(mm)。

2. 土体不加固桩基切除时沉降计算

(1)底标高 -11.1 m 三桩承台按独基计算沉降

①沉降计算

根据《建筑地基基础设计规范》(GB 50007—2011)公式(5.3.5)进行计算:

$$s = \psi_s \sum_{i=1}^{n} \frac{p_0 (z_i a_i - z_{i-1} a_{i-1})}{E_{si}} \tag{4-2}$$

沉降计算点(x = 0.000 m, y = 0.000 m)中砂土层的参数列于表 4-3 中。

表 4-3 中砂土层参数

层号	土类名称	层厚(m)	底标高(m)	压缩模量(MPa)	压缩量(mm)	应力面积(kN)	平均应力(kN)
1	中 砂	3.600	−14.700	14.160	45.081	680.895	189.137

计算点角点 1(−0.6, −0.346)、角点 2(0.6, −0.346)和角点 3(0,0.693)的最终沉降为 19.149(mm)。

(2)底标高 −11.1 m 四桩承台按独基计算沉降

沉降计算点(x = 0.000 m, y = 0.000 m)中砂和粗砂土层的参数列于表 4-4 中。

表 4-4 中砂和粗砂土层参数

层号	土类名称	层厚(m)	底标高(m)	压缩模量(MPa)	压缩量(mm)	应力面积(kN)	平均应力(kN)
1	中 砂	5.860	−17.060	14.160	46.114	686.685	117.182
2	粗 砂	1.340	−18.400	13.360	1.423	19.007	14.184

计算点角点 1(−1.000, −1.000)、角点 2(1.000, −1.000)、角点 3(1.000,1.000)和角点4(−1.000,1.000)的最终沉降 21.799(mm)。

(3)底标高 −11.1 m 五桩承台按独基计算沉降

沉降计算点(x = 0.000 m, y = 0.000 m)中砂和粗砂土层的参数列于表 4-5 中。

表 4-5 中砂和粗砂土层参数

层号	土类名称	层厚(m)	底标高(m)	压缩模量(MPa)	压缩量(mm)	应力面积(kN)	平均应力(kN)
1	中 砂	5.860	−17.060	14.160	53.273	786.693	134.248
2	粗 砂	0.740	−17.800	13.360	1.223	16.343	22.085

计算点角点 1(−1.250, −1.250)、角点 2(1.250, −1.250)、角点 3(1.250,1.250)和角点4(−1.250,1.250)最终沉降为 23.633(mm)。

(4)底标高 −11.1 m 七桩承台按独基计算沉降

沉降计算点(x = 0.000 m, y = 0.000 m)中砂和粗砂土层的参数列于表 4-6 中。

表 4-6 中砂和粗砂土层参数

层号	土类名称	层厚(m)	底标高(m)	压缩模量(MPa)	压缩量(mm)	应力面积(kN)	平均应力(kN)
1	中 砂	5.860	−17.060	14.160	72.133	1 063.540	181.492
2	粗 砂	0.740	−17.800	13.360	1.799	24.033	32.476

计算点角点 1(-1.085，-1.650)、角点 2(1.085，-1.650)、角点 3(1.085,1.650)、角点 4(-1.085,1.650)的最终沉降 31.580(mm)。

(5)底标高 -7.2 m 三桩承台按独基计算沉降

沉降计算点(x=0.000 m,y=0.000 m)中砂和粗砂土层的参数列于表 4-7 中。

表 4-7　中砂和粗砂土层参数

层号	土类名称	层厚(m)	底标高(m)	压缩模量(MPa)	压缩量(mm)	应力面积(kN)	平均应力(kN)
1	黏性土	3.260	-10.460	5.180	124.126	689.593	211.532
2	中　砂	0.340	-10.800	14.160	0.923	13.064	38.424

计算点角点 1(-0.6，-0.346)、角点 2(0.6，-0.346)和角点 3(0,0.693)的最终沉降 52.65 mm。

(6)底标高 -7.2 m 四桩承台按独基计算沉降

沉降计算点(x=0.000 m,y=0.000 m)中砂和粗砂土层的参数列于表 4-8 中。

表 4-8　中砂和粗砂土层参数

层号	土类名称	层厚(m)	底标高(m)	压缩模量(MPa)	压缩量(mm)	应力面积(kN)	平均应力(kN)
1	黏性土	3.250	-10.450	5.180	109.045	601.358	185.033
2	中　砂	0.050	-10.500	14.160	0.000	0.000	0.000

计算点角点 1(-1.000，-1.000)、角点 2(1.000，-1.000)、角点 3(1.000,1.000)和角点4(-1.000,1.000)的最终沉降为 43.215(mm)。

(7)底标高 -7.2 m 五桩承台按独基计算沉降

沉降计算点(x=0.000 m,y=0.000 m)中砂和粗砂土层的参数列于表 4-9 中。

表 4-9　中砂和粗砂土层参数

层号	土类名称	层厚(m)	底标高(m)	压缩模量(MPa)	压缩量(mm)	应力面积(kN)	平均应力(kN)
1	黏性土	3.250	-10.450	5.180	121.044	663.297	204.091
2	中　砂	0.050	-10.500	14.160	0.000	0.000	0.000

计算点角点 1(-1.250，-1.250)、角点 2(1.250，-1.250)、角点 3(1.250,1.250)、角点 4(-1.250,1.250)最终沉降 44.841(mm)。

(8)底标高 -7.2 m 六桩承台按独基计算沉降

沉降计算点(x=0.000 m,y=0.000 m)中砂和粗砂土层的参数列于表 4-10 中。

表 4-10　中砂和粗砂土层参数

层号	土类名称	层厚(m)	底标高(m)	压缩模量(MPa)	压缩量(mm)	应力面积(kN)	平均应力(kN)
1	黏性土	3.260	-10.460	5.180	109.085	598.188	183.493
2	中　砂	0.340	-10.800	14.160	1.267	17.942	52.770

计算点角点1(-1.600, -1.000)、角点2(1.600, -1.000)、角点3(1.600,1.000)和角点4(-1.600,1.000)最终沉降41.220(mm)。

3. 土体加固桩基切除时沉降计算

(1)底标高 -11.1 m 三桩承台地基土加固后沉降计算

沉降计算点(x=0.000 m,y=0.000 m)地层参数列于表4-11中。

表 4-11　地层参数

层号	土类名称	层厚(m)	层底标高(m)	重度(kN/m^3)	饱和重度(kN/m^3)	压缩模量(MPa)
1	填　土	2.46	-2.46	16.00	—	0.00
2	黏性土	4.00	-6.46	19.00	—	3.54
3	黏性土	4.00	-10.46	20.00	—	5.18
4	粉　砂	0.66	-11.12	21.00	—	23.50
5	中　砂	0.66	-11.78	21.00	—	23.50
6	中　砂	0.66	-12.44	21.00	—	23.50
7	中　砂	0.66	-13.10	21.00	—	23.50
8	中　砂	0.66	-13.76	21.00	—	14.16
9	中　砂	0.66	-14.42	21.00	—	14.16
10	中　砂	0.66	-15.08	21.00	21.00	14.16
11	中　砂	0.66	-15.74	—	21.00	14.16
12	中　砂	0.66	-16.40	—	21.00	14.16
13	中　砂	0.66	-17.06	—	19.00	14.16
14	粗　砂	4.80	-21.86	—	21.00	13.36

计算点角点1(-0.6, -0.346)、角点2(0.6, -0.346)和角点3(0,0.693)的最终沉降13.117(mm)。

(2)底标高 -11.1 m 四桩承台地基土加固后沉降计算

沉降计算点(x=0.000 m,y=0.000 m)地层参数列于表4-12中。

表 4-12　地层参数

层号	土类名称	层厚（m）	层底标高（m）	重度（kN/m^3）	饱和重度（kN/m^3）	压缩模量（MPa）
1	填　土	2.46	-2.46	16.00	—	0.00
2	黏性土	4.00	-6.46	19.00	—	3.54
3	黏性土	4.00	-10.46	20.00	—	5.18
4	中　砂	0.80	-11.26	20.00	—	23.50
5	中　砂	0.80	-12.06	20.00	—	23.50
6	中　砂	0.80	-12.86	20.00	—	23.50
7	中　砂	0.80	-13.66	20.00	—	23.50
8	中　砂	0.80	-14.46	20.00	—	14.16
9	中　砂	0.80	-15.26	20.00	20.00	14.16
10	中　砂	0.80	-16.06	—	20.00	14.16
11	中　砂	1.00	-17.06	—	20.00	14.16
12	粗　砂	4.80	-21.86	—	21.00	13.36
13	中　砂	13.00	-34.86	—	21.00	16.80

计算点角点 1(-1.000，-1.000)、角点 2(1.000，-1.000)、角点 3(1.000,1.000)和角点4(-1.000,1.000)的最终沉降 14.215(mm)。

(3)底标高 -11.1 m 五桩承台地基土加固后沉降计算

沉降计算点(x =0.000 m,y =0.000 m)地层参数列于表 4-13 中。

表 4-13　地层参数

层号	土类名称	层厚（m）	层底标高（m）	重度（kN/m^3）	饱和重度（kN/m^3）	压缩模量（MPa）
1	填　土	2.46	-2.46	16.00	—	0.00
2	黏性土	4.00	-6.46	19.00	—	3.54
3	黏性土	4.00	-10.46	20.00	—	5.18
4	中　砂	1.00	-11.46	20.00	—	23.50
5	中　砂	1.00	-12.46	20.00	—	23.50
6	中　砂	1.00	-13.46	20.00	—	23.50
7	中　砂	1.00	-14.46	20.00	—	23.50
8	中　砂	1.00	-15.46	20.00	20.00	23.50
9	中　砂	1.60	-17.06	—	20.00	14.16
10	粗　砂	4.80	-21.86	—	21.00	13.36
11	中　砂	13.00	-34.86	—	21.00	16.80

计算点角点 1(-1.250，-1.250)、角点 2(1.250，-1.250)、角点 3(1.250,1.250)和角点4(-1.250,1.250)最终沉降 17.586(mm)。

(4)底标高 -11.1 m 七桩承台地基土加固后沉降计算

沉降计算点($x=0.000$ m,$y=0.000$ m)地层参数列于表4-14 中。

表4-14　地层参数

层号	土类名称	层厚(m)	层底标高(m)	重度(kN/m^3)	饱和重度(kN/m^3)	压缩模量(MPa)
1	填　土	2.46	-2.46	16.00	—	0.00
2	黏性土	4.00	-6.46	19.00	—	3.54
3	黏性土	4.00	-10.46	20.00	—	5.18
4	中　砂	1.07	-11.53	21.00	—	23.50
5	中　砂	1.07	-12.60	21.00	—	23.50
6	中　砂	1.07	-13.67	21.00	—	23.50
7	中　砂	1.07	-14.74	21.00	—	23.50
8	中　砂	1.07	-15.81	21.00	21.00	23.50
9	中　砂	1.25	-17.06	—	21.00	23.50
10	粗　砂	4.80	-21.86	—	21.00	13.36
11	中　砂	13.00	-34.86	—	21.00	16.80

计算点角点1(-1.430,-1.600)、角点2(1.430,-1.600)、角点3(1.430,1.600)和角点4(-1.430,1.600)的最终沉降18.611(mm)。

(5)底标高 -7.2 m 三桩承台地基土加固后沉降计算

沉降计算点($x=0.000$ m,$y=0.000$ m)地层参数列于表4-15 中。

表4-15　地层参数

层号	土类名称	层厚(m)	层底标高(m)	重度(kN/m^3)	饱和重度(kN/m^3)	压缩模量(MPa)
1	填　土	2.46	-2.46	16.00	—	0.00
2	黏性土	4.00	-6.46	19.00	—	3.54
3	黏性土	0.66	-7.12	20.00	—	17.20
4	黏性土	0.66	-7.78	20.00	—	17.20
5	黏性土	0.66	-8.44	20.00	—	17.20
6	黏性土	0.66	-9.10	20.00	—	17.20
7	黏性土	0.66	-9.76	20.00	—	17.20
8	黏性土	0.70	-10.46	20.00	—	17.20
9	中　砂	6.60	-17.06	21.00	21.00	14.16
10	粗　砂	4.80	-21.86	—	21.00	13.36

计算点角点1(-0.6,-0.346)、角点2(0.6,-0.346)和角点3(0,0.693)最终沉降

16.249(mm)。

(6)底标高 −7.2 m 四桩承台地基土加固后沉降计算

沉降计算点(x=0.000 m,y=0.000 m)地层参数列于表 4-16 中。

表 4-16　地层参数

层号	土类名称	层厚(m)	层底标高(m)	重度(kN/m^3)	饱和重度(kN/m^3)	压缩模量(MPa)
1	填　土	2.46	−2.46	16.00	—	0.00
2	黏性土	4.00	−6.46	19.00	—	3.54
3	黏性土	0.80	−7.26	20.00	—	17.20
4	黏性土	0.80	−8.06	20.00	—	17.20
5	黏性土	0.80	−8.86	20.00	—	17.20
6	黏性土	0.80	−9.66	20.00	—	17.20
7	黏性土	0.80	−10.46	20.00	—	17.20
8	中　砂	6.60	−17.06	20.00	20.00	14.16
9	粗　砂	4.80	−21.86	—	21.00	13.36

计算点角点 1(−1.000,−1.000)、角点 2(1.000,−1.000)、角点 3(1.000,1.000)和角点4(−1.000,1.000)最终沉降 15.262(mm)。

(7)底标高 −7.2 m 五桩承台地基土加固后沉降计算

沉降计算点(x=0.000 m,y=0.000 m)地层参数列于表 4-17 中。

表 4-17　地层参数

层号	土类名称	层厚(m)	层底标高(m)	重度(kN/m^3)	饱和重度(kN/m^3)	压缩模量(MPa)
1	填　土	2.46	−2.46	16.00	—	0.00
2	黏性土	4.00	−6.46	19.00	19.00	3.54
3	黏性土	1.00	−7.46	—	20.00	17.20
4	黏性土	1.00	−8.46	—	20.00	17.20
5	黏性土	1.00	−9.46	—	20.00	17.20
6	黏性土	1.00	−10.46	—	20.00	17.20
7	中　砂	6.60	−17.06	—	21.00	14.16
8	粗　砂	4.80	−21.86	—	21.00	13.36

计算点角点 1(−1.250,−1.250)、角点 2(1.250,−1.250)、角点 3(1.250,1.250)和角点4(−1.250,1.250)最终沉降 19.428(mm)。

(8)底标高 -7.2 m 六桩承台地基土加固后沉降计算

沉降计算点($x=0.000$ m,$y=0.000$ m)地层参数列于表4-18中。

表4-18　地层参数

层号	土类名称	层厚(m)	层底标高(m)	重度(kN/m^3)	饱和重度(kN/m^3)	压缩模量(MPa)
1	填　土	2.46	-2.46	16.00	—	0.00
2	黏性土	4.00	-6.46	19.00	19.00	3.54
3	黏性土	1.00	-7.46	—	20.00	17.20
4	黏性土	1.00	-8.46	—	20.00	17.20
5	黏性土	1.00	-9.46	—	20.00	17.20
6	黏性土	1.00	-10.46	—	20.00	17.20
7	中　砂	6.60	-17.06	—	21.00	14.16
8	粗　砂	4.80	-21.86	—	21.00	13.36

计算点角点1(-1.600,-1.000)、角点2(1.600,-1.000)、角点3(1.600,1.000)、角点4(-1.600,1.000)最终沉降16.296(mm)。

4.2.3　不同工况下沉降比较分析

不同工况下沉降汇总于表4-19中,从表中沉降比较分析可以得出以下规律:

(1)不同工况下沉降是不相同的,底标高不同其沉降也不相同。

(2)工况相同,标高相同,而桩基的型式不同,其沉降也不相同。

(3)土体不加固桩基不切除的沉降量值最小,土体不加固桩基切除的沉降量值最大;由于桩基被盾构机的软土刀盘所切除,导致应力释放,再加上盾构软土刀盘切削的范围比管片支护的要大,存在一定的空隙,所以引起了较大的沉降量;其沉降量增加了4~12倍,增加的大小与桩基的型式、底面标高等等有关。

(4)对于底标高 -11 m 对应的中砂压缩模量从14.16 MPa加固到23.506 MPa后,其沉降减小了30%~40%;而对于底标高 -7.2 m 对应的黏性土压缩模量从3.54~5.18 MPa加固到17.2 MPa后,其沉降减小了60%~70%;说明压缩模量加固后增加的越大,其沉降减少的就越多。因此,加固桩基周围的地层对软土刀盘切桩后引起的沉降控制有效,且黏土条件下加固对沉降控制的效果更明显。

(5)不论是底标高 -11.1 m,还是底标高 -7.2 m,不同的桩型式下土体不加固桩基切除引起的沉降基本都大于控制值20 mm(仅有一中情况略小于20 mm),特别是黏性土条件下其沉降值超过控制值20 mm的2倍多,所以必须对桩基周围土体进行加固处理。

(6)对土体进行加固处理后,不同的桩型式下桩基切除引起的沉降均小于控制值20 mm,满足沉降控制的要求。

表4-19 不同工况下沉降汇总(mm)

工　况	土体不加固桩基不切除	土体不加固桩基切除	土体加固桩基切除
底标高 -11.1 m 三桩承台沉降	4.3	19.149	13.117
底标高 -11.1 m 四桩承台沉降	4.9	21.799	14.215
底标高 -11.1 m 五桩承台沉降	5.1	23.633	17.586
底标高 -11.1 m 七桩承台沉降	8.3	31.580	18.611
底标高 -7.2 m 三桩承台沉降	4.4	52.65	16.249
底标高 -7.2 m 四桩承台沉降	5.9	43.215	15.262
底标高 -7.2 m 五桩承台沉降	6.4	44.841	19.428
底标高 -7.2 m 六桩承台沉降	8.1	41.220	16.296

根据现场情况,无法采用地面加固。原有管片设计时,下穿建筑物每环管片额外增加了10个直径70 mm的注浆预留孔(即每环管片共有16个注浆孔),注浆时主要采用洞内注浆的加固方式。

4.3 软土刀盘盾构穿越建筑物群桩施工技术

4.3.1 施工准备

1. 施工工艺流程

软土刀盘盾构穿越建筑物群桩施工工艺流程图如图4-5所示。

2. 施工准备

(1)施工前对沿线盾构施工影响范围内的建筑物群桩进行全面的调查,收集相关资料,列出需重点保护的对象名称及反映其所处里程、地面位置、类型、结构形式、基础类型等详细参数的清单。

(2)针对穿越建筑物群桩的特殊情况,制订专项施工措施,并进行专项试验,确定初始掘进参数,通过同步注浆及二次跟踪补充注浆,结合实时监测结果调整试验数据得到最佳参数,以达到减小超挖、减少土体扰动为目的。

(3)在盾构机过建筑物群桩前30 m,对所有施工设备进行检修,并把维保工作做到位,确保盾构机在过建筑物群桩时设备故障率低,设备性能完好,能连续的通过。

(4)施工前,渣土坑所有渣土清空,并于出土队伍联系好,施工期间,必须满足盾构渣土外运的畅通,防止施工期间因土方外运受阻停机带来施工风险。

(5)提前进行建筑物上及周围监控点的布设,并取得初始值。

(6)针对盾构穿越建筑物可能出现的应急情况,准备充足的应急物资,成立盾构施工应急抢险队伍及地面加固施工队,确保工程发生险情后能在第一时间得到抢险救治,确保建筑物的安全。

(7)穿越建筑物群桩前进行全体人员技术和安全培训,做好书面技术和安全交底。

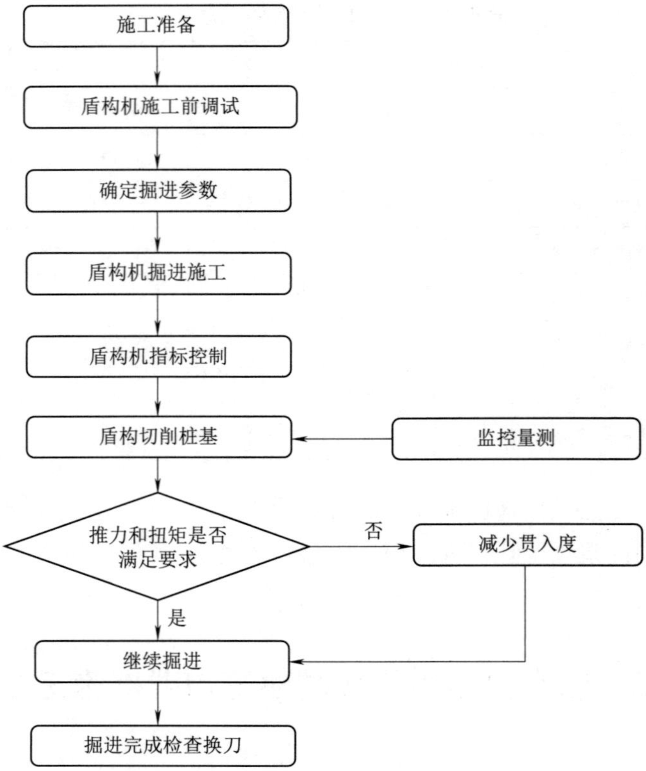

图 4-5　盾构机穿越建筑物群桩施工工艺流程

3. 盾构机施工前调试

对设备进行全面检测,重点对螺旋机系统、渣土改良系统、同步注浆系统、二次注浆设备、控制电路及液压系统、电瓶车刹车及电路进行检测,确保各系统状况良好。经调试确保盾构机各系统、线路、管路等处于良好的工作状态。尤其注意泡沫系统和同步注浆系统的通畅,土压传感器准确显示土压值。

对于损坏的部件立即更换,对存在故障隐患的部位及时排除,各个润滑部位及时加注润滑脂或润滑油。特别是对注浆管路进行清洗疏通,避免输送管在盾构穿越建筑物群桩时堵塞,导致浆液供应中断,从而造成盾构机停机现象的发生。

4.3.2　盾构掘进参数控制

1. 盾构掘进

(1)根据上一环掘进情况,及时修正下一环掘进参数,掘进过程中,值班工程师全过程监控,根据实际情况随时发出指令。

(2)每环推进过程中,严格控制平衡土压力,使切口正面土体保持稳定状态,以减少对土体的挠动。在盾构推进过程中跟踪沉降观测,并及时反馈沉降数据,为调整下阶段的施工参数提供依据。

(3)掘进前检查盾尾的密封性,保证浆液不泄漏;保证注浆管路的畅通。做好注浆设备的维修保养，注浆材料的供应，保证注浆作业顺利连续不中断地进行。

(4)控制好盾构姿态，在盾构机下穿建筑物期间，杜绝盾构机下穿建筑物时频繁调整盾构机姿态，减少对地层的扰动。

2. 盾构掘进参数控制

(1)出土量的控制

哈尔滨地区粉砂、中砂、粉质黏性土的松散系数 1.1～1.2，每环理论出土量 37.15 m^3，控制每环实际出土量不大于 44.5 m^3。如发现超挖迹象，立即停止出土并反馈地面监控室，技术人员进行原因分析，制定切实可行的控制措施，及时对超挖部分填充注浆。出土量的控制分工如下：

①盾构操作手

根据每环理论出渣体积计算理论进尺长度，通过理论进尺长度与实际进尺长度进行比较控制出渣量。

②渣土管理员

根据每环理论出渣体积与实际出渣体积进行比较，控制出渣量。

③龙门吊司机

根据每环理论出土重量与每环实际出土重量进行比较，控制出渣量。

(2)土仓压力控制

盾构在穿越建筑物群桩过程中，采用土压平衡模式掘进，土仓压力设置在 1 bar 左右。在盾构停机拼装管片期间，安排专人对土仓压力监控，土仓压力损失值接近 0.1 bar 时，及时进行增压。

(3)贯入度与掘进速度控制

切桩过程中贯入度设置在 2～3 mm，采用摩擦桩体方式缓慢推进，避免桩体磕碰刀具，增加刀具磨损或损坏刀座。

推进速度在距离桩基 10 m 左右时控制在 10～20 mm/min(主要是防止桩基位移)；当盾构距离桩 2 m 左右时推进速度控制在 5～10 mm/min；在磨桩基的过程中，推进速度控制在 5 mm/min以内。

(4)刀盘扭矩与推力控制

切桩过程中刀盘扭矩不大于 3 500 kN · m，盾构总推力 18 000～23 000 kN。

(5)注浆控制沉降

采取同步注浆和二次注浆相结合的注浆方式对管片壁后的建筑间隙进行及时填充，防止沉降。

①同步注浆

每环理论注浆量 3.24 m^3，下穿建筑物时系数取 1.5～2，注浆方量 4.86～6.48 m^3/环。

注浆压力控制在 3～3.5 bar。根据监测数据实时调整注浆量、注浆压力，在控制沉降的同时，避免地面隆起。

优化浆液配比，通过调整胶凝材料掺量来调整浆液稠度(稠度为 11～13 s)，缩短浆液凝结时间(3～4 h)，确保地层的稳定性，控制沉降。

在磨越桩基的施工段，须加强同步注浆管理，以提高地面建筑物和隧道的前期后期稳定性。

②二次注浆

在盾构下穿建筑物时及时跟进二次注浆(管片脱出盾尾5环后二次注浆),根据监测数据及管片开孔检查情况,动态调整注浆量、注浆压力及注浆材料。二次注浆采用1∶1体积比双液浆。

(6)盾构姿态控制

在确保盾构正面沉降控制良好的情况下,使盾构均衡匀速施工。盾构姿态变化不可过大,每环检查管片的超前量,隧道轴线和折角变化不能超过0.4%。推进时不急纠、不猛纠,多注意观察管片与盾壳的间隙,相对区域油压随出土箱数和千斤顶行程逐渐变化,采用稳坡法、缓坡法推进,以减少盾构施工对地层的扰动。采用优质泡沫改良土体,确保地层不失水、出土顺畅。

4.3.3　软土刀盘切削桩基

1. 刀盘正面土体改良

盾构推进需切削钢筋混凝土,为确保盾构正常出土,必要时可在盾构的刀盘正面压注膨润土或泡沫剂来改善开挖面土体的和易性,从而降低刀盘扭矩,保证盾构穿越时有均衡的推进速度,同时改良土仓内土体,有助于桩体碎块从螺旋机内顺利排出。加膨润土或泡沫剂时必须严格控制量和压力,避免土体在过多膨润土或泡沫剂量和较高的压力下形成定向贯通的介质裂缝,从而造成渗水通道,严重影响隧道的安全状况。

2. 切削钢筋混凝土桩钢筋

利用尖刃贝壳刀长时间磨损直接切割钢筋,或者利用刀盘的转动,将缠住在刀具上的钢筋进行拉伸,并使其达到钢筋的屈服强度,继续转动刀盘拉伸,致使钢筋断裂,从而达到切削钢筋的目的。切桩后刀盘上缠绕钢筋如图4-6所示。

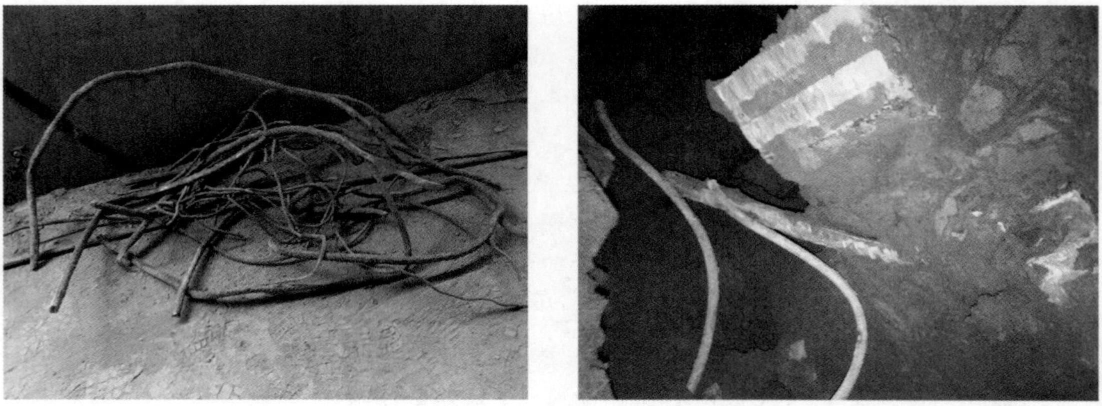

图4-6　切桩后刀盘上缠绕钢筋

3. 土体加固

隧道采用特殊管片(连接块、标准块,每块增加2个注浆孔,每环共计增加10个注浆孔)，在掘进过程中利用预留管片注浆孔、吊装孔对周围土体注浆加固，如图 4-7 所示。

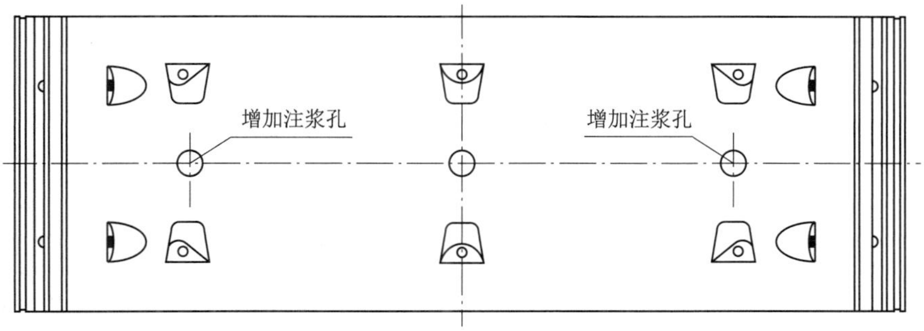

图 4-7　增加注浆孔的管片

盾构机下穿建筑物时按设计注浆加固范围，采用特殊管片注浆孔及吊装孔对隧道周边地层及桩基承台注双液浆加固，使隧道周围土体快速达到强度，以满足建筑物的地基承载力的要求，并起到止水效果。浆液为水泥、水玻璃双浆液，双液注入体积比为 1∶1，注浆压力 0.3 ~ 0.5 MPa。

由于盾构切削了建筑物桩基，使得建筑物的地基承载力大大减弱，荷载将通过承台传递至盾构隧道顶部，致使盾构隧道外部荷载加大，在混凝土管片内侧镶 20 mm 厚钢板做内衬进行加强。

4. 监控量测

盾构穿越桩基时，隧道轴线控制仍然是质量控制的重中之重，因此对隧道轴线的测量必须严格控制。刀盘将切削钢筋混凝土，刀盘正面受力不均，容易引起盾构推进轴线发生偏差，因此必须严格执行每环测量的施工步骤。同时根据实际穿越桩基情况，提高盾构姿态测量频率，从而根据测量资料有效制定相应措施，确保盾构轴线与设计轴线相符。监控量测点布置如图 4-8 所示。

盾构机切削桩基时，项目监测人员对建筑物实施 24 h 监测，监测频率调整为 1 次/2 h，及时分析监测数据，根据监测情况指导盾构机掘进参数的调整。同时，派遣专人对建筑物外观及周边地表进行不间断巡视，发现问题及时反馈、处理。博苑中山幼儿园盾构下穿沉降变化时程曲线如图 4-9 所示。

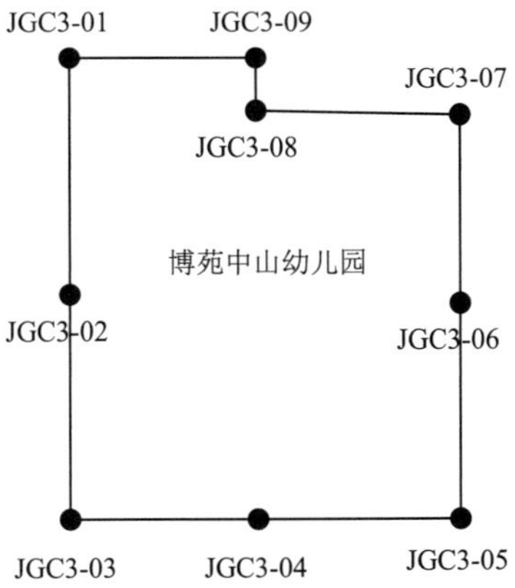

图 4-8　博苑中山幼儿园
建筑物监测点布置图

从图 4-9 监测数据可以看出，盾构机正穿建筑物过程中，监测数据没有出现较大波动，建筑物整体变形较为稳定。盾构机通过后，监测数据趋于平稳，最大变形点为 JGC3-04，变形量为5.49 mm，远小于设计要求的 ±20 mm，满足沉降控制要求。同时，实际沉降监测值比理论计算值小很多，主要是现场加强了沉降控制，从出土量、土仓压力、贯入度与掘进速度、刀盘扭矩与推力、同步注浆和二次注浆以及盾构姿态进行了综合控制，并给出了控制参数，有效提高了沉降控制效果，导致了沉降量实际监测值比理论计算值小得多。

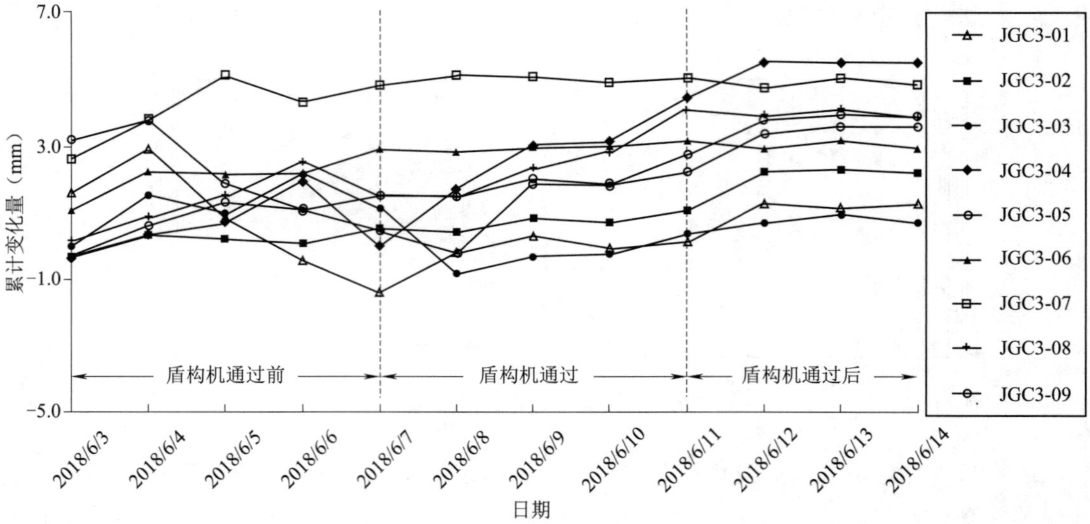

图 4-9　博苑中山幼儿园盾构下穿沉降变化时程曲线

4.3.4　切桩后换刀

1. 切桩后换刀工艺流程

盾构机穿越建筑物群桩后，在预定换刀里程对盾构机刀盘刀具进行检查，磨损严重刀具要进行换刀处理，常规换刀方式有二种，主要有常压开仓换刀、有压开仓换刀，在条件允许的情况下尽量采用常压开仓换刀方式。为了确保施工安全，采用了开设竖井在刀盘前方进行换刀，换刀更安全、更可靠。切桩后换刀工艺流程如图 4-10 所示。

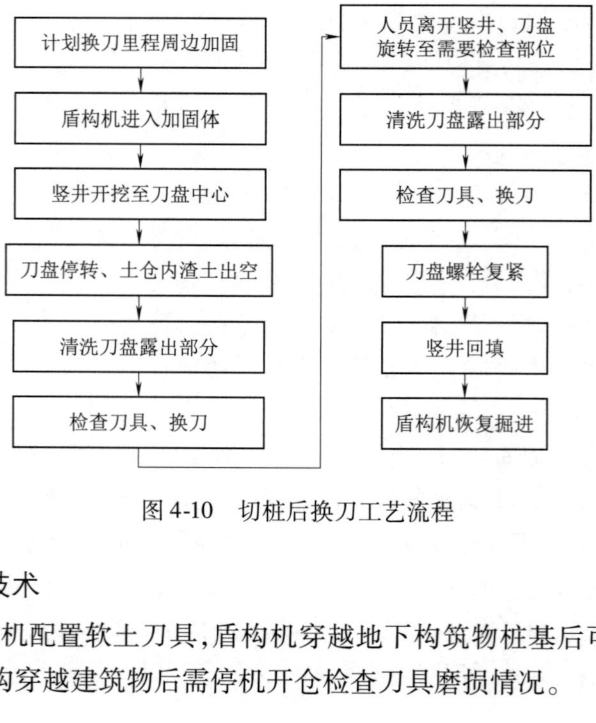

图 4-10　切桩后换刀工艺流程

2. 切桩后换刀技术

辐条式刀盘盾构机配置软土刀具，盾构机穿越地下构筑物桩基后可能造成刀具磨损而无法使用，因此在盾构穿越建筑物后需停机开仓检查刀具磨损情况。

(1)盾构刀盘刀具概况及刀具更换标准

根据盾构机设计厂家提供的刀盘刀具结构设计形式及刀具磨耗程度更换标准,开仓后,对刀具逐一进行测量检查,并做好记录。一般情况下对于中心刀具合金块脱落不超过 1/3、均匀磨损量不大于 20 mm;辐条两侧的切刀均匀磨损量不大于 25 mm;保护刀盘的保径刀崩齿、合金块脱落不超过 1/3、均匀磨损不大于 10 mm。

(2)换刀停机位置及换刀点加固

选择检查刀盘刀具的位置很重要,尽量选择在周边环境简单,无建筑物和地下管线,以及地质条件相对有利于加固的开阔地段。

盾构换刀点采用 ϕ800@600 mm 三管旋喷桩双液注浆加固,加固范围为沿线路方向 6 m、隧道底部 3 m、隧道两侧各加固 3 m、共计 12 m。

旋喷桩加固完成后的土体应有很好的均质性、自立性,加固后土体的强度应达到 1.0 MPa,渗透系数小于 10^{-6} cm/s。

(3)检查及更换刀具前的准备工作

①对进行换刀的操作人员进行换刀前的技术交底,对换刀的操作程序、安全事项等进行详细的交底。

②对盾构机各系统进行检查,保证其功能完好。

③在盾构机停机前在土仓注入满仓膨润土,膨润土稠度控制在 40 s,或停机前保证土仓满仓,防止地面加固时双液浆进入土仓包围盾构机。

④待加固体强度达到要求后,盾构机继续推进,待刀盘进入加固体 2.5 m 处停机,停机后在盾构机中盾、盾尾等镜像孔注入膨润土,防止盾构机后方地下水通过施工间隙进入土仓。

⑤在加固体范围内,刀盘前端采用人工开挖竖井作检查工作井,竖井直径为 ϕ2 000,开挖至中心刀具下 50 cm,开挖过程中始终保持对竖井内进行通风作业,并检查竖井内有害气体浓度,气体检测标准见表 4-20。

表 4-20　气体检测标准

气体种类	容许最高浓度	标准限量
氧气	19.5%~23%	≥20%
CH_4	不超过 1%	<0.75%
CO_2	9 000 mg/m^3	≤0.5%
CO	30 mg/m^3	0.002 4%
氮氧化物	5 mg/m^3	≤5%
SO_2	5 mg/m^3	≤0.000 5%
H_2S	10 mg/m^3	≤0.000 66%
NH_3	30 mg/m^3	≤0.004%

⑥清理刀盘刀具上的泥土,检查测量刀具磨耗程度,并做好记录。准备好需更换的刀具及其附件如螺栓、锁块等。

⑦准备好照明灯具、小型通风机、风镐、潜水泵、风动扳手、葫芦、木板、安全带等材料、工

具及电焊机等机料具。

⑧确保人仓、土仓、操作室、地面监控室的通信畅通；

⑨对可能发生的突发事件作好充分的估计及应对措施。

(4)做止水环

在盾尾后5环的位置做止水环。盾构机将要抵达换刀位置前的掘进采用慢速推进，掘进速度控制在20 mm/min以内，刀盘转速控制在1.0 r/min，以减小盾构机对隧道工作面土体的扰动。采用凝固时间短的浆液进行同步注浆，并利用管片吊装螺栓孔对盾尾后5环(即连接桥附近)的成形隧道进行二次补注双液浆，封堵盾壳后部来水，并增加盾尾附近成型隧道的稳定性。

(5)换刀作业

在刀盘停转和土舱内渣土排空后，人工从竖井进入刀盘位置清洗刀盘露出部分，检测刀具，满足更换条件的实施人工换刀。人员离开竖井，旋转刀盘转至需要检查部位。人工再进入竖井刀盘位置清洗刀盘露出部分，检测刀具，满足更换条件的实施人工换刀，直至换完所有刀具。人员离开竖井，回填竖井后恢复掘进。

4.4　本章小结

(1)软土刀盘盾构穿越建筑物群桩施工技术利用PKPM结构计算软件，模拟演算了盾构机切削建筑物桩基后建筑物的沉降规律。

(2)不论是底标高 -11.1 m还是底标高 -7.2 m，不同的桩型式下土体不加固桩基切除引起的沉降基本都大于控制值20 mm，特别是黏性土条件下其沉降值超过控制值20 mm的2倍多，所以必须对桩基周围土体进行加固处理。

(3)对土体进行加固处理后，不同的桩型式下桩基切除引起的沉降均小于控制值20 mm，满足沉降控制的要求。

(4)盾构机正穿建筑物过程中，监测数据没有出现较大波动，建筑物整体变形较为稳定。盾构机通过后，监测数据趋于平稳，最大变形量为5.49 mm，远小于设计要求的±20 mm，实际沉降监测值比理论计算值小很多，主要是现场加强了沉降控制，从出土量、土仓压力、贯入度与掘进速度、刀盘扭矩与推力、同步注浆和二次注浆以及盾构姿态进行了综合控制，并给出了控制参数，有效提高了沉降控制效果。

(5)在盾构机刀盘刀具配置方面研究了软土刀具切割桩体混凝土及钢筋的方式和磨损状况，采用尖刃撕裂刀+高强合金刮刀的刀具配置方案，实现了软土刀盘盾构机连续穿越建筑物钢筋混凝土桩体的目标，并给出了切桩后换刀技术。

(6)建立了软土刀盘盾构穿越建筑物群桩施工技术，避免了采用桩基托换、人工凿除、拔桩或冲桩等复杂、繁琐的施工技术措施，规避了管线迁改和交通导改、建(构)筑物拆迁工作，节约了施工成本，缩短了施工工期。

第 5 章　盾构穿越人防工程空推过矿山法隧道技术

5.1　概　　述

城市轨道交通工程地下空间环境复杂，管辖密集，且个别区间分布有桩基、人防隧道、管廊等地下构筑物，盾构掘进过程中可能遇到地下障碍物的情况并不少见，这不仅对隧道的施工形成了障碍，而且还增加了施工的难度。当盾构施工遇地下障碍物无法继续掘进，而停机点地面环境复杂，无法提供更换刀盘、打设竖井横通道清障等工作面情况时，则需采用暗挖法清障。

哈尔滨地铁 2 号线哈尔滨站—博物馆站区间位于哈尔滨市南岗区，主要沿颐园街进行敷设。区间上部道路狭窄，两侧建筑物较多。区间右线起点里程 SK18 + 685. 655，终点里程为 SK19 + 276. 950，全长 591. 295 m，左线起点里程 XK18 + 685. 655，终点里程 XK19 + 276. 950，长链 1. 928 m，全长 593. 223 m。区间纵向呈单向坡度，最大坡度 26. 074‰，隧道埋置较深，其结构顶覆土厚度约 9. 78 ~ 12. 1 m。哈博区间右线盾构机掘进至颐园街与邮政街交口剩余 147 m 时，遇地下障碍物停机。经补充勘察，发现刀盘前方约 15 m 范围内分布不规则混凝土块体，局部含直径 16 mm 钢筋，混凝土最大抗压强度39. 8 MPa，经分析判断地下不明障碍物为既有废弃人防工程。线路左侧有 2 栋国家级保护文物，沉降控制要求非常严格，累计沉降量要求不大于 10 mm，差异沉降要求不大于 0. 5 mm。

区间盾构机选用辐条式刀盘配置软土刀具，不具备破岩能力。既有人防工程埋深大约在18 m，分布不规则，纵横交错，无翔实资料查证，因停机位置上部周边环境及地下管线情况复杂，不具备采取地面措施条件，经方案论证、比选，区间右线剩余部分及左线相对应部分均采用矿山法开挖施工，对既有人防工程进行破除处理，盾构机空推拼装管片过矿山法区间。

5.1.1　地下管线

哈博区间右线盾构机停机位置为邮政街与颐园街交口处，根据物探资料及现场勘察，邮政街与颐园街交口处地下敷设有燃气管线、排水管线、给水管线、热力管线、电力管廊等，如图 5-1 所示。

5.1.2　地下人防工程

电力管廊为直径 1. 5 m 混凝土承插管，1. 0 m/节。管廊终端在暗挖隧道上方约 0. 5 m 处接入人防。人防共 2 条，一条沿右线隧道右侧布置，一条与隧道相交约 45°角向左线延伸（该人防已采用粗砂回填），人防净高 2 m，净宽 1. 5 m，墙厚 40 cm，红砖砌体。人防、管廊与隧道关系平面位置如图 5-2 所示，沿轴线方向人防与暗挖隧道位置关系剖面如图 5-3 所示，与隧道斜交人防与暗挖隧道位置关系剖面如图 5-4 所示。

图 5-1　盾构停机位置管线平面及现场电缆实物

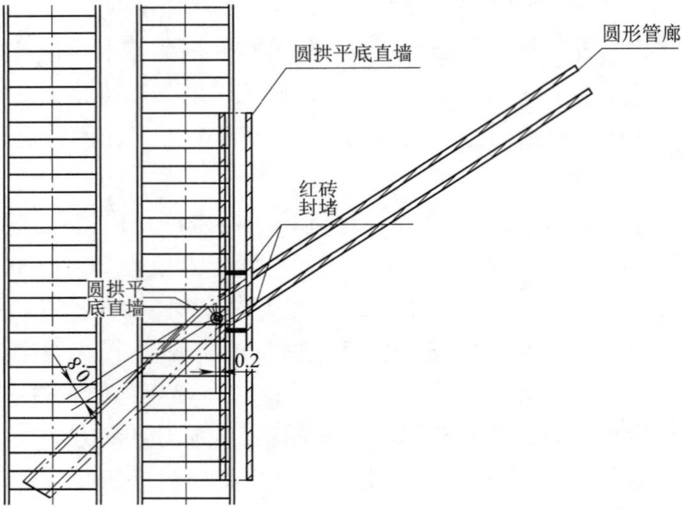

图 5-2　人防、管廊与隧道关系平面位置示意图(单位:m)

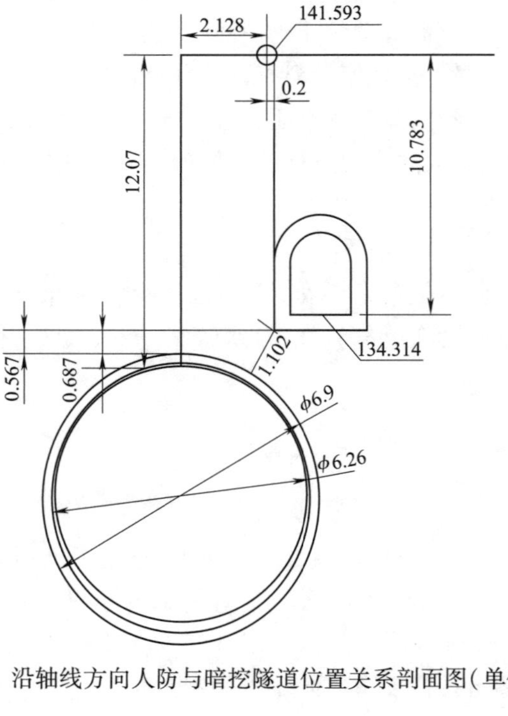

图 5-3　沿轴线方向人防与暗挖隧道位置关系剖面图(单位:m)

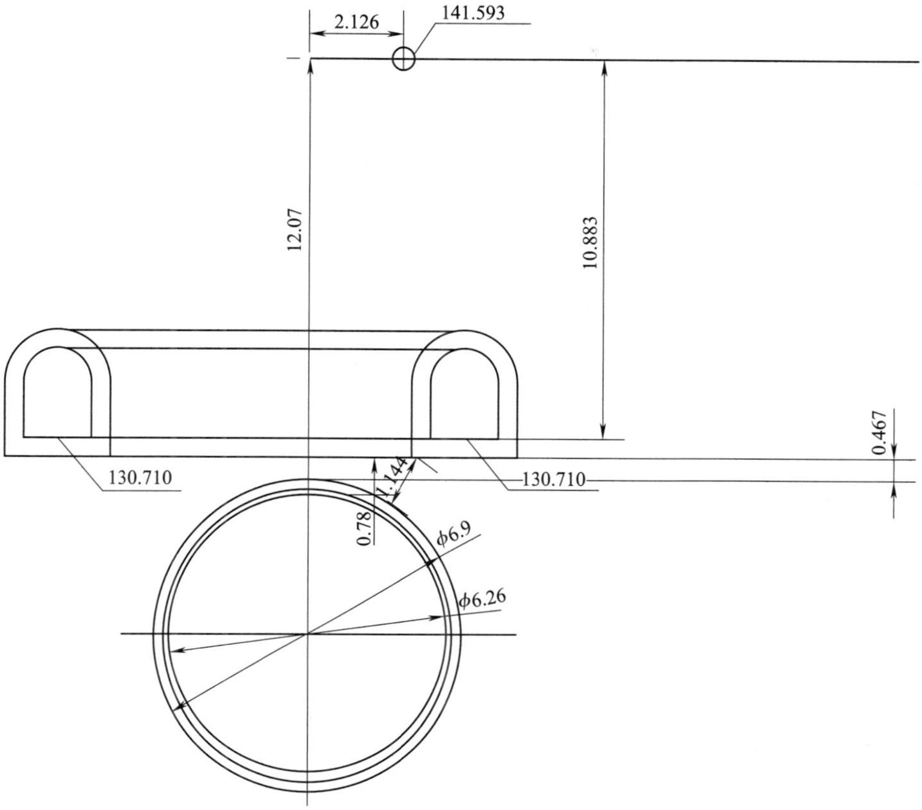

图5-4　与隧道斜交人防与暗挖隧道位置关系剖面(单位:m)

5.2　区间右线隧道矿山法施工技术

5.2.1　暗挖隧道结构设计

哈博区间正线矿山法初期支护隧道设计采用三圆心近圆形结构,开挖断面高7.05 m、宽6.9 m,如图5-5所示。拱部240°范围开挖半径$R=3\ 450$ mm,底部两侧30°范围开挖半径$R=3\ 844$ mm,底部60°范围开挖半径$R=3\ 600$ mm。隧道采用$\phi78$ mm小管棚+$\phi42$ mm小导管超前支护,隧道初支采用I18工字钢拱架(间距0.5 m)+钢筋网片($\phi8$@200 mm×200 mm)+喷C25混凝土(厚度250 mm)支护。

5.2.2　超前支护施工

1.管棚施工

根据地质资料情况,本工程地层主要为粉质黏土,容易成孔。根据工程设计、质量标准、结合施工场区地面条件、工程地质、水文地质条件,采用"有线仪器定向,一次性跟管钻进"施工方法,即成孔和埋设管棚一次完成。根据场地情况,管棚由博物馆站往盾构机方向打设,一次性打设长度147.6 m。

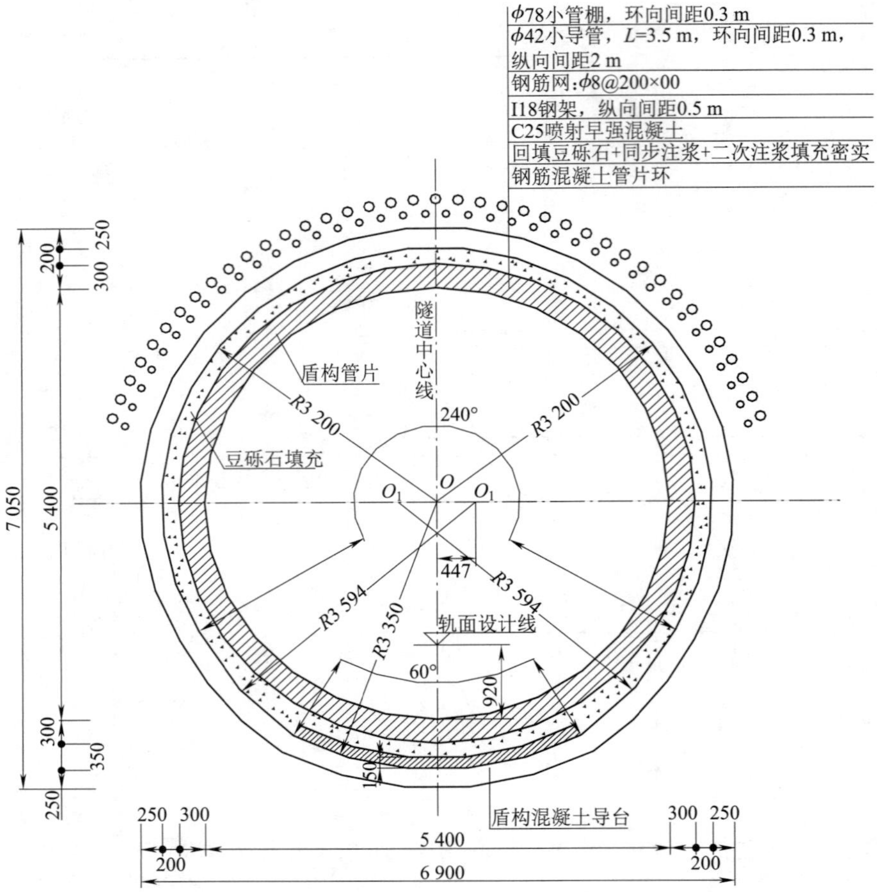

图 5-5 矿山法隧道结构断面(单位:mm)

水平定向钻进是非开挖管线施工的一种方法。该方法要求在钻进过程中能准确测定钻头在地下的位置和方向。根据钻头在钻进过程中的位置和方向同设计轨迹的差异,利用能进行调节方向的钻头(一般为楔形钻头)改变钻头的钻进方向,从而按设计要求完成各种管线的铺设。钻头示意如图 5-6 所示。

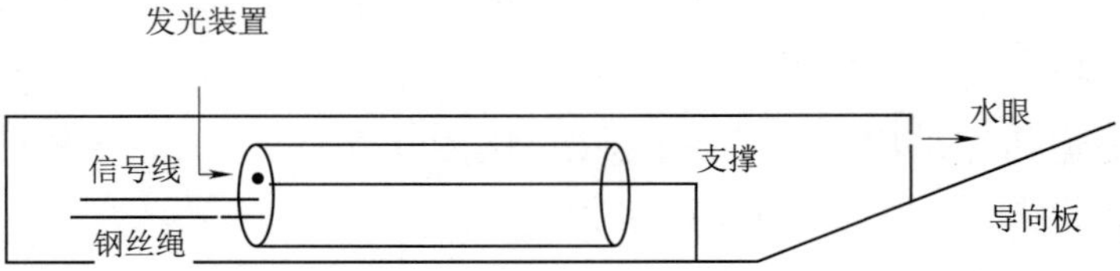

图 5-6 楔形钻头示意

如图所示钻头内装有特制的传感器,传感器直接由 15 V 直流供电。显示屏显示钻头的倾角(水平角度)、面向角(导向板的方向:导向板朝上即为 12 点,如同钟面)。打设角度如果偏下,可以把钻头调到 12 点,即导向板朝上,直接顶进,此时由于导向板底板斜面面积大。受到一个向上的力,钻头轨迹就会朝上运动。同理在 6 点纠偏可以使钻头轨迹朝下,9 点、3 点分别是为左、右纠偏方向。如果角度合适,钻机会匀速旋转钻进,此时钻杆轨迹一般是平直的。所以导向钻头是上下纠偏的关键。左右偏差根据传感器尾端的发光装置来定，通过仪器测量参数来纠偏。钻头及导向系统示意如图 5-7 和图 5-8 所示。

图 5-7　楔形钻头实物

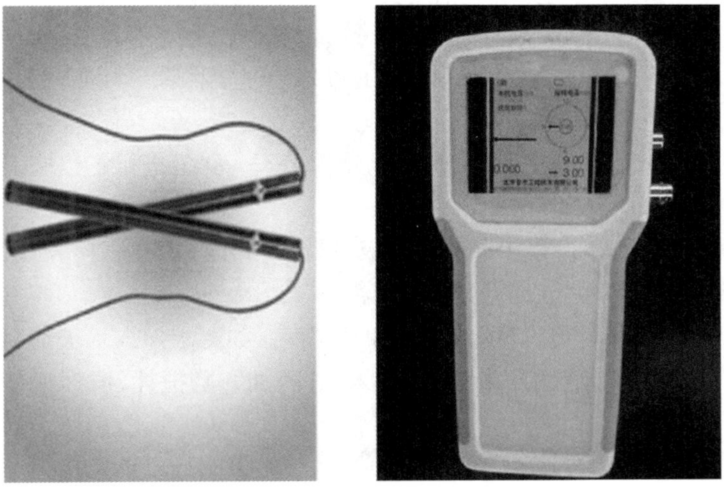

图 5-8　探棒和显示屏

(1)管棚制作

本工程所用管棚采用直径 78 mm 热轧无缝钢管制作，管棚制作在工人文化宫站场地内进行，为了保证相邻管棚接头不在同一平面内，管棚单序孔第一节长 3 m，双序孔第一节长 1.5 m，其余管节长度均为 3 m，管节之间采用套丝接头连接。

(2)测量放线

根据设计图纸，管棚位置设置在结构初期支护顶部轮廓线外 0.35 m 处，环向间距 300 mm，由测量队根据设计图纸位置放线管棚孔位，并用红油漆标记在掌子面上。管棚打设施工时先进行单序孔施工，再进行双序孔施工。

(3)管棚钻机安装

管棚钻机由工人文化宫站运送至博物馆站内，人工调整钻机位置，使钻头正对孔心，要求钻机架设必须平稳，固定措施应牢固，防止钻进时钻机摆动或倾斜影响钻孔质量。

(4)钻孔及管棚安装

本工程管棚施工方向由博物馆站向盾构机方向水平打设,管棚端头至盾构机停机位置时停止。钻孔利用管棚作为钻具,边钻进边安装。

钻机架设的同时在博物馆站内布置泥浆循环系统,接通泥浆循环管路进行钻进施工。钻进施工步骤如下:

①设备组装调试:钻机设备安装,电机、钻机、泵等测试;

②定位入孔:调整钢管轴线和标高,用已加工好的管棚做钻具,安装导向专用钻头;

③导向钻进:启动导向仪监控,随钻进加尺(方位、角度发生变化时),随时利用楔形钻头进行修正;

④冲洗液循环:入孔 1 m 后,开启泥浆(或高压风)护壁;钻进时,泵压应控制在 0.6 ~ 1.0 MPa,泵量为 10 ~ 30 L/min 为宜。保持中低压力;

⑤回次加尺:完成一节钢管施工后,安装次节钢管,丝扣拧紧并对接缝处进行焊接加固;

⑥导向钻进:技术人员随着钢管钻进必须时刻观察探头角度变化情况,角度偏差大于 0.5% 时,应及时纠偏。当纠偏无效且偏差大于 2% 时,应停止钻进,及时报告;

⑦管棚施工与设计长度偏差不大于 ±20 cm,钢管位置偏差不大于 30 cm;

⑧回取探头盒:单孔施工完成后,应立即通过外挂绳索将管内导向测量仪器收回并妥善保管;

⑨移至下一孔位:完成施工后应立即移动钻机至下一孔位进行定位施工。

(5)注浆施工

管棚打设完成后,末端采用 10 mm 厚钢板进行封堵并预留注浆口、注浆阀门,并对管棚与博物馆站结合部位进行封堵,防止跑浆、漏浆。

浆液的拌制要均匀,具有良好的流动性和黏稠度。如要求掺入水玻璃时,应先将水泥浆拌制好,按配比称量出水玻璃的质量,徐徐加入,并随加入随搅拌,搅拌工作不能停止,一直至注浆完毕为止。

注浆管头应密封性好,可控性好,操作简单,注浆效果满足设计要求。

注浆前关闭注浆机总阀,打开泄压阀,开启注浆机,浆液沿着注浆管进入,待浆液从泄压阀中冒出后,关闭泄压阀,打开总阀,开始注浆施工,注浆时各处连接均应密封良好,必要时在接头丝扣处绕一层湿润的细麻丝,以加强密封性。施工过程中严格按照交底顺序操作,严禁顺序倒置,喷浆伤人。

注浆前用清水试压管路,检查管路是否连接紧密,如有问题及时处理。为防止注浆时跑浆,孔口管与钢管端部应用较粘的素水泥浆封堵严密,待其凝结硬化后方可开始注浆。注浆结束后要及时清洗管路,防止残留浆液凝固堵塞管路。

注浆次序:注浆应由下向上间隔注浆(或根据监控数据改变注浆次序),如孔道内存在滞水,应先注有水的孔后注无水的孔,出现串管现象时,应放大间隔。

注浆参数:注浆采用水泥浆,前进式注浆,水泥浆水灰比 1:1,必要时可添加早强剂,如遇砂层,浆液采用水泥、水玻璃双液浆,注浆压力 0.5 ~ 1.0 MPa,施工时根据现场情况调整。

注浆结束:注浆过程中只要满足以下三个条件之一,即可认为单孔注浆达到设计的要求并可结束注浆。第一,注浆压力逐步升高,达到设计终压(0.5 ~ 1.0 MPa)稳定 10 min;第二,注浆量不小于设计注浆量的 80%；第三，进浆速度为开始进浆速度的 1/4。

2. 洞门破除

隧道洞门处施工需破除博物馆站原有围护桩，该部位结构受力复杂，施工方法应更为稳妥可靠，以保证此处土体在开挖过程中保持稳定。施工时由于破坏了整个结构受力使洞口位置处应力重新分布，极易导致该处土体失稳，故施工前在该位置处提前进行加固处理，具体办法是：

(1) 打设超前小导管预注浆固结地层。

在破除前，根据设计图纸位置进行放线，根据测量定位在洞门拱部位置打设超前小导管。

超前小导管预注浆加固施工。导管 ϕ42 mm，单根长 3.5 m，打设角度 10° ~ 15°，环向打设间距 0.3 m，注浆采用 1∶1 水泥浆，注浆压力 0.4 ~ 0.6 MPa。

(2) 围护结构破除。

超前小导管施工完成，开始进行围护结构破除。

以先上后下的方式分 2 步进行破除。围护桩保护层混凝土由风镐进行剥离，围护桩钢筋露出后，用切割机将围护桩钢筋切除，再将剩下混凝土凿除。

(3) 分部破除马头门。

搭设操作平台，破除分上下两台阶施工，故马头门破除分两步台阶施工。首先破除一步台阶马头门，进洞开挖支护，按照设计架立型钢钢架、喷混凝土；一步台阶进洞 5 m 后，破除二步台阶马头门，开挖第二层，架立型钢钢架、喷混凝土，洞室封闭成环。马头门处型钢钢架三榀联立，施工时预加工好三榀型钢钢架，按照测量放样切槽，准确的并排安放在马头门处。

3. 超前小导管施工

为保证开挖后具有足够的自立性和稳定时间，以便型钢钢架和喷射混凝土顺利施工，在每循环土方开挖前按设计图纸位置打设超前管棚及超前小导管，注浆加固地层。

超前小导管采用 $\phi 42 \times 3.5$，$L = 3.5$ m 焊接钢管，间距 0.3 m，沿拱顶 120°范围内打设，每 2 m 打设一环，外插脚 10° ~ 15°。超前小导管与锁脚锚杆与型钢格栅点焊连接。

注浆浆液采用单液水泥浆，水灰比 1∶1，注浆压力拟定为 0.4 ~ 0.6 MPa，实际数值根据现场实际情况调整。超前小导管施工工艺流程如图 5-9 所示。

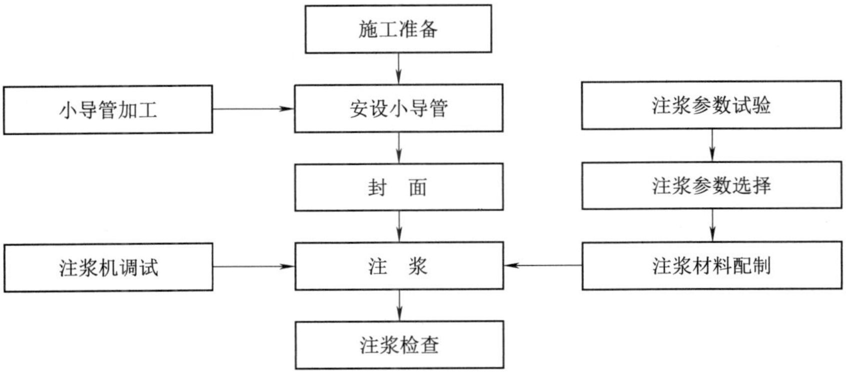

图 5-9　超前小导管施工工艺流程

(1)小导管制作

小导管前端做成尖锥形,尾部焊接 ϕ8 mm 钢筋加劲箍,管壁上每隔 15 cm 钻 4 排 6 mm 梅花型钻眼,眼孔直径为 6 ~ 8 mm,尾部长度不小于 60 cm 作为不钻孔的止浆段。在砂层中施工时,小导管尾部应设置止浆阀。小导管构造如图 5-10 所示。

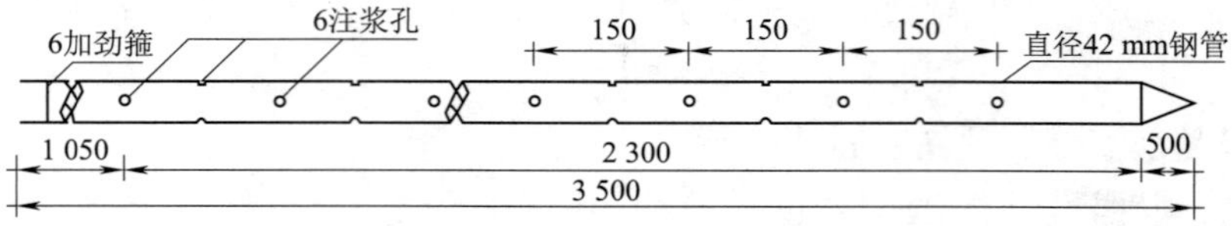

图 5-10　注浆小导管结构(单位:mm)

(2)导管安装

在安装好的型钢钢架上采用红油漆按照导管设计间距做好孔位标记,采用风钻钻孔,孔径较设计导管管径大 10 mm,倾角根据设计位置确定。成孔后将小导管按照设计间距从型钢钢架腹部打入,外露 20 cm 并牢固焊接在型钢钢架上,与型钢钢架共同组成预支护体系。

(3)导管注浆

注浆浆液采用单液水泥浆,注浆前先冲洗管内沉积物,单孔注浆压力达到设计要求值,持续注浆 10 min 且进浆速度为开始进浆速度的 1/4 时注浆结束,进行下一导管的注浆。

根据规范及设计要求并经现场实验,水泥浆配合比采用质量比 1∶1水泥浆,水泥采用 P·O 42.5普通硅酸盐水泥,注浆压力 0.4 ~0.6 MPa。注浆量根据现场地层情况确定。

注浆施工中及时准确填写注浆记录,随时分析和改进作业,并注意观察施工支护工作面的状态。

(4)注浆机具设备

小导管注浆机具设备见表 5-1。

表 5-1　小导管注浆机具设备表

序　　号	设备名称	规格型号
1	风　钻	
2	注浆机	KBY50/70
3	输浆胶管	ϕ25 mm
4	闸　阀	Q11SA - 16Dg - 25
5	压力表	0 ~ 2 MPa
6	储浆桶	自　制
7	配浆桶	自　制
8	孔口封闭器	自　制

(5)小导管注浆注意事项

①配制浆液时,操作工人戴胶手套、护目镜、防护帽,穿长筒胶鞋,不允许工人穿短袖上衣、短裤上班。

②注浆时,作业工人不准站在注浆口附近。

③发现压力表有异常情况时，停止注浆，查找故障。

5.2.3　开挖与支护

1. 隧道开挖

上台阶周边土方采用人工开挖，核心土及下台阶土方采用反铲开挖，开挖一环支护一环，严禁超挖、欠挖，如图 5-11 所示。上下两台阶开挖应拉开 3 ~5 m 步距，每开挖循环进尺为0.5 m。土方采用三轮车集中拉运博物馆站小里程端洞口处，由反铲将开挖的土方装电瓶车。通过博工区间左线由电瓶车运送至工人文化宫站并由工人文化宫站 16 t 龙门吊吊运至地表装车运走。

2. 型钢钢架及钢筋网施工

钢筋采用 HPB300、HRB400 钢筋，钢板、型钢采用 Q235 级钢。钢筋连接采用焊接时采用单面焊搭接长度不小于 10 倍钢筋直径，双面焊搭接长度不小于 5 倍钢筋直径。钢筋保护层要求不小于 35 mm。

图 5-11　台阶预留核心土开挖

型钢钢架在地面钢筋加工场冷弯分段制作，段与段之间采用钢板 + 螺栓连接。加工完试拼合格后，运至现场安装。型钢钢架施工工艺流程如图 5-12 所示，哈博区间暗挖段格栅钢架设计如图 5-13 所示。

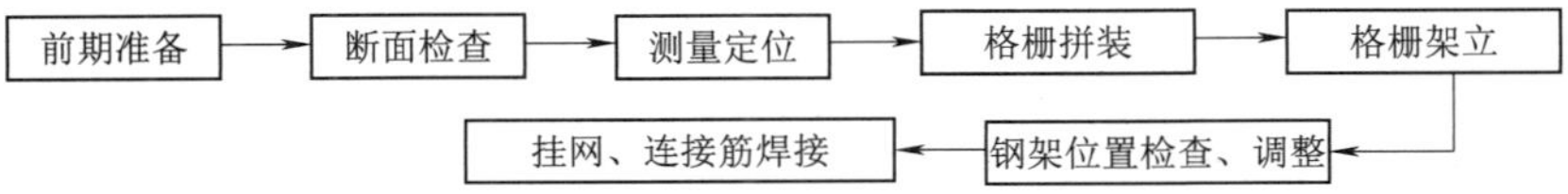

图 5-12　型钢钢架施工工艺流程

(1)型钢钢架制作

型钢钢架采用定型模具加工，模具根据设计图纸型钢钢架尺寸现场制作，模具制作完成后报监理验收，经监理验收合格后开始使用。型钢钢架加工应做到尺寸准确，弧形圆顺，钢架中心与轴线重合,接头处连接孔位准确。

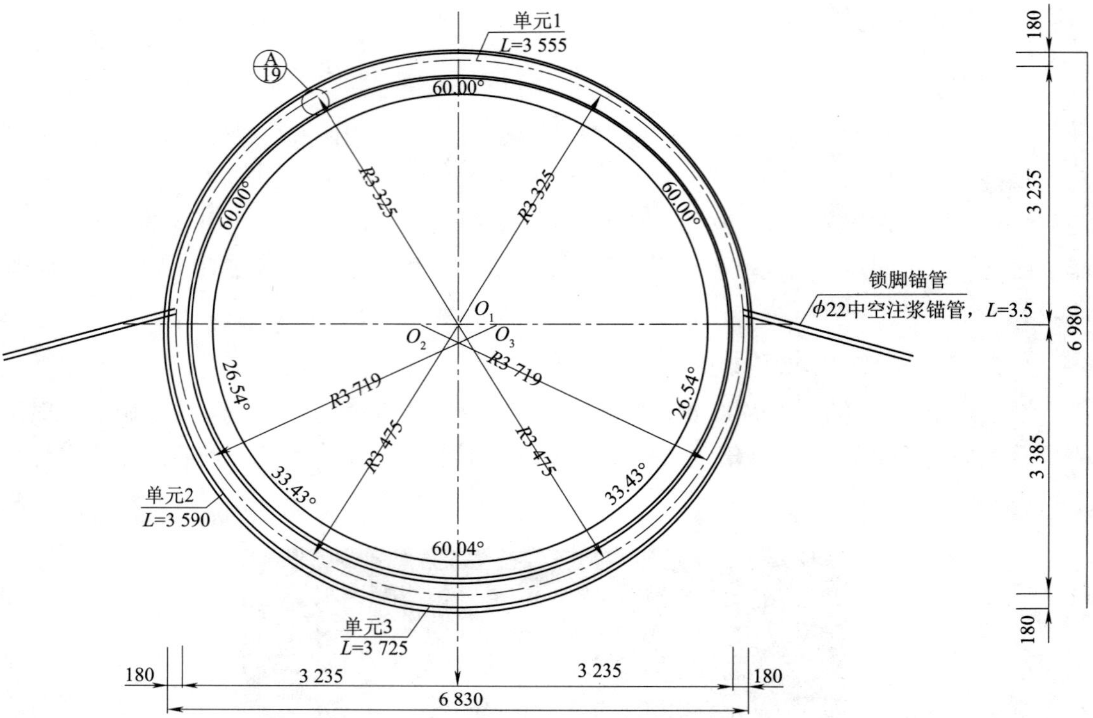

图5-13　哈博区间暗挖段格栅钢架结构图(单位:mm)

加工成型的型钢钢架弧形圆顺,允许偏差为:拱架矢高及弧长为±20 mm,架长为±20 mm。加工完的钢架应放在水泥地面上试拼。

型钢钢架组装后在同一个平面内,断面尺寸允许偏差为±20 mm,扭曲为±20 mm。

验收合格的钢架存放于成品区内,并粘贴合格标志,备用。

(2)钢架的安装

安装工作内容包括定位测量,安装前的准备和安设。首先测定出中线,确定高程,然后再测定其横向位置。运至现场的单元钢架分单元堆码,并挂牌标识,以防用错。安设前进行断面尺寸检查,及时处理欠挖部分,并将松碴清理干净,保证钢架正确安设,钢架下部垫上木板,防止钢架下沉或失稳。

钢架与掌子面土体之间紧贴,两榀钢架间沿周边设纵向连接筋,环形间距1 m,沿主筋内外双层交错布置,形成纵向连接体系,然后挂设钢筋网片,钢筋网片绑扎在钢架的设计位置,并与格栅钢架牢固连接,然后施作初期支护混凝土。

型钢钢架间连接采用螺栓连接,施工时应对先行施工的预埋钢板螺栓孔进行保护,采用油布包裹,防止被混凝土堵塞。哈博区间暗挖段格栅钢架连接节点如图5-14所示。

(3)钢筋网加工、安装

钢筋网片在地面加工场地分片制作,运至现场安装。用$\phi 8$盘条调直并除锈后,点焊成200 mm×200 mm网片。钢筋网片与格栅钢架连接牢固,网片搭接20 cm,并紧贴支护面并保持30 mm的保护层。

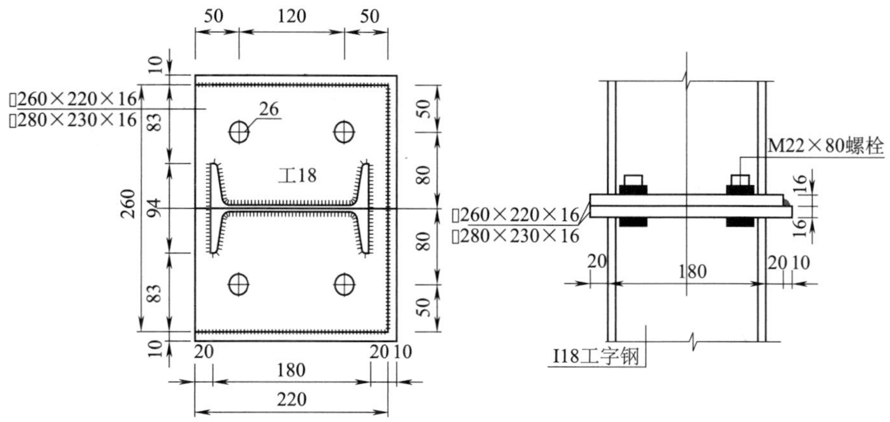

图5-14　哈博区间暗挖段格栅钢架连接节点图(单位:mm)

(4)钢架加工及安装质量要求

钢架加工及安装允许偏差见表5-2。

表5-2　钢架加工与安设误差要求

加工允许误差	矢高	弧长	
	+20 mm，−0 mm	+20 mm，−0 mm	
拼装允许误差	宽度	高度	扭曲度
	±20 mm	±30 mm	20 mm
安设允许误差	与线路中线位置	两榀钢架间距	垂直度
	横向±20 mm	±50 mm	5‰
备　　注	纵向±30 mm		

3. 锁脚锚杆施工

由于隧道台阶法施工开挖,拱部钢架安装后,暂时不能封闭成环,安全质量隐患大,锁脚锚管通过约束其沿洞轴方向的转动自由度,有利于限制围岩的变形,而且有助于支护结构承载力的发挥。

锁脚锚杆采用直径25 mm中空注浆锚杆,单根长3.5 m,与水平夹角20°。在隧道边墙部位设置2根,施工中若有必要,可按现场情况增加锁脚根数,确保拱架加固牢靠。

注浆浆液采用单液水泥浆,水灰比1∶1,注浆压力拟定为0.4~0.6 MPa,实际数值根据现场实际情况调整。

4. 喷射混凝土施工

(1)喷射混凝土配合比

钢架安装完成后,及时施作喷射混凝土,封闭围岩,形成强有力的支护结构。本工程中喷射混凝土强度等级为C25,喷射混凝土厚度为250 mm,喷射混凝土配合比根据试验确定见表5-3。

(2)喷射混凝土施工机具

配置强制式自动计量搅拌机1台,混凝土喷射机1台,20 m^3/min空压机1台。

表 5-3 喷射混凝土配合比

材料名称	水泥	砂子	石子	水	外加剂
品种规格	P·O 42.5	中砂	碎石 5~10 mm		
每立方米用量(kg)	467	777	746	210	23.35

(3)喷射混凝土施工工艺流程

喷射混凝土施工工艺流程如图 5-15 所示。

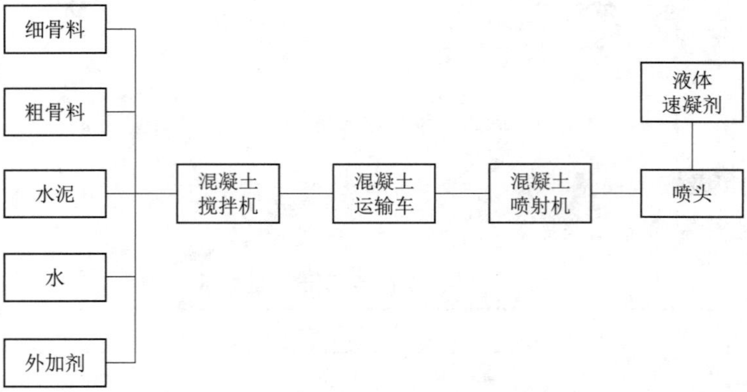

图 5-15 喷射混凝土施工工艺流程

(4)喷射混凝土施工方法

①喷射机安装好后,先注水通风清洁管道内杂物。同时用高压风吹扫受喷面,清除受喷面上的浮土、虚渣。

②喷射混凝土的混合料采用强制式混凝土搅拌机拌和,搅拌时间不少于 2 min,出料坍落度控制在10~14 cm,并保证连续供料。

③由两人共同操作喷头,喷射混凝土的喷射路线自下而上,呈"S"形运动。喷射时,喷头作连续不断的圆周运动,并以螺旋状前进,后一圈压前一圈三分之一。

④喷头距受喷面的距离 0.6~1.0 m,喷头与受喷面保持垂直,如遇受喷面被钢筋网片、格栅覆盖时,将喷头稍微偏斜 10°~20°。

⑤喷射厚度受混凝土进入喷射机的坍落度、速凝剂的效果、气温的影响,一次喷射厚度不超过 10 cm。

(5)喷射混凝土技术要求

①喷射混凝土施工前先按设计要求完成小导管注浆、钢筋网和格栅钢架的安装工作。喷射混凝土分层喷射,一次喷射厚度为 7~10 cm。后一层喷射在前一层混凝土终凝后进行,若终凝后 1 h 以上再次喷射混凝土时,采用风、水清洗受喷面。

②试验室负责优选喷射混凝土的配合比与现场控制,喷射施工前先进行试喷,试喷合格后再投入喷射施工。

③每次喷混凝土完毕后,即时检查厚度,若厚度不够需进行补喷达到设计厚度。

④坚决禁止将回弹料作为喷射料使用。

⑤坚决实行“四不”制度，即喷混凝土工序不完，开挖面不前进；喷混凝土厚度不够不前进；混凝土喷射后发现问题未解决不前进；监测结果表明不安全不前进。

5.2.4　人防混凝土拆除与初支背后注浆

1. 人防混凝土拆除

既有人防工程材质为混凝土，强度最高可达到 50 MPa，破除难度较大，为减少破除对地面的振动干扰，采用破碎锤和静态爆破两种破除方式进行。

（1）机械破碎

在小型挖机上安装一个振动锤，开挖时，遇到混凝土先用破碎锤打开一个缺口，察看人防洞门结构是否存在异常情况，作业人员进行废弃人防前，先用气体检测仪检查有害气体情况，确保正常方可进行洞内。查明洞门结构后确定破除方案，破除时采用从上至下方式进行，遇到钢筋和其他钢管等采用氧气切割。隧道范围内的人防工程破除完成后，在隧道开挖轮廓线外用红砖砌墙将既有人防进行封堵，然后再依次架立型钢格栅、挂钢筋网、喷射混凝土进行初期支护。机械破除人防工程混凝土如图 5-16 所示。

（2）静态爆破

把一些硅酸盐和氧化钙之类的静态爆破剂固体，加适量水后，搅拌成浆体，再灌入风钻所打炮眼内，发生水化反应，固体硬化，温度升高，体积膨胀可产生 30 ~ 50 MPa 的膨胀力，从而把混凝土涨破。采用 YT28 气腿式风钻造孔，静态爆破孔的直径为 $\phi42$，孔间距为 20 cm，排距为 15 cm。在隧道轮廓外缘用水钻取芯获取爆破所需临空面，确保静态爆破的效果，如图 5-17 所示。

2. 初支背后注浆

隧道开挖初支完成一定长度后进行初支背后回填注浆施工，注浆面与开挖掌子面间距离应不小于 2 m。初期支护背后回填注浆以初期支护与土层的密贴为原则，在初衬的拱顶和拱脚埋设注浆管，及时对初衬背后空隙进行注浆填充，初衬背后浆液采用 1∶1 水泥浆，注浆压力控制在 0.4 ~ 0.6 MPa。注浆孔布置：环向间距，起拱线以上为 2.0 m，边墙为 3.0 m，纵向间距 3.0 m，梅花形布置，注浆管采用 $\phi42$ mm，单根长 1 m。

图 5-16　机械破除人防工程混凝土

图 5-17　静态爆破

5.3 暗挖段与盾构相接区域施工技术

1. 人防空洞处理技术

地下人防区段从地面打设直径 100 mm 孔洞，将人防空洞用砂回填，然后采取注单液水泥浆方式将砂填充密实。

2. 暗挖段与盾构交界位置袖阀管加固技术

哈博区间右线隧道开挖进尺至 14 号盾构机刀盘 6 m 处停止施工，然后对盾构与暗挖交界处 6 m 范围进行洞内袖阀管加固，确保盾构机顺利由盾构隧道进入矿山法隧道，袖阀管注浆加固剖面如图 5-18 所示。

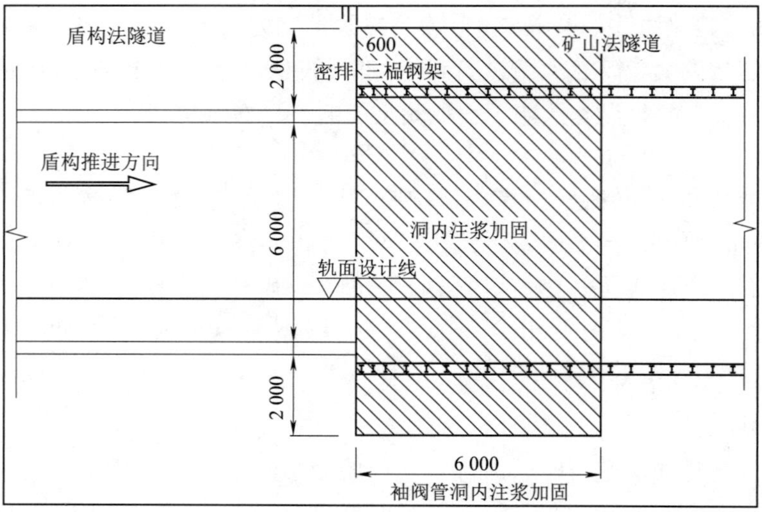

图 5-18 袖阀管注浆加固剖面图(单位:mm)

(1)施工流程

施工流程:测量定位→钻机就位→钻孔、配制套壳料→清孔→套壳料浇注→埋设袖阀管→开环→注浆。施工工艺流程如图 5-19 所示。

(2)袖阀管施工

袖阀管具体施工方法如下:

①测定孔位

严格按照设计图纸要求布孔，局部根据现场实际情况进行调整。

②钻机就位

钻机需平置于稳定坚实的地方，使钻杆对准孔位的中心，偏差不超过 5 cm。

③钻孔

洞内钻孔选用 XY-100 型钻机，针对较软土层采用合金钻具回转钻进方法成孔，钻孔采用 ϕ91 合金钻头、泥浆护壁钻进。钻进时必须严格控制钻压，保持钻进速度均匀和钻孔的垂直度。在钻孔的过程中要经常注意对钻杆设计轴线进行纠正。钻孔对中误差小于 5 cm，垂直度误差小于 1%。

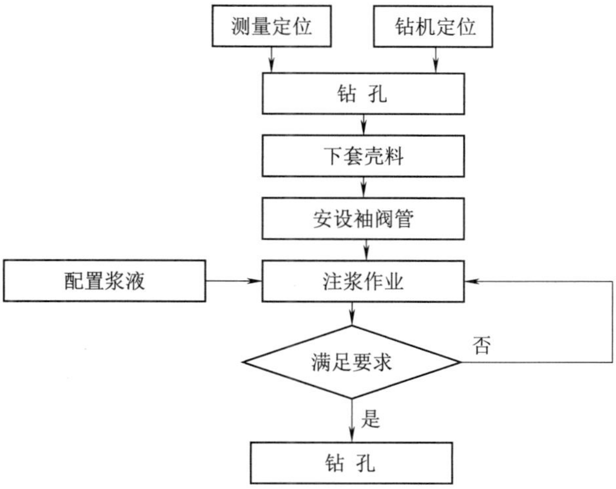

图 5-19　袖阀管注浆施工工艺流程

④清孔

在浇筑套壳料之前，应对钻孔进行清孔。先采用 ϕ91 钻具清出孔内大块径的沉渣，然后用泥浆进行清孔，泥浆的浓度以保证不塌孔为宜。清孔后，初步确定孔内沉渣厚度小于 10 cm后，才能进行套壳料浇筑。

⑤套壳料浇筑

套壳料一般由粉煤灰、膨润土、水泥加水搅拌而成，配合比采用水泥∶黏土∶水 = 1∶1.5∶1.88（重量比），黏土中不含沙砾等杂物。设套壳料配制站，用泵送至机台专门的浆桶里。放落钻机的钻杆至设计的深度，利用钻机的水泵，通过钻杆灌入套壳料浆液，直到套壳料浆液溢出孔外为止。

⑥埋设袖阀管

拔出钻杆，再将底端封闭的袖阀管，边下边往管内注满清水，节头用胶水粘好，压入孔内，直至预定深度，管端用压盖盖住，上面 2 m 用水泥砂浆封孔。

⑦开环

待套壳料养护 5 ~ 7 d 具有 75% ~ 80% 的强度后，通过泵送清水施加压力把套壳压裂，为浆液进入地层打开通路。

⑧采用较大的起始泵压，较短的升压间隔时间和较大的压力增值进行开环。泵压由小到大逐级施加，并测读每级压力相应的吸水量，直至套壳开始吸水破坏和压力泵压骤降。

⑨注浆工艺

浆液制备采用水泥标号：P·O 42.5 普通硅酸盐水泥，搅拌机搅拌，注浆过程中不停顿地缓慢搅拌，搅拌时间不小于浆液的初凝时间，浆液在泵送前需要筛网过滤。注浆前应进行注浆试验。

注浆方法采用跳孔间隔注浆的方式，宜采用先外围后内围的施工方法，对渗透系数相同的土层，首先应注浆封顶，然后自下而上进行注浆对于渗透系数随深度增加而增加，则宜自下而上注浆；对于互通地层来说，首先对渗透性或孔隙率大的地层进行注浆。

袖阀管注浆时，袖阀管每隔 35 cm 为一环注浆孔，即为一个注浆段，止浆塞采用双塞系统，一套塞子包含一环注浆孔。注浆时，要分段注浆，达到设计注浆压力后，注浆流量小于 1 ~ 2 L/min 时，即可结束注浆工作。

(3) 袖阀管施工参数

袖阀管施工参数列于表 5-4 中。

表 5-4　袖阀管施工参数表

项目名称	内　　容			备　　注
注浆孔直径	ϕ91 mm			
袖阀管外径	ϕ52 mm			
注浆方法	常规方法	注浆深度	2 m ~ 孔底	
注浆参数	水泥用量		200 kg	每延米
	黏土粉		20 kg	每延米
	水玻璃		2%	每延米
	泵　压		1.5 ~ 2.5 MPa	
	水灰比		1:1	暂　定
	注浆量(L/min)		30 ~ 40	
	注浆次数		1	

注：以上参数供参考，注浆量与注浆有效范围根据注浆试验具体情况确定。

(4) 袖阀管施工中注意事项

①袖阀管预埋注浆管要重点保护以便能重复注浆。

②进浆速度为 30 ~ 70 L/min 为宜，并可根据现场施工情况进行适当调整。

③注浆过程中要随时观察注浆压力及注浆泵排浆量的变化，分析注浆情况，防止堵管、跑浆、漏浆。做好注浆记录，以便分析注浆效果。

④注浆结束条件：注浆各孔段均应达到设计要求并稳定 10 min，且进浆速度为开始进浆速度的 1/4。

⑤若注浆过程中若发现有基础隆起现象，应降低注浆压力或采用间歇注浆，直到停止注浆。

⑥注浆过程中应密切监控房屋基础变位情况，一旦发现变位过大，应立即停止注浆，分析原因再进行下一步工作。

⑦钻孔不得采用清水钻进。易造成孔壁局部坍塌，套壳料在坍塌处形成大鼓包，使该处的开环压力增大甚至不能开环。

⑧严格按配合比配制套壳料，根据地层调整套壳料配合比，高强度套壳料不利于开环，低强度套壳料却容易使浆液向上串冒浆。

⑨钻孔要保持垂直，因钻孔偏斜较大，使同一断面处的套壳厚薄不等，导致很不均匀的开环。

⑩钻孔护壁泥浆要专门管理，因护壁泥浆质量较差，形成厚而松软的孔壁泥皮，套壳开

环后成为浆液上串的通道。

⑪袖阀管埋设，接管抹胶水时要等上 30 s，才能放下一节管，以防袖阀管接头处松动、开裂、倾斜，导致止浆塞不易上下，甚至不能拔出。

⑫钻孔布置应注意避开管线，亦不能破坏既有基础；施工过程中需注意注浆时对地下管线的影响。

(5)盾构段与暗挖段相接区域处理措施

盾构段与矿山法隧道接口段 6 m 范围内土体开挖分上下台阶进行，上台阶开挖至分界里程后，喷射 C25 早强混凝土封闭掌子面，厚度为 1 m，再开挖下台阶至分界里程，采用喷射 C25 早强混凝土封闭掌子面。混凝土墙纵剖面如图 5-20 所示。

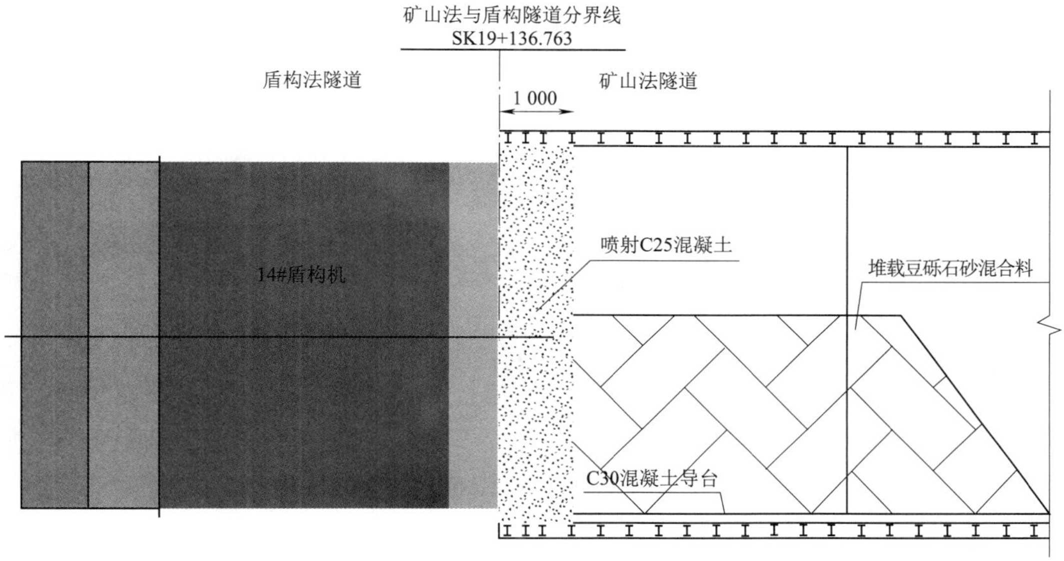

图 5-20　混凝土墙纵剖图(单位:mm)

5.4　横通道施工技术

左线人防工程处理需要通过两线之间的横通道进行，横通道开挖应力集中风险比较高，为异形断面施工难度大，开挖时严格按照矿山法施工规范要求施工，采用台阶法预留核心土方式开挖，初期支护必须及时封闭成环，开挖循环进尺不得大于 50 cm，中间设临时仰拱，端头用初期支护封闭。

5.4.1　横通道马头门施工

1. 超前支护

在开挖轮廓线外拱顶 150°范围 17 根打设 ϕ108 大管棚，环向间距 0.3 m，管棚长度为 6 m，管棚之间打设 ϕ42 注浆小导管。打设管棚和小导管时，采用水钻引孔，以避免打设管棚和小导管时碰到初期支护型钢格栅和正线的大管棚，如图 5-21 和图 5-22 所示。

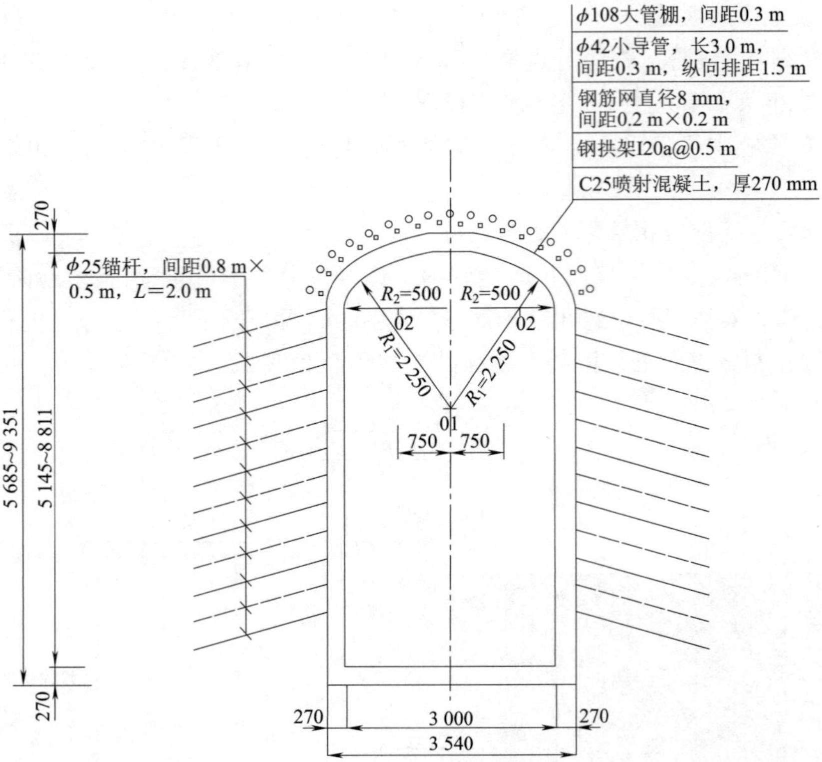

图 5-21 两线之间横通道横断面(单位:mm)

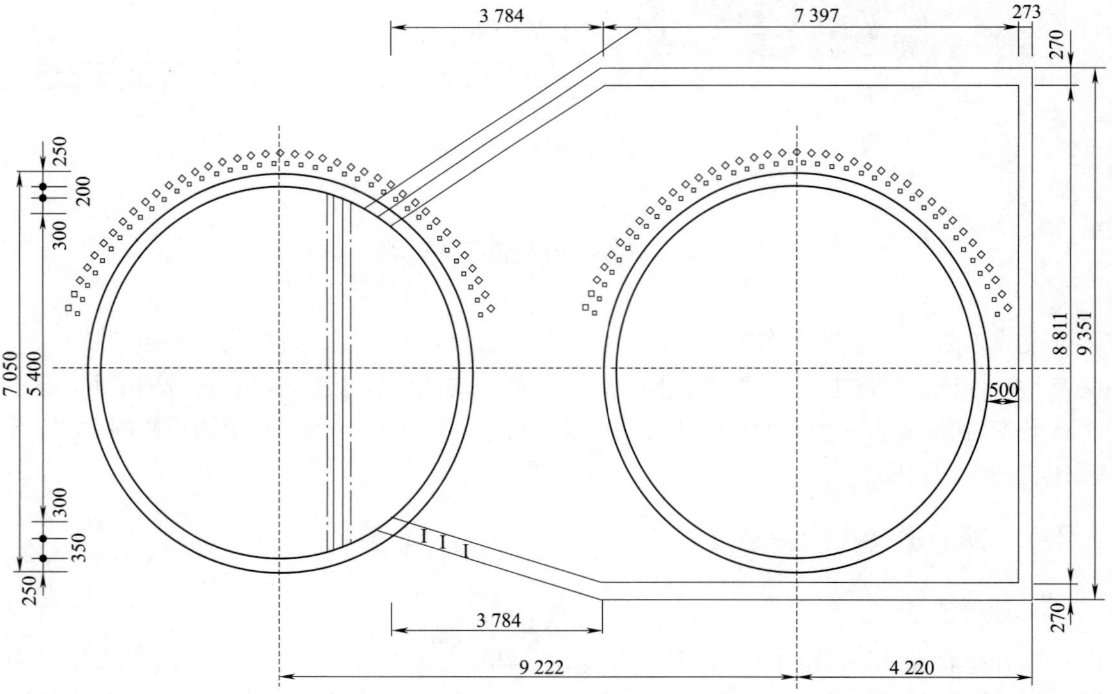

图 5-22 横通道纵断面(单位:mm)

2. 正线初期支护加固

在已开挖成型的右线隧道用 I25b 型钢搭设两榀门字形钢架梁进行临时加固支撑，第一榀型钢支撑框架梁距离右线线路中线为 900 mm，两榀门字型钢中心间距为 300 mm，门字形框架梁如图 5-23 所示。

3. 马头门施工

（1）分步破除横通道处右线左侧初期支护喷射混凝土和型钢格栅，先按照横通道断面尺寸在喷射混凝土表面画出轮廓线，测量密排三榀钢架的范围，首次破除影响范围内即横通道截面上下部分初期支护混凝土，然后切割已经暴露的支护型钢，及时架立横通道首榀型钢钢架，首榀钢架必须与正线切除的各榀钢架进行牢固焊接。

（2）待首榀型钢钢架上下部焊接牢固，并与正线初期支护形成整体后，开挖横通道的上部和下部需要联立两榀钢架距离的土方，并及时架立两榀型钢钢架，然后再将三榀型钢格栅纵向用 $\phi22$ 螺纹钢筋焊接连成整体，纵向连接筋环向间距为 1 m，用 C25 喷射混凝土将上下开挖面封闭。

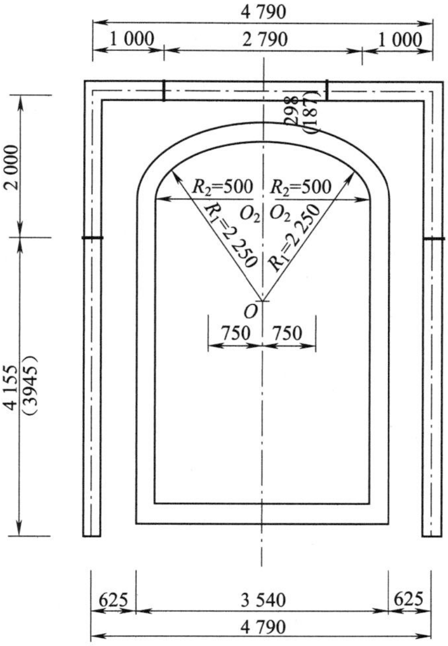

图 5-23　门字形框架梁结构（单位：mm）

（3）按照开挖循环进尺距离依次对中间剩余部分的初期支护混凝土和型钢钢架进行破除和切割，开挖土方，每开挖 0.5 m，及时架立型钢钢架，纵向用 $\phi22$ 螺纹钢筋焊接连成整体，纵向连接筋环向间距为 1 m，内外交错布置，然后喷射 C25 早强混凝土封闭，直至完成 5 榀钢架方可完全进入横通道按照台阶法预留核心土施工。

由于正线为圆形断面，首榀钢架距离正线开挖轮廓线为 2.85 m，按照横通道的钢架尺寸其直墙钢架将侵入盾构隧道范围内，影响盾构掘进施工，有影响的型钢钢架共 7 榀，在左线矿山法和横通道开挖完成并回填后拆除，同时拆除右线两榀临时支撑框架梁，确保盾构空推顺利实施。

5.4.2　横通道开挖

横通道设计为纵向"喇叭口"形状的马蹄形断面，最小开挖高度为 5.685 m，最大开挖高度为 9.351 m，7 m 以内按两台阶开挖，7 m 以上按三台阶法开挖，上台阶预留核心土施工，在断面逐渐加高至 7 m 后再加设临时仰拱。土方开挖施工时，上台阶拱部需要向上挑挖，下台阶底部需要向下深挖，直至达到设计尺寸要求。

台阶开挖为短台阶法，开挖时首先进行上台阶开挖，上台阶采用人工开挖，台阶纵向长度控制在 3～5 m。掌子面按 1∶4放坡开挖，环形开挖中间预留台状核心土，核心土高度由洞室高度确定，距左右初支 0.8 m，沿横通道掘进方向长度为 1.5 m，面积不得小于断面的1/2，核心土的形状在保证维持掌子面稳定的前提下，兼作为工作平台，以便于进行型钢钢架安装、喷射混凝土操作为宜。开挖过程中用激光指向仪控制开挖中线及水平标高，确保开挖断面圆顺，开挖轮廓线应充分考虑施工误差、预留变形和超挖等因素的影响，不得欠挖或超挖。

上台阶开挖后先喷 3 cm 厚 C25 早强混凝土封闭拱部裸露面。安装拱部型钢钢架，钢架拱脚处用木楔将拱脚与土层顶紧，并在每榀钢架每边拱脚处打设 2 根锁脚中空注浆锚杆，下倾角为 30°，长度 3 m，右侧洞门环范围内的锚杆需要拔除，可将锁脚锚杆缩短至 1.5 m，便于下一步洞门环内初期支护拆除时拔出。中空锚杆注浆浆液采用 1∶1单液水泥浆固结，锚杆尾部用 L 筋与型钢钢架翼缘焊接牢固。钢架之间纵向采用 ϕ22 mm HRB400 钢筋焊接为整体，环向间距为 1 m，内外交错布置。钢架间铺设一层 ϕ8HPB300@200 mm×200 mm 钢筋网。上述工序完成后，复喷 C25 早强混凝土至设计厚度，形成初期支护。

中台阶和下台阶采用小型挖掘机开挖为主，人工修整边缘为辅，严格控制开挖进尺，每开挖一个 0.5 m 循环进尺及时架立型钢钢架、挂钢筋网、喷射混凝土封闭。

5.4.3 封端

横通道开挖至端头时及时架立最后一榀型钢钢架，全断面内架立横向连接型钢，型钢采用 I20a 工字钢，并与最后一榀工字钢焊接牢固，型钢间距为 750 mm，全断面挂双层 ϕ8@200 mm×200 mm 的钢筋网片，打设 ϕ25 中空注浆锚杆，长度为 3 m，锚杆间距为 750 mm×750 mm，采用梅花形布置，喷射 C25 早强混凝土，厚度为 270 mm，如图 5-24 所示。施工时，应按照台阶所开挖的顺序及时进行封端，即上台阶开挖完成后立即封闭上台阶掌子面，中台阶施工完成后立即封闭中台阶掌子面，最后完成下台阶掌子面的封闭。

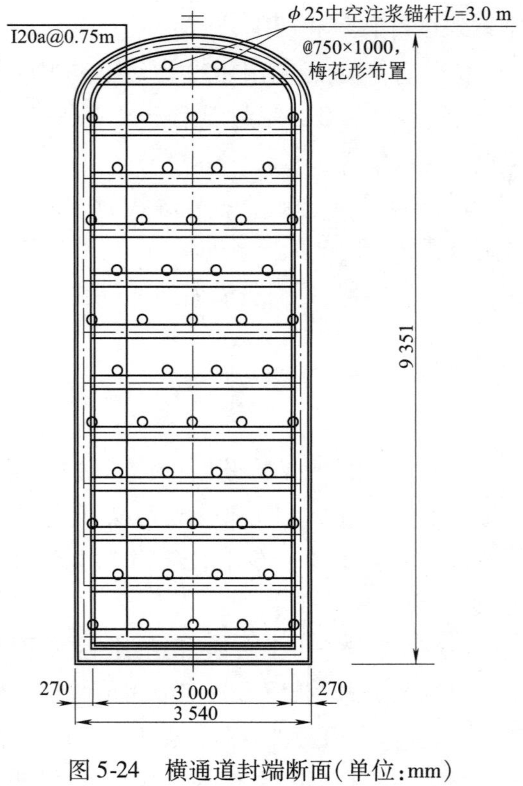

图 5-24　横通道封端断面(单位:mm)

5.5　区间左线隧道矿山法施工技术

5.5.1　马头门施工

横通道施工完成后，用 I18 工字钢加工两个洞门钢环，其结构尺寸与正线初期支护型钢钢架一致，上半圆为三个标准节，长度为 3 555 mm，下半圆由 2 个 3 590 mm 和底部 1 个 3 725 mm节段组成，如图 5-25 所示。

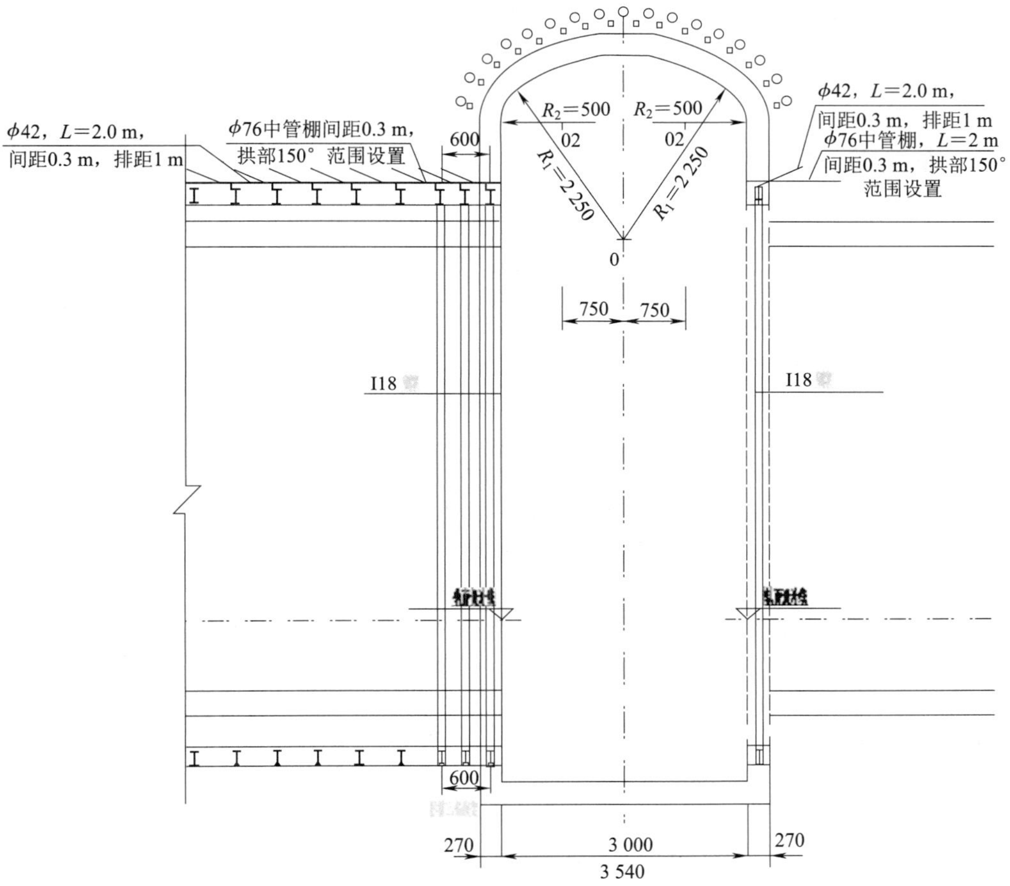

图 5-25　左线隧道纵剖面（单位：mm）

1. 大里程洞门施工

在横通道右侧隧道范围内，从上至下依次破除初支混凝土和切除横通道边墙型钢钢架，破除范围大小需要按照型钢钢架节段大小分块进行，先破除初支混凝土，然后切割钢架，同时将废弃锚杆拔除。每完成一个节段初支的破除及时安装相应节段的型钢钢架，并与已切割的横通道边墙初支钢架焊接牢固。然后分左右同步依次拆除单元 2 节段范围的初支，并及时安装节段型钢钢架，节段钢架与已切割的初支钢架焊接牢固，最后破除剩余部分初支，安装底部节段型钢钢架并焊接牢固，分层素喷混凝土 250 mm 厚封闭掌子面。

2. 左侧洞门施工

在需要人工破除既有人防工程的一侧即左侧，先进行上半圆环的马头门施工，首榀上半圆环施工完成后，按照台阶法预留核心土施工方法，开挖两榀型钢钢架间距长度，联立两榀型钢钢架，与首榀钢架形成密排的三榀钢架，其长度为600 mm，纵向采用 ϕ22 HRB400 钢筋焊接为整体，环向间距为1 m，内外交错布置。当上半圆型钢钢架安装完成后，在连接板上方靠近钢架打设2根 ϕ25 中空注浆锚杆作锁脚锚杆，锚杆长度为3.5 m，及时注入1∶1纯水泥浆。锚杆与钢架用"L"形钢筋进行焊接，使上半圆钢架整体受力良好。然后再挂 ϕ8@200 mm×200 mm 钢筋网并喷射C25早强混凝土厚270 mm，完成上台阶马头门施工。上台阶按照预留核心土施工方法开挖至洞口5 m时，开始进行下台阶马头门施工，依次破除下半圆左右两侧单元2节段范围的初支，及时安装单元2节段型钢钢架并焊接牢固，最后拆除剩余部分初支，安装底部节段型钢钢架并与已切割的边墙钢架焊接牢固。

5.5.2　左线隧道施工

1. 超前支护

在横通道内打设 ϕ78 mm 管棚，管棚长度为18 m，每节钢管长度分别为1 m、2 m，采用套丝连接，相邻管棚之间的接缝错开。管棚打设采用一次性跟管钻孔技术，管棚设置在开挖轮廓线外0.35 m处，环向间距为300 mm，具体施工工艺同超前支护施工。

2. 土方开挖

土方开挖采用短台阶预留核心土施工方法，上下台阶以圆心为分界点，上台阶采用人工开挖，下台阶采用小型挖机开挖。台阶长度为3～5 m，开挖循环进尺为0.5 m，每开挖一环及时支护型钢格栅、挂钢筋网、喷射C25早强混凝土。格栅钢架采用I18工字钢弯曲制作而成，钢筋网片为 ϕ8@200 mm×200 mm 钢筋网，喷射混凝土厚270 mm。上台阶钢架底脚处打设 ϕ25 中空注浆锚杆2根，锚杆与钢架采用"L"形钢筋进行焊接牢固。

3. 人防工程破除

既有人防工程材质为混凝土，强度最高可达到50 MPa，破除难度较大，为减少破除对地面的振动干扰，采用破碎锤和静态爆破两种破除方式进行。

(1)机械破碎

在小型挖机上安装一个振动锤，开挖时，遇到混凝土先用破碎锤打开一个缺口，察看人防洞门结构是否存在异常情况，作业人员进行废弃人防前，先用气体检测仪检查有害气体情况，确保正常方可进行洞内。查明洞门结构后确定破除方案，破除时采用从上至下方式进行，遇到钢筋和其他钢管等采用氧气切割。隧道范围内的人防工程破除完成后，在隧道开挖轮廓线外用红砖砌墙将既有人防进行封堵，然后再依次架立型钢格栅、挂钢筋网、喷射混凝土进行初期支护，破碎锤施工如图5-26所示。

(2)静态爆破

把一些硅酸盐和氧化钙之类的静态爆破剂固体，加适量水后，搅拌成浆体，再灌入风钻所打炮眼内，发生水化反应，固体硬化，温度升高，体积膨胀可产生30～50 MPa的膨胀力，从而把混凝土涨破。采用YT28气腿式风钻造孔，静态爆破孔的直径为 ϕ42，孔间距为20 cm，排距为 15 cm。在隧道轮廓外缘用水钻取芯获取爆破所需临空面，确保静态爆破的效果。静态爆破钻孔如图 5-27 所示，静态爆破效果如图 5-28 所示。

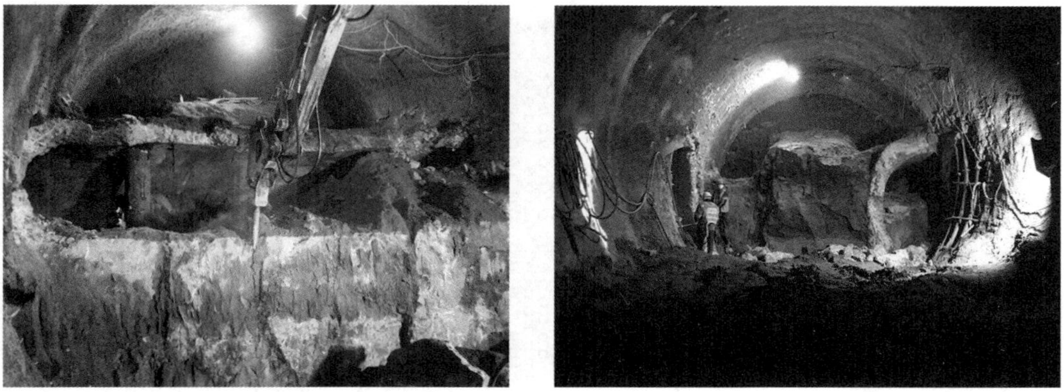

图 5-26　破碎锤施工示意

图 5-27　静态爆破孔示意

图 5-28　静态爆破试验效果

4. 封端

人防工程混凝土处理完成后，隧道暗挖最后一道工序就是封闭掌子面，掌子面是下步盾构穿越的关键，开挖过程中，随着上半圆断面的开挖结束而随时将上台阶的掌子面用 C25 素混凝土喷射封闭，下台阶掌子面与最后一环初支同步完成，用 C25 喷射素混凝土进行封闭。

5.5.3　左线隧道及横通道回填

左线隧道开挖并封端完成后，采用由里向外后退式回填方式，对矿山法隧道左线及横通道进行人工回填，回填材料采用开挖土体装编织袋，人工扛运到回填地点，人工堆码，空隙采用砂进行填充，填充密实不得有空洞存在。由于隧道和通道开挖断面较大，回填采用分台阶的方式进行，台阶高度不得超过 1.5 m，台阶宽度不小于 2 m。回填如图 5-29 所示。

当横通道回填至横通道口时，暂停通道的回填工作，待右线空推回填至通道口时，拆除右线通道口的框架梁加固支撑，拆除通道口处影响盾构推进的通道边墙 7 榀支撑钢架，同时回填右线与通道口，封闭横通道口，完成通道回填。

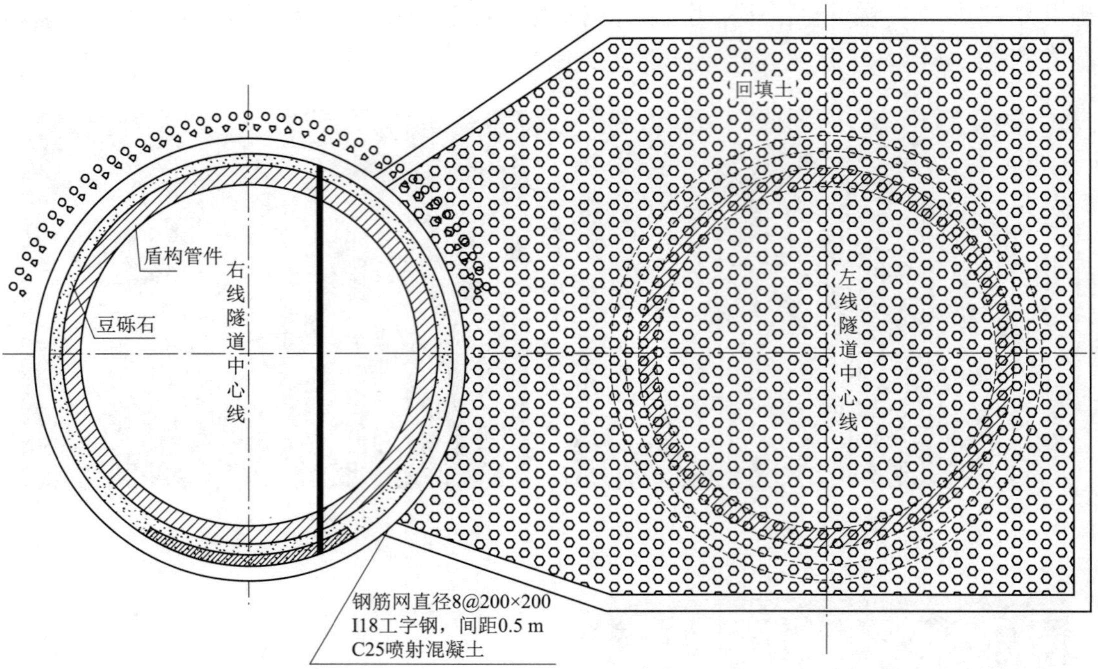

图 5-29　矿山法隧道回填示意(单位:mm)

5.6　盾构过矿山法隧道施工技术

1. 断面测量

盾构机沿矿山法隧道轴线推进时可能因盾构姿态欠佳、矿山法隧道欠挖等原因造成刀盘与矿山法隧道初支相撞,严重时可能产生刀盘因局部受力而变形、盾体被隧道初支卡死、隧道初支被刀盘破坏等情况。为此,盾构机进入矿山法隧道之前,采用全站仪对矿山法隧道进行全断面复测,目的如下:

(1)检查矿山法隧道初支净空尺寸偏差、断面是否符合设计要求,凡欠挖断面一律提前凿除,并复喷混凝土后进行整平处理,以满足盾构空推施工要求。

(2)检查矿山法隧道轴线偏差是否符合设计要求,以确保盾构空推完成后的隧道轴线偏差满足设计要求。

(3)分析矿山法隧道初支净空尺寸偏差、椭圆度、轴线平面位置偏差及标高偏差等扶持数据,通过数据拟合,计算出与隧道设计轴线偏差最小的盾构空推施工轴线,最后计算出导台施工放样数据,要求导台轴线、标高与图纸设计的隧道轴线偏差不超过 +5 mm。

矿山法隧道初期支护后、盾构导台施工前,应对隧道进行完工验收,复核。对隧道的中线和高程、超挖值、喷射混凝土质量等方面进行验收,特别是对隧道断面进行一次联系测量,形成矿山法隧道完工测量成果,为盾构顺利空推提供数据。

2. 盾构机与暗挖段相接区域处理措施

盾构机与矿山法隧道相接处,为避免盾构机空推时因土体扰动造成顶部坍塌,在盾构机刀盘前方采用砖砌体砌筑一道宽 1.0 m 砂浆墙，墙体设置前后两道(24 砖墙)，中部灌注 M7.5 砂浆，砂浆灌注随墙体砌筑进行，随砌随灌，砂浆墙及回填土剖面如图 5-30 所示。砂浆墙前方矿山法隧道内埋填长度不小于 10 m 土体，盾构机正常掘进出相接段。

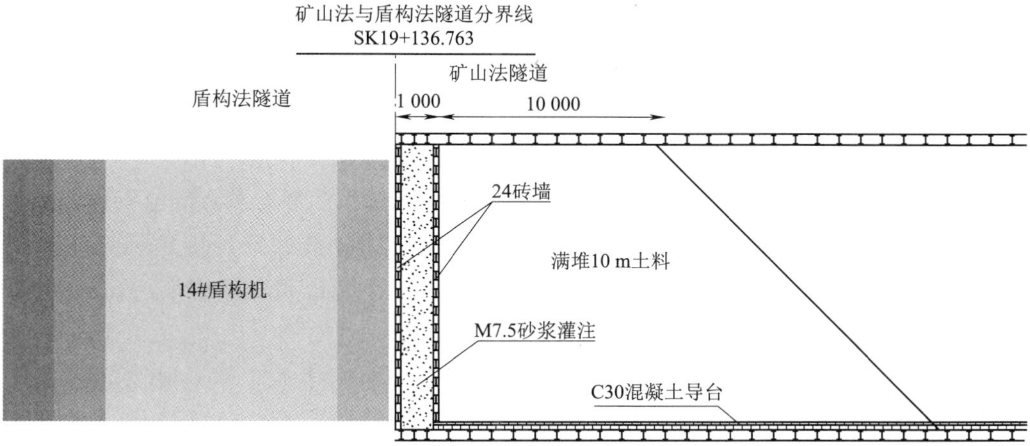

图 5-30　砂浆墙及回填土剖面图(单位:mm)

3. 导台施工

根据施工图设计，在矿山法隧道初支仰拱 60°范围内施作半径 R = 3 350 mm(内弧)、厚度 150 mm 的圆弧形钢筋混凝土导台，混凝土标号 C30。

导台混凝土为保证浇筑后弧线平顺、弧面平整，混凝土拉模浇筑，模板采用 I22a 型钢，两侧导轨采用 ϕ20 圆钢，导台施工照片如图 5-31 所示。

图 5-31　导台施工照片

导台浇筑顺序自盾构段与暗挖段交接处向博物馆站方向浇筑，25 m/段。导台圆心要与隧道中心重合，沿隧道轴线方向的纵坡与隧道纵坡相同。盾构导台施工完成后应进行校核，对导台弧面、轴线、高程等进行验收，准确无误后方可进行盾构空推施工。施工完成后对导台结构进行复测，对不符合要求部位进行处理，以免盾构机空推时盾构姿态起伏不定，影响管片拼装质量。

4. 拆除边缘刮刀

盾构机自盾构隧道穿过砂浆墙及 10 m 满填土后，为防止盾构空推过程中刀盘边缘刮刀磕碰导台，导致导台破损，盾构空推前拆除边缘刮刀。盾构机穿越砂浆墙后继续向前掘进时，将导致刀盘前方反力不足，届时将后方 15 环管片采用槽钢拉紧。

5. 盾构空推准备

盾构机空推过矿山法隧道前，在刀盘前方堆存豆粒石和砂混合料（导台范围内回填沙土），堆载体长度约为 6 m，混合料共计约 103 m^3，填充标准按照圆形隧道直径平均超挖 10 cm考虑。矿山法隧道净空直径 6 500 mm，管片外径 6 000 m，每环填充量约 6 m^3，故盾构通过矿山法隧道 147.6 m 回填豆砾石及砂混合料总量大约需要 840 m^3。

豆砾石及砂混合料采用搅拌机拌和，自工人文化宫站通过电瓶车运至博物馆站内，再采用反铲装三轮车运输至暗挖隧道内进行堆填。豆粒石堆填面布设一台反铲，不足时及时补充堆填，超填时采用反铲清除部分填料。

6. 推力计算

空推推力必须满足两个要求，一是大于止水条的最小挤压力 3 000 kN，以保证隧道防水效果；二是推力不能过大，避免刮坏导台，撞上初支面出现安全问题。

由于隧道是采用矿山法先行开挖支护后，在刀盘前方回填豆砾石以提供反力，计算时大致按全部松土压力作用于刀盘面板上，并且在矿山法开挖支护后没有水作用于盾体。刀盘前方豆砾石计算长度大致折算为半断面堆填 6 m，则盾构机的反作用力计算如下：

①推进时混凝土导台对盾构机的摩擦阻力

$$F_1 = \mu_{摩} \times W_g = 0.3 \times 5\ 448.8 = 1\ 634.64(\text{kN})$$

式中 W_g——盾构及附属物总重，取 5 448.8 kN；

$\mu_{摩}$——摩擦系数，取 0.3。

②回填豆砾石受到的摩擦阻力

$$F_2 = \mu_{摩} \cdot \left(\frac{\pi D^2}{4}\right) \cdot L \cdot \gamma_{土} \cdot g \cdot K = 0.3 \times \left(3.14 \times \frac{6.25^2}{4}\right) \times 6 \times 1.86 \times 9.8 \times 0.83$$
$$= 835(\text{kN})$$

式中 L——回填豆砾石的长度，取 6 m；

K——土的松散系数取 0.83；

$\gamma_{土}$——豆砾石的容重，取 18.6 kN/m^3；

D——盾构机的直径 6.25 m。

③盾构支撑土体所受的轴向阻力

$$F_3 = S \cdot P = \left(\frac{\pi D^2}{4}\right) \cdot \gamma_{土} \cdot g \cdot \frac{D}{2} \cdot K_g = \left(\frac{3.14\ 6.25^2}{4}\right) \times 1.86 \times 9.8 \times \frac{6.25}{2} \times 0.39$$
$$= 340.61(\text{kN})$$

式中 S——盾构机截面积；

P——盾构中心土压力；

K_g——土的侧压力系数。

④盾尾刷与管片之间的摩擦阻力（以2环管片计算）

$$F_4=\mu_{摩}\times 2\times W_{管}=0.5\times 2\times 158=158(\text{kN})$$

其中，摩擦系数 $\mu_{摩}$ 取0.5；每环管片重力 $W_{管}$ 158 kN。

⑤后配套台车的牵引阻力

$$F_5=\mu_{摩}\times W_{拖}=0.5\times 1\ 932=966(\text{kN})$$

其中，摩擦系数 $\mu_{摩}$ 取0.5，后配套拖车重力 $W_{拖}$ 取1 932 kN。

因此，土压平衡掘进时提供盾构反作用力总计为

$F=F_1+F_2+F_3+F_4+F_5=1\ 634.64+835+340.61+158+966=3\ 934.25(\text{kN})$。

$F>$ 止水条挤压力3 000 kN，故前方堆豆砾石满足管片止水要求。

7. 盾构机空推

（1）盾构机空推参数控制

盾构在导台上空推时采用敞开模式推进。推进过程中密切注意盾构机刀盘周边与初衬、成环管片与盾尾间的间隙，推力300~600 t，速度20 mm/min以内。盾构机空推过程中推力较小，千斤顶油压低，盾构机推进时，每个分区采用1台千斤顶顶在管片上即可，以控制推进过程管片变形。

（2）管片拼装

盾构空推过矿山法隧道时管片拼装采取错缝拼装，管片拼装工艺与正常掘进时工艺相同，管片选型时，要根据盾尾间隙、推进油缸行程及盾构机姿态合理选择管片拼装点位。

（3）螺栓复紧

由于盾构到矿山法隧道时推力较小，空推前最后几环管片环与环之间连接不够紧密，因此需做好后15环管片的螺栓紧固和复拧紧工作。

管片安装完后及时做好管片螺栓的三次复紧工作：管片拼装成环时，对螺栓逐片初次拧紧；脱出盾尾后再次拧紧；当后续盾构掘进至每环管片拼装之前，对相邻已成环的3环范围内管片螺栓进行全面检查并复紧。

（4）管片定位

为保证管片拼装质量，防止拖出尾盾的管片上浮、下沉和扭转，对管片进行定位处理。采用风动凿岩机通过管片吊装孔先进行引孔，孔深约80 cm，再用风动凿岩机将80 cm长的钢钎打入引好的孔内，钢钎与管片吊装孔处利用快干水泥封堵连接。钢钎选用32mm的螺纹钢。每3环做一次管片定位，定位点选在管片2、4、8、10点四个吊装孔位置。

（5）喷射混合料

空推过程中及时进行管片与矿山法隧道初支面间隙回填。豆砾石和砂混合料在工人文化宫站拌和站拌和，电瓶车拉运至博物馆站内，再采用农用三轮车转运至矿山法隧道内。采用混凝土喷射机从刀盘前方向管片背后吹入粒径为5~10 mm的豆砾石和砂混合料，填充管片与隧道初期衬砌之间的间隙。豆砾石和砂混合料堆喷射管路固定在盾体上方2、10、12点位置，采用直径56 mm，长度9 m的钢管，如图5-32和图5-33所示。

喷射机置于刀盘前方，气管经人仓连接至盾构机的空压机。盾构机向前推进时，派专人

在盾构机前方检查,主要监控矿山法隧道是否有欠挖,检查盾构机周边回填豆粒石及浆液是否泄漏,检查导台是否有破损或盾构机是否偏离导台,发现异常情况利用与盾构机操作手沟通,保证密切配合。

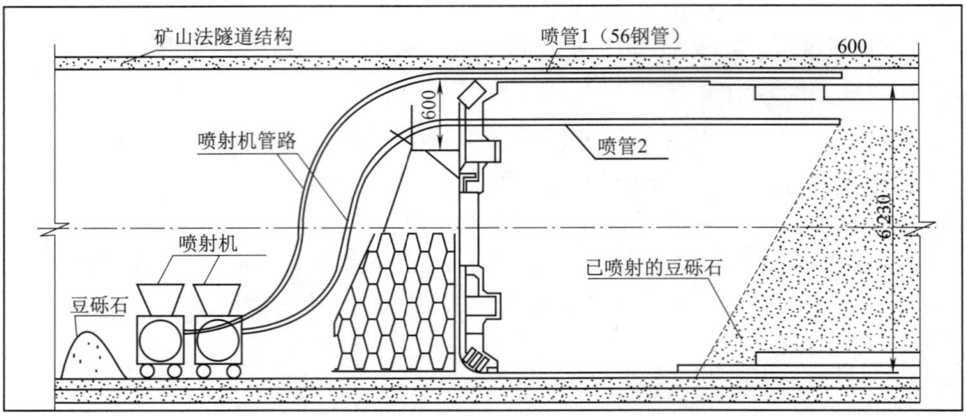

图 5-32　盾构空推喷豆砾石施工示意(单位:mm)

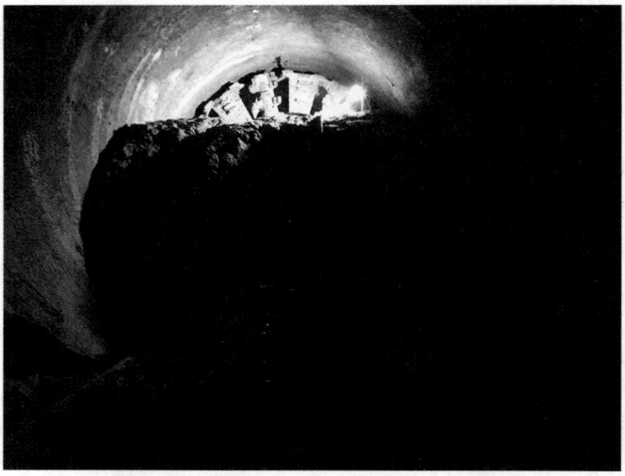

图 5-33　盾构空推喷豆石施工

(6)同步注浆

盾构空推过程中同时进行同步注浆,其配比见表 5-5。初支与管片间填充豆粒石,孔隙率约为 40%。初支与管片间每环填充豆粒石量约 7 m^3,豆粒石间孔隙采用同步浆液回填,则每环同步注浆量约为 2.8 m^3。同步注浆过程中,同步注浆压力根据现场实际情况严格控制,以浆液不串入前方包裹盾体为准,一旦发现刀盘前方有浆液冒出,立即停止同步注浆。同步注浆滞后管片拼装 4 ~5 环,利用管片吊装孔注浆。

表 5-5　水泥砂浆配比(kg/m^3)

编　号	材料名称	单　位	数　量
1	水	kg	312
2	细　砂	kg	880

续上表

编　号	材料名称	单　位	数　量
3	水　泥	kg	200
4	粉煤灰	kg	400
5	膨润土	kg	50
6	减水剂	kg	5

(7)二次注浆

豆砾石和砂混合料回填后存在不饱满现象,在管片脱出盾尾 10 ~ 15 环后进行补注双液浆,确保初支与管片间隙填充密实。注浆压力控制在 0.2 ~ 0.3 MPa 之间。

8. 盾构机及管片姿态测量

在施工过程中,由于管片上浮等各方面因素会影响测量后视镜的精确度,故在推进一段距离后,必须对测量托架仪器站和后视棱镜平面坐标和高程进行精密人工复核测量,对盾构机姿态进行人工精密测量,以保证盾构推进姿态的精度。

在盾构推进至盾构到达范围时,对盾构机的位置进行准确的测量,明确成洞隧道中心轴线与隧道设计中心轴线的关系,同时对接收洞门位置进行复核测量,确定盾构机的贯通姿态及纠偏计划。

在考虑盾构机的贯通姿态时注意两点:一是盾构机贯通时的中心轴线与隧道设计轴线的偏差;二是接收洞门位置的偏差。综合这些因素在隧道设计中心轴线的基础上进行适当调整。纠偏要逐步完成,每一环纠偏量不能过大。盾构机到达前 50 m 地段即加强盾构姿态和隧道线形测量,及时纠正偏差确保盾构顺利地从到达口进入。并根据实测的车站洞门位置进行必要的调整隧道贯通时的盾构机刀盘位置,隧道贯通时其刀盘平面偏差允许值:平面小于等于 ±20 mm、高程小于等于 ±50 mm,盾构坡度较设计坡度略大 0.2%。

9. 盾构机接收施工措施

当盾构机空推至洞口处时,因刀盘前端反压料无法堆积,故千斤顶推力将逐渐减少,千斤顶施加在管片上的力也相应减少,因此,此处若干管片连接不够紧,存在较大缝隙,影响注浆质量,从而导致渗水。需用以下对应措施:

(1)由于盾构到达时推力较小,洞门附近的管片环与环之间连接不够紧密,因此做好后 15 环管片的螺栓紧固和复拧紧工作。安装管片完毕用风动扳手拧紧所有纵向和横向螺栓,且在下一环掘进至 1.2 m 左右时再次紧固螺栓。

(2)严格按照操作规程拼装管片,同时防止出现管片之间出现错缝、台阶差。

(3)管片安装前应保证止水条不损坏、不预膨胀,并及时清理干净管片上的注浆掉落的渣土和砂浆等。

(4)在相应的吊装孔上安装管片吊装头,并通过槽钢将吊装头连接起来,拉紧后 15 环管片,使后 15 环管片连成整体,防止管片松弛而影响密封防水效果。

(5)管片定位。在盾构到达过程中刀盘前方反力逐渐消失,为保证管片拼装质量,防止拖出尾盾的管片上浮、下沉和扭转,对管片进行定位处理。

5.7 本章小结

(1)在老城区施工,地下不明障碍物难免有未勘探到的情况,通过采用矿山法开挖去障加盾构机空推拼装管片方式通过障碍物地段是一种行之有效的技术手段。采用右线隧道矿山法先行的方式,然后通过横通道方式再解决左线的去障问题,节约了左线大部分的矿山法开挖时间和成本。

(2)采用无轨加有轨、水平加垂直的综合运输方式有效解决了博物馆站无垂直出土条件的施工难题。

(3)通过采用破碎锤进行破碎和静态爆破剂静态爆破技术,解决了盾构机在掘进过程中遇到钢筋混凝土人防等障碍物拆除难度,有效降低了地下施工振动对地面的干扰,确保了周边环境的安全。

(4)通过回填砂石混合料为盾构机掘进提供不小于600 t的反力和喷填豆石、砂混合料、注浆等技术手段,有效控制了管片变形、破损等质量问题,实现管片的正常拼装并顺利到达接收端。

(5)从矿山法隧道断面测量、盾构机与暗挖段相接区域处理、导台施工、拆除边缘刮刀、盾构空推准备及其空推、盾构机及管片姿态测量、盾构机接收等工艺,建立了盾构过矿山法隧道施工技术,并提出了推力计算方法,给出了详细的盾构机空推工艺,包括盾构机空推参数控制、管片拼装、螺栓复紧、管片定位、喷射混合料、同步注浆和二次注浆。

第 6 章　盾构近接矿山法隧道同期施工技术

6.1　概　　述

哈尔滨地铁 2 号线一期工程博物馆站—工人文化宫站区间沿国民街与中山路进行敷设，起讫里程 CK19 +318.24 ~ CK20 +498.06，左线采用盾构法施工，区间总长 1 182.815 m；右线采用矿山法 + 盾构法结合施工，矿山法隧道长度约 371 m，矿山法与盾构法结合部设一处盾构吊出竖井，矿山法隧道与盾构法隧道线间净距最小为 3.65 m。

在哈尔滨地铁 2 号线一期工程博物馆站—工人文化宫站区间施工中，由于盾构隧道左线从工人文化宫站始发，右线的矿山法隧道因施工工期较长，盾构掘进完成 740 m 时，右线矿山法隧道还在开挖矿山法隧道，无法安排进行二次衬砌混凝土施工作业，因此进行盾构机近接矿山法隧道同期施工的技术研究，从而保证双线施工安全。盾构近接矿山法隧道毛洞施工工艺流程如图 6-1 所示。

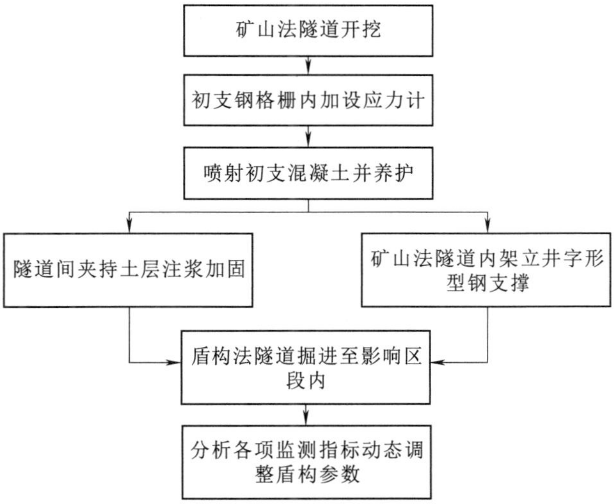

图 6-1　盾构近接矿山法隧道毛洞施工工艺流程

6.2　盾构近接矿山法隧道同期施工技术

6.2.1　夹持土层注浆加固

小净距相邻隧道盾构施工夹土体厚度较小，受先期施工的矿山法隧道开挖扰动影响严重，地层土体经受扰动，盾构法隧道施工过程中盾构机姿态控制难度加大，并且在运营阶段，相邻洞室内列车的振动也会对左右洞间所夹土体产生振动，进而引起地表沉降变形和隧道的稳定性，导致管片变形、隧道位移、螺栓松动或受剪等问题。为保证盾构侧穿矿山法毛洞时两隧道的施工安全，以及盾构本身的施工安全，需要对两隧道之间的夹持土体进行注浆加固。

在矿山法隧道初支完成后，由隧道初期支护边墙向两隧道之间夹持土层打设注浆小导管，并注浆，小导管打设长度不得超过盾构掘进的范围，以免影响盾构的掘进。

1. 注浆管预埋

初期支护施工时在边墙上埋设 $\Phi32$ 钢管，长度根据左右洞隧道净距现场确定，但不得进入盾构掘进范围，每断面设置 5 根（每根间角度为 24°），纵向每隔 2 m 设置一个断面，当初期支护闭合成环长度达 3 ~ 5 m 后，即对初期支护背后进行注水泥浆。布孔及注浆范围如图 6-2所示。

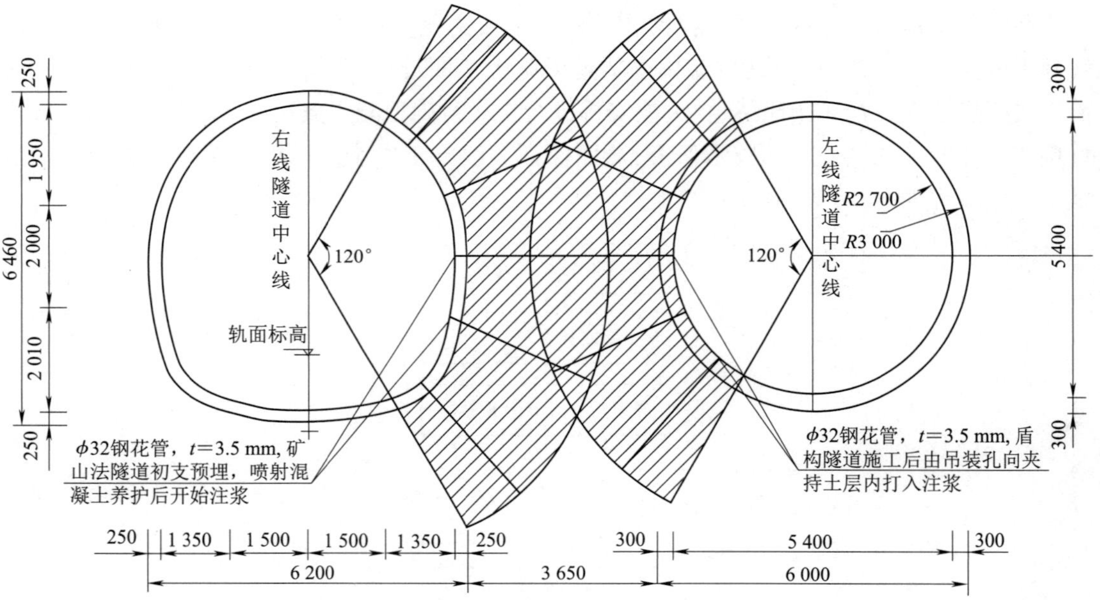

图 6-2　夹持土体加固示意图（单位：mm）

2. 注浆

小导管注浆液用强度等级不低于 42.5 MPa 水泥拌制，水灰比为 1∶0.5 ~ 1∶0.8，注浆压力不大于 0.5 MPa。

盾构法隧道内同步注浆要求每环注浆量不小于 7 m^3，以保证盾尾的土体与管片空隙及相邻土体的密实性。

二次注浆浆液采用水泥—水玻璃双液浆（浆液配合比 1∶1；水泥浆水灰比 1∶1，水玻璃模数 m = 216，波美度 35Be′），注浆压力 0.3 ~ 0.6 MPa，每孔注浆量以注浆压力持续快速上升并达到 0.5 MPa 为终止，要求加固后的土体无侧限抗压强度不小于 0.4 MPa。

为顺利施工，钢花管取与预留注浆孔（即拼装螺丝孔）直径一样的 $\phi32$ mm 无缝钢管加工制作。小导管末端预留 800 mm 长的止浆端，不钻孔，前端加工成锥形，中间每隔150 mm

间距梅花形布置 ϕ10 mm 钻孔。钢花管的长度根据左右洞隧道净距现场确定，如图 6-3 所示。

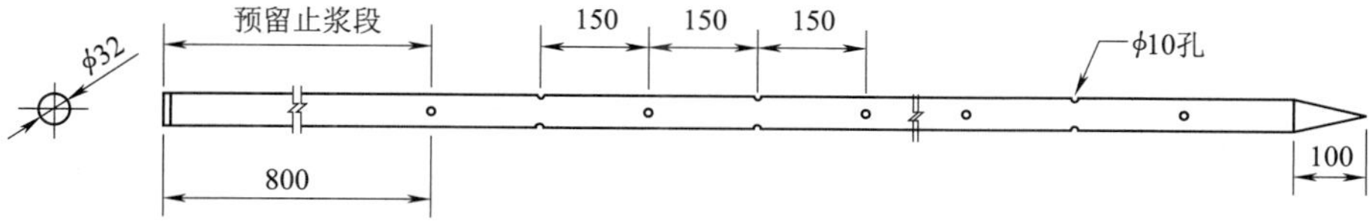

图 6-3　钢花管加工图（单位：mm）

6.2.2　架立井字形型钢支撑

为减少盾构区间盾构掘进施工时，对近接已开挖完成的矿山法隧道的影响，降低盾构近 2 000 t 推力对已完矿山法隧道初期支护结构的破坏风险，应在矿山法隧道内采用 I22a 型钢钢架毛洞支护结构进行加固，加固体系采用"井"字形，每根横撑设一个固定端和一个活动端，便于施加预应力，上下两道横撑间交叉布置槽钢作为联系加固体系。沿隧道轴线方向间隔 1.5 m 布置一道井字形支撑体系，相邻支撑间布置槽钢整体拉结加固，如图 6-4 ~ 图 6-6 所示。

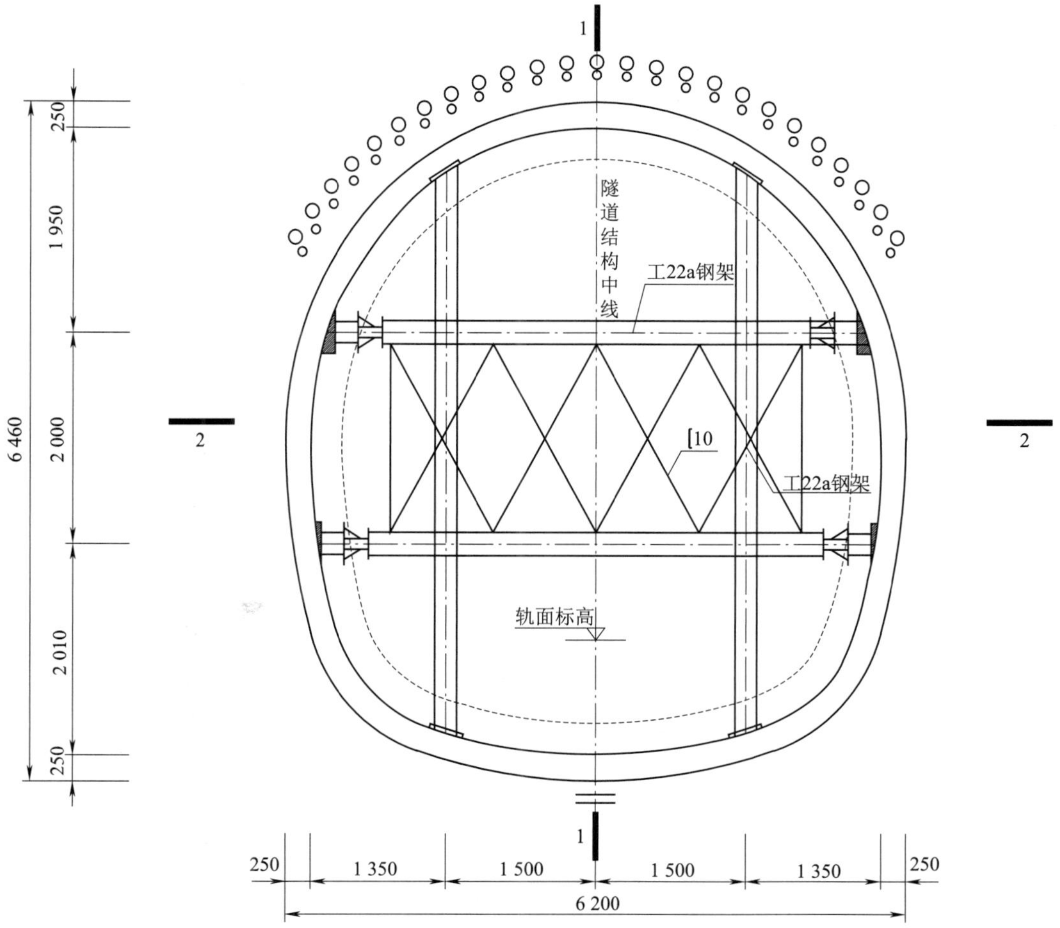

图 6-4　井字形支撑体系加固（单位：mm）

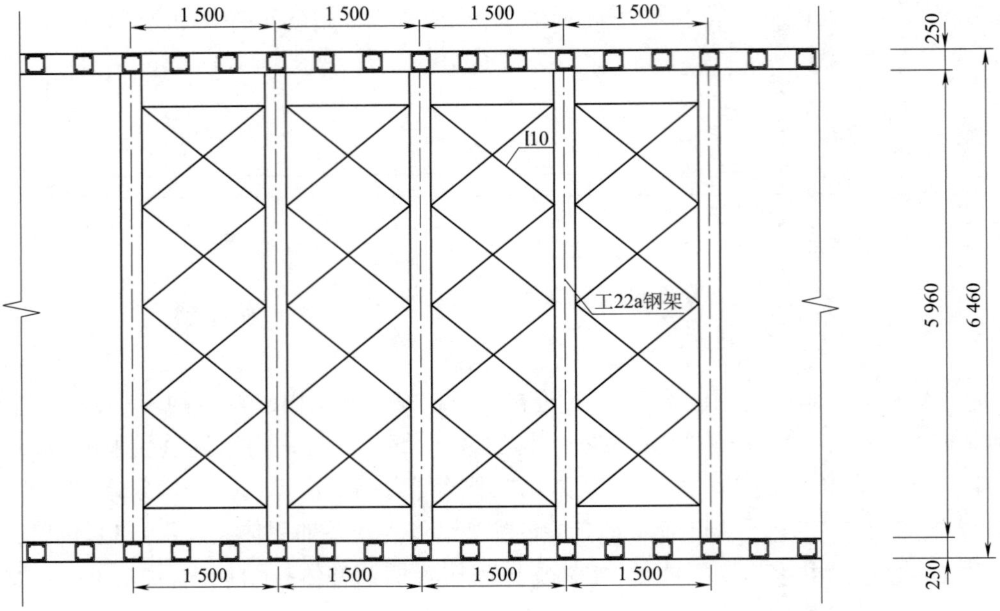

图 6-5　1-1 截面(单位:mm)

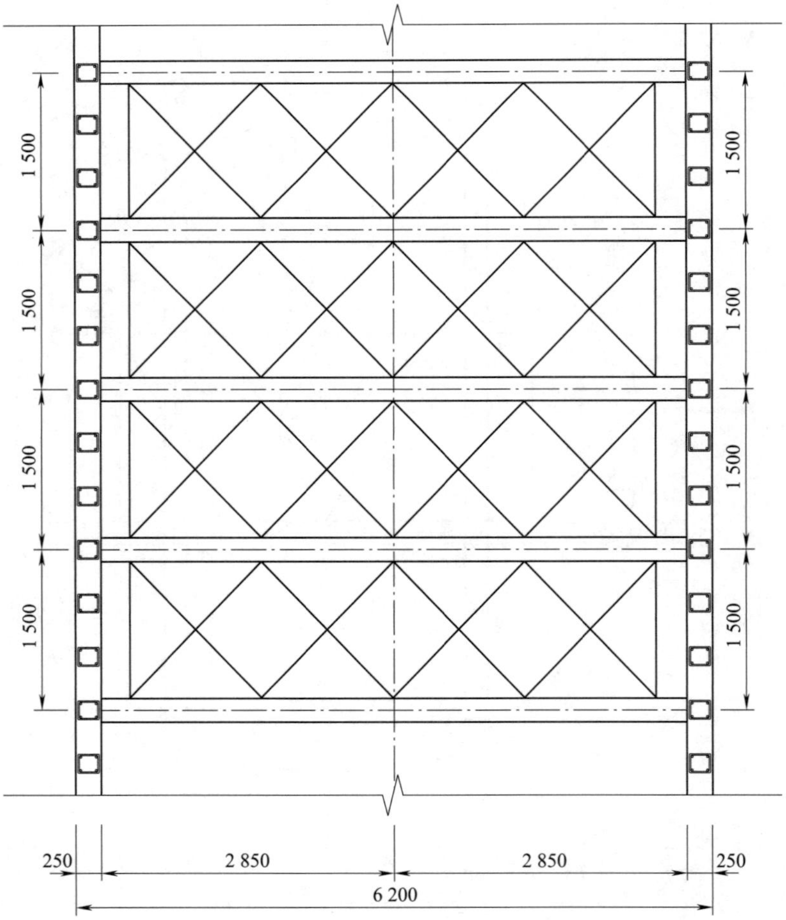

图 6-6　2-2 截面(单位:mm)

6.2.3 盾构掘进

为加强盾构掘进控制，减少矿山法的隧道竖向移动和结构内力的变化，盾构法隧道施工需遵循以下原则：

严格以土压平衡状态土压力计算值为盾构掘进施工的土压设定值，严格以理论出土量为盾构弃土控制值。

盾构机水平方向的控制原则：严格控制盾构机竖向、水平偏差和倾角偏差，合理控制推进千斤顶行程差，避免大幅度的轴线纠偏动作。由于左、右线隧道净距非常小，为了减小盾构施工对周边土体扰动，减小对矿山法隧道施工的影响，禁止大幅纠偏，纠偏原则为“勤纠、少纠”，不得急纠。

同步注浆及时、足量，在盾构机后方通过注浆孔及时进行了二次补浆。

在未到小净距隧道段前的加固区域进行刀具的检查，确保刀具的完好性。

1. 严格控制主要掘进参数

盾构推进过程中，根据此段地质、覆土厚度、地面建筑情况并结合地表隆陷监测结果调整土仓压力，减少压力波动。推进速度保持相对平稳，控制好纠偏量，尽量减少对土体的扰动，加强出土量监控，防止超挖和欠挖，为管片拼装创造良好的条件。同步注浆量要根据推进速度、出渣量和地表监测数据及时调整，将施工轴线与设计轴线的偏差及地层变形控制在允许的范围内。

(1) 土仓压力值的选定

严格以土压平衡状态下的土压力计算值为盾构掘进施工的土压设定值，根据计算上部土压为1.2 bar，施工中仅可以在项目工程师认可的前提下，进行微量的调整。同时可以通过埋深、土体位移和深层沉降的监测信息，对土压设定值进行修正。

(2) 出渣量的控制

考虑到土层松散系数实际每环出渣量控制根据监控量测数据和经验来控制。严格以理论出土量为盾构弃土控制值，每环出土量偏差不得超过1 m^3。为了避免数量统计误差，施工中尽可能将土箱清洗干净。一旦出现超挖现象，必须如实反馈，在后续注浆施工中，将针对性地进行超量注浆。

(3) 推进力和推进速度

掘进速度太慢对土体扰动较大且不利于出渣量的控制，速度过快不利于掌子面的稳定，且易造成土仓压力的不稳定性变化。掘进速度及推力的选定以保持土仓压力为目的，根据重叠段确定盾构掘进速度为20 ~ 40 mm/min；掘进过程中，根据实际情况，及时、合理调整掘进速度及推力。

2. 盾构姿态控制

由于地层软硬不均、隧道曲线和坡度变化以及操作等因素的影响，盾构推进不可能完全按照设计的隧道轴线前进，而会产生一定的偏差。当这种偏差超过一定限界时就会使隧道衬砌侵限、盾尾间隙变小使管片局部受力恶化，并造成地层损失增大而使地表沉降加大，因此盾构施工中必须采取有效技术措施控制掘进方向，及时有效纠正掘进偏差。

鉴于矿山法隧道所在土体已先期扰动，且左、右隧道间距较小，必须严格控制盾构掘进水平偏差，合理选择掘进趋势，减小“栽头”风险。掘进中盾构务必保持平稳推进，适当提高盾构刀盘转速，减小贯入度，减少纠偏，减少对正面土体的扰动。因此，推进过程中将盾构DTA水平向整体远离矿山法隧道3 cm，垂直向趋势保持在+3 cm，以防盾构机下沉，将施工测量结果不断地与计算的三维坐标相校核，及时调整。另外，在穿越过程中控制刀盘转向，以免对土体产生较大的扰动。

3. 同步壁后注浆

盾构施工引起的地层损失和盾构隧道周围受扰动或受剪切破坏的重塑土的再固结以及地下水的渗透，是导致地表沉降的重要原因。尤其是小净距隧道段，为了减少和防止沉降，在盾构掘进过程中，要尽快在脱出盾尾的管片背后同步注入足量的浆液材料充填盾尾环形建筑空隙，支撑管片周围岩体；凝结的浆液将作为盾构施工隧道的第一道防水屏障，增强隧道的防水能力；为管片提供早期的稳定并使管片与周围岩体一体化，有利于盾构掘进方向的控制，并能确保盾构隧道的最终稳定。必要时要注双液浆进一步加快管片填充物的固结时间，尽快稳定地层，减少扰动与下沉量。

6.3　不同间距对矿山法隧道衬砌结构力学行为影响分析

1. 模型建立

主要对盾构近接矿山法隧道施工进行数值模拟，研究不同间距下盾构掘进对矿山法隧道衬砌结构力学行为的影响。

计算范围尺寸取宽40 m×高20 m×长20 m，如图6-7所示。计算采用四面体实体单元，有限元网格如图6-8所示。网格包含22 297个域单元，3 066个边界元和336个边单元。其中左侧隧道为矿山法施工隧道、右侧为盾构隧道，矿山法隧道先施工、盾构隧道后施工。根据施工工况，在盾构机掌子面上施加0.8 bar的压力。

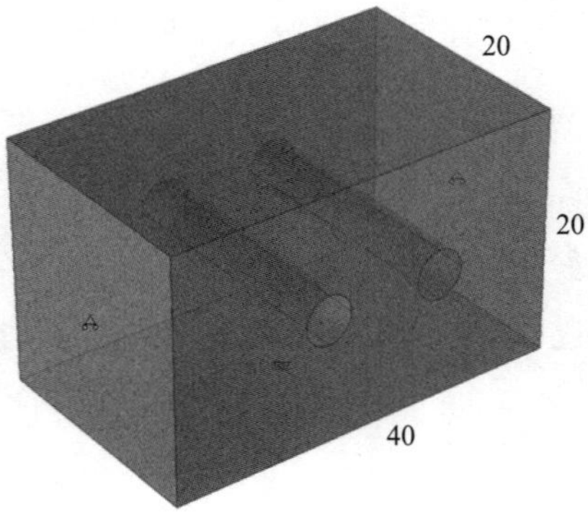

图6-7　模型计算范围(单位:m)

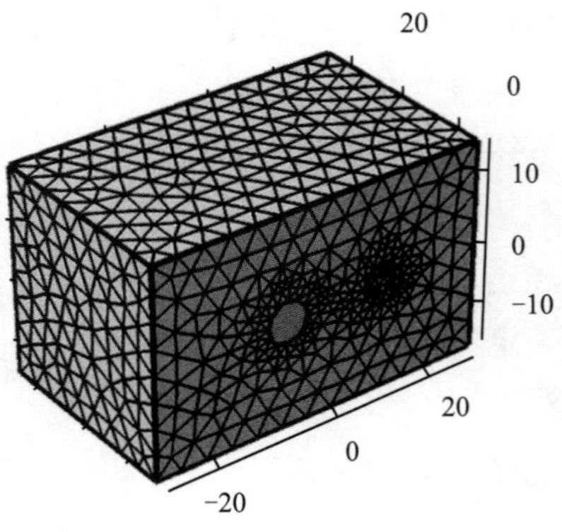

图6-8　有限元网格(单位:m)

2. 不同间距对矿山法隧道衬砌结构力学行为影响

不同隧道间距时，盾构施工对矿山法隧道初期支护结构产生的影响不同。选取不同截面(图6-9),分析不同隧道间距时,矿山法隧道初期支护的应力分布规律。无盾构施工时,初期支护应力状态如图6-10所示。最大Mises应力出现在隧道左边缘内侧,为9 355.73 kPa。

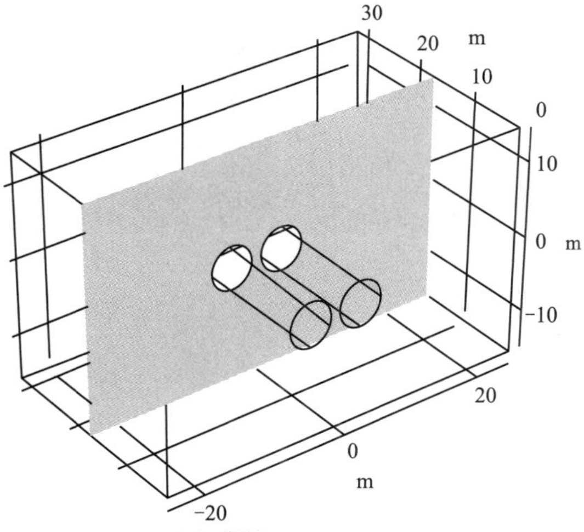

图6-9　选取的分析截面

不同隧道间距时(1 m,2 m,3 m,4 m,5 m,6 m,7 m),在截面1和截面2处,初期支护应力状态如图6-11～图6-17所示,在截面1处,初期支护的最大Mises应力始终位于靠近盾构隧道一侧。在截面2处,当隧道间距较大时(6 m和7 m),在截面2处的最大Mises应力出现在矿山法隧道左侧;当隧道间距逐渐减小时,最大Mises应力出现在矿山法隧道右侧,即盾构开挖导致了初期支护结构应力场的重分布。通过有限元计算得到的不同间距下截面1和截面2处的最大Mises应力见表6-1。

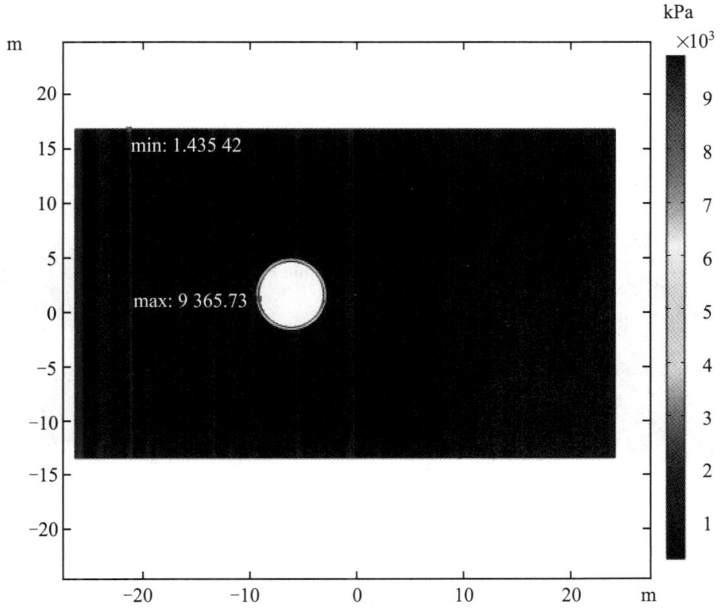

图6-10　盾构未掘进时管片Mises应力

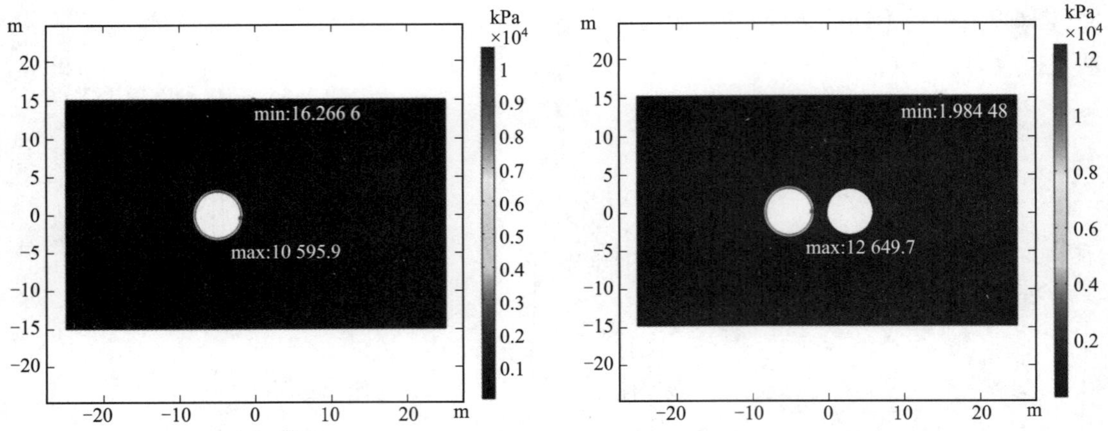

（a）截面1　　（b）截面2

图 6-11　间距 1 m 时 Mises 应力

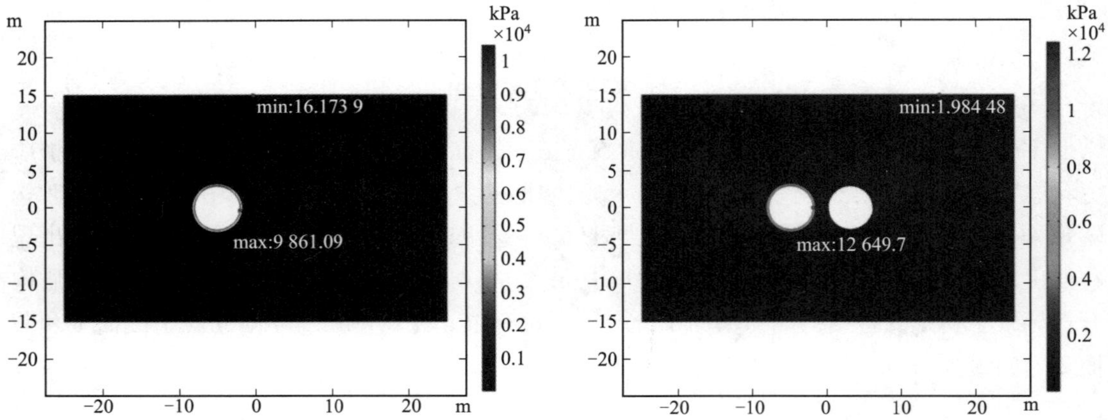

（a）截面1　　（b）截面2

图 6-12　间距 2 m 时 Mises 应力

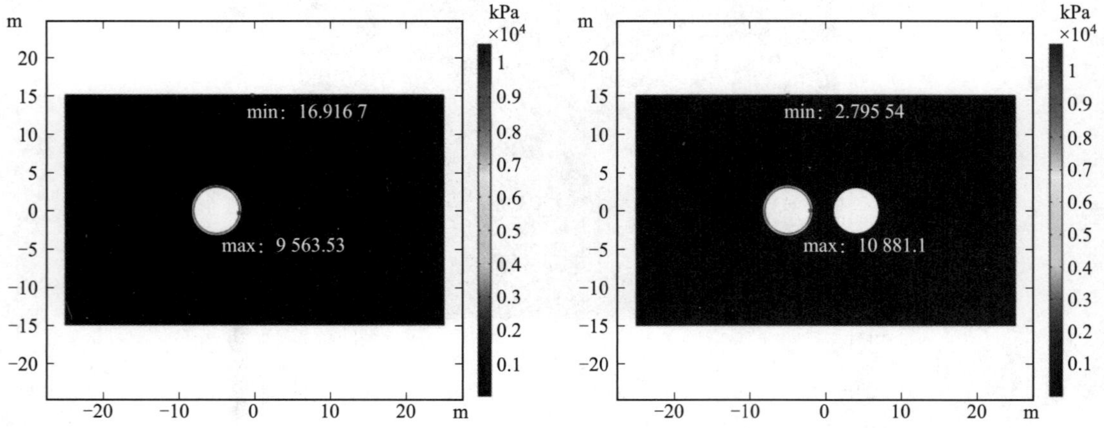

（a）截面1　　（b）截面2

图 6-13　间距 3 m 时 Mises 应力

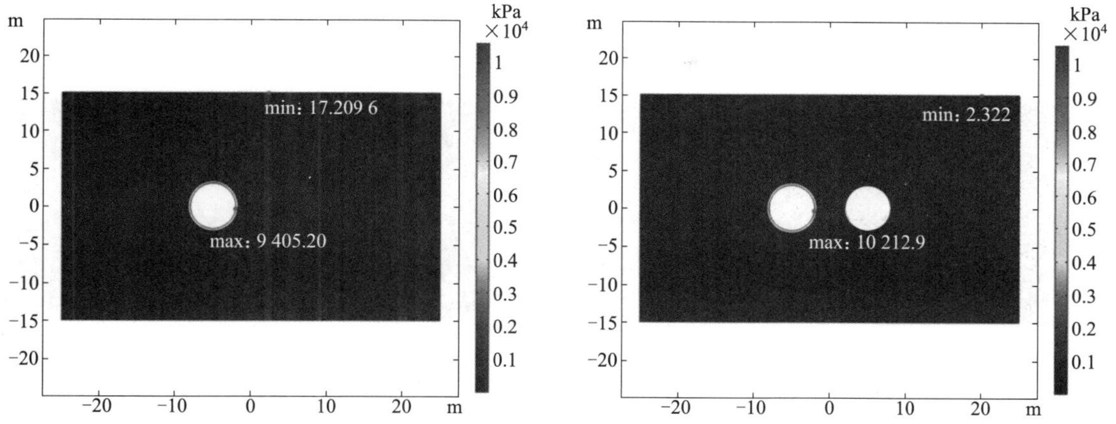

（a）截面1　　（b）截面2

图 6-14　间距 4 m 时 Mises 应力

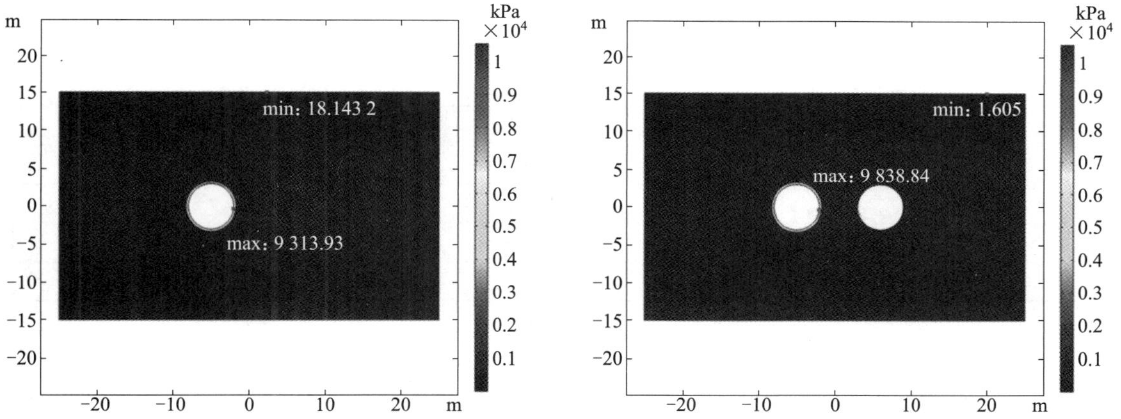

（a）截面1　　（b）截面2

图 6-15　间距 5 m 时 Mises 应力

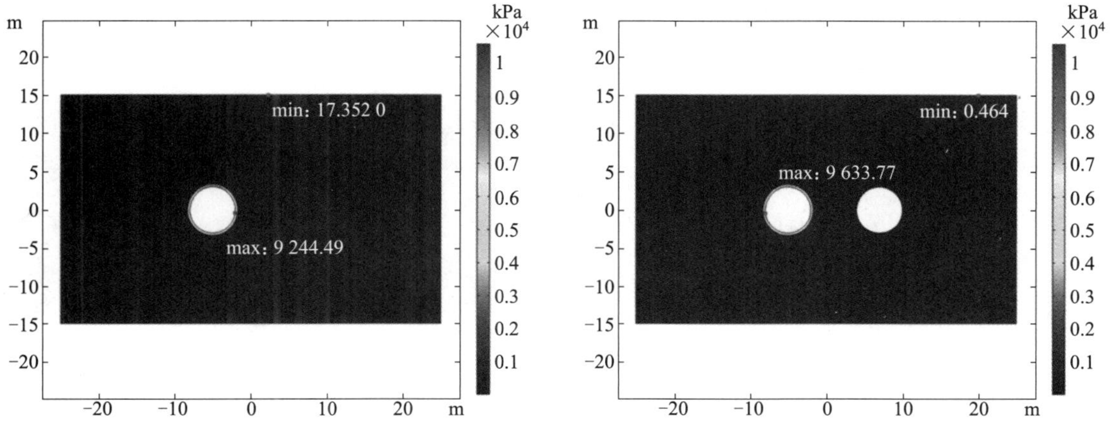

（a）截面1　　（b）截面2

图 6-16　间距 6 m 时 Mises 应力

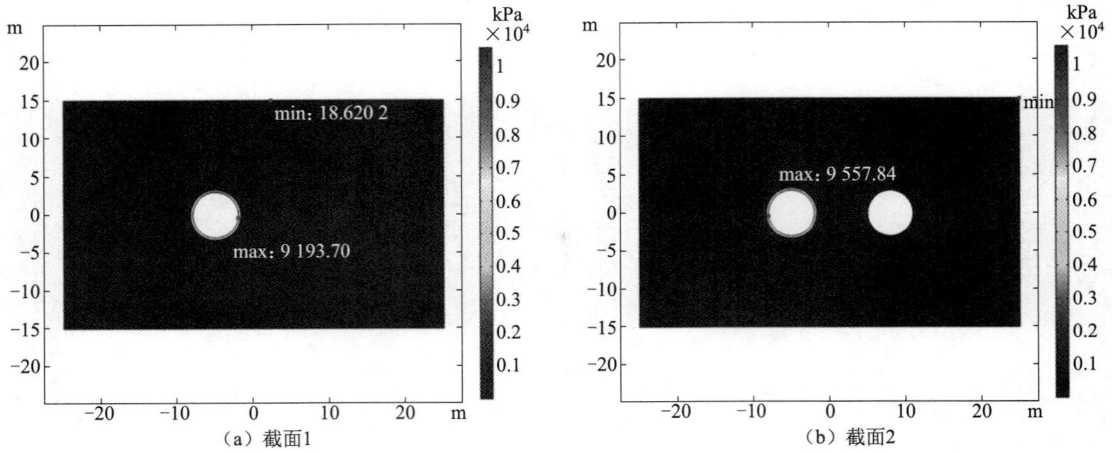

（a）截面1　（b）截面2

图 6-17　间距 7 m 时 Mises 应力

表 6-1　矿山法隧道管片最大 Mises 应力(kPa)

隧道间距(m)	截面 1	截面 2
1	10 595.9	17 517.4
2	9 861.09	12 649.7
3	9 563.53	10 881.1
4	9 405.2	10 212.9
5	9 313.93	9 338.84
6	9 244.49	9 633.77
7	9 193.7	9 557.84

表中的最大 Mises 应力与隧道间距的关系如图 6-18 所示。图中表明,截面 2 处的 Mises 应力显著大于截面 1 处的 Mises 应力,即盾构掌子面上施加的压力有助于减小初期支护受到的上部土压力,但开挖导致的土体损失使初期支护 Mises 应力增加。随着隧道间距的增大,在截面 1 和截面 2 处,初期支护结构受到的最大 Mises 应力逐渐减小。截面 1 处和截面 2 处,最大 Mises 应力和隧道间距的关系如图 6-19 和图 6-20 所示,图中拟合的公式可用于预测不同间距和不同位置处盾构近接矿山法隧道施工时其初期支护结构的最大 Mises 应力。

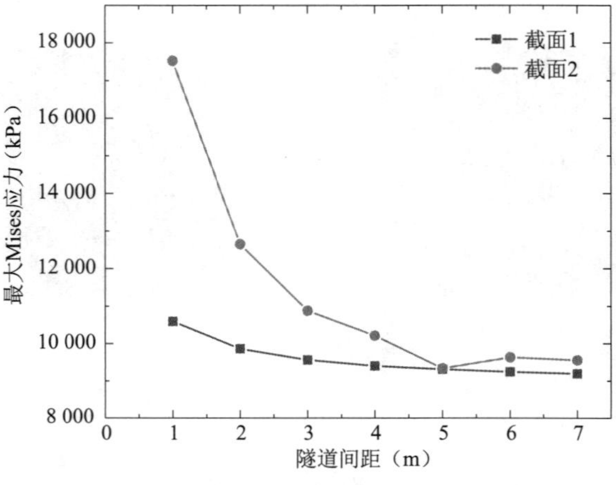

图 6-18　不同间距与最大 Mises 应力的关系

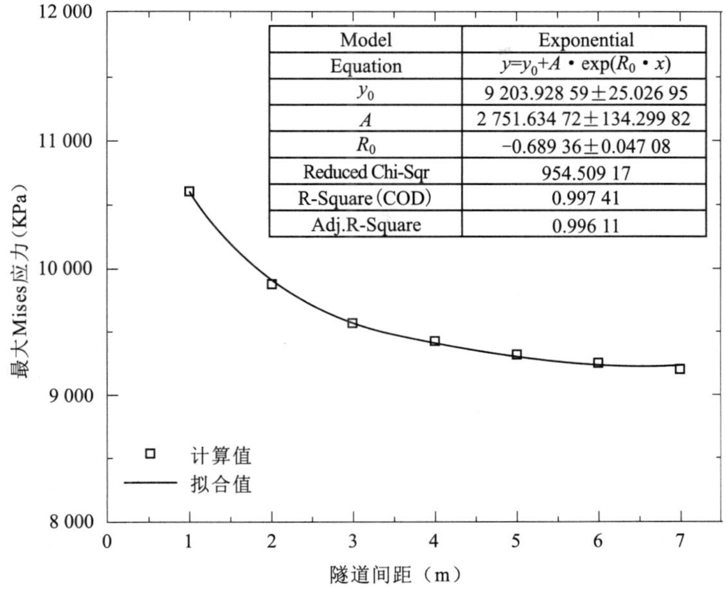

图 6-19　截面 1 处不同间距下的最大 Mises 应力

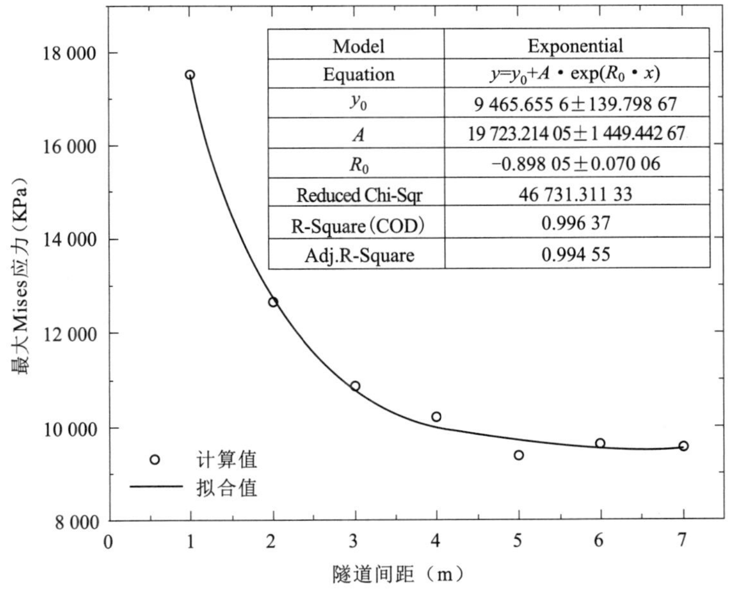

图 6-20　截面 2 处不同间距下的最大 Mises 应力

6.4　盾构掘进对矿山法隧道衬砌结构力学行为的影响分析

6.4.1　计算模型建立

盾构掘进段长度为 100 m，距矿山法隧道间距为 3 m，盾构分为 10 个施工步序进行掘进，研究掘进过程对矿山法隧道衬砌结构力学行为的影响。

计算模型尺寸取宽 60 m × 高 40 m × 长 100 m，计算范围如图 6-21 所示。计算采用四面体实体单元，计算模型网格如图 6-22 所示，网格包含 179 170 个域单元，49 790 个边界元和 3 065个边单元。其中左侧隧道为矿山法隧道，右侧为盾构法隧道，矿山法隧道先施工、盾构法隧道后施工。

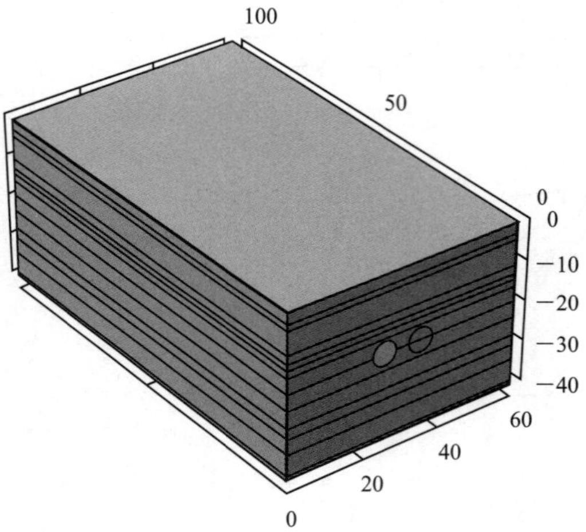

图 6-21 计算范围（单位：m）

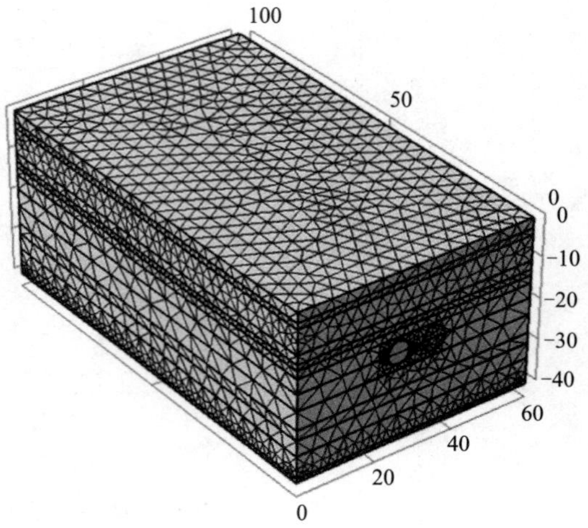

图 6-22 有限元网格（单位：m）

6.4.2 盾构掘进过程对矿山法隧道衬砌结构力学行为的影响

盾构每掘进一步对应的掌子面位置如图 6-23 所示。在盾构掘进过程中，取矿山法隧道顶面和侧面为分析对象，如图 6-24 所示。

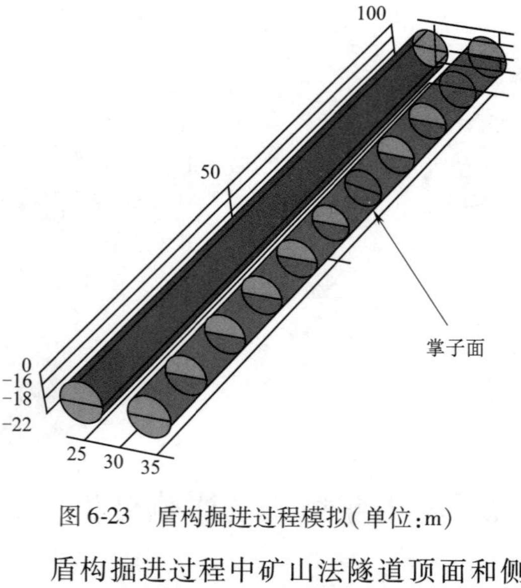

图 6-23 盾构掘进过程模拟（单位：m）

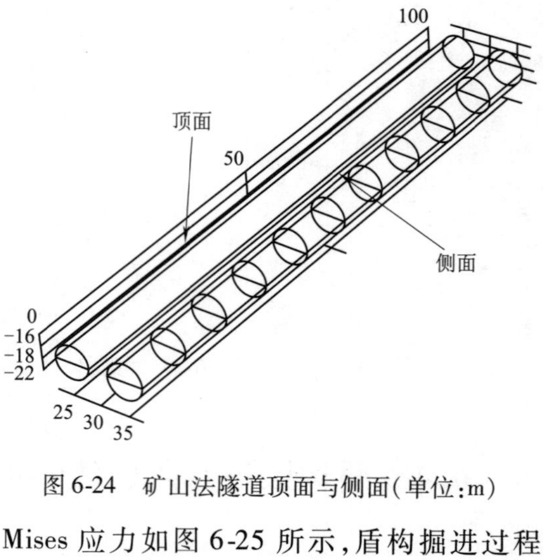

图 6-24 矿山法隧道顶面与侧面（单位：m）

盾构掘进过程中矿山法隧道顶面和侧面 Mises 应力如图 6-25 所示，盾构掘进过程中矿山法隧道由于土体开挖而卸载，导致结构内力变化。盾构施工对矿山法隧道顶边影响不大，应力变化较小；盾构施工对矿山法隧道侧边影响较大，影响范围距盾构掌子面约 -5 ~ 5 m。

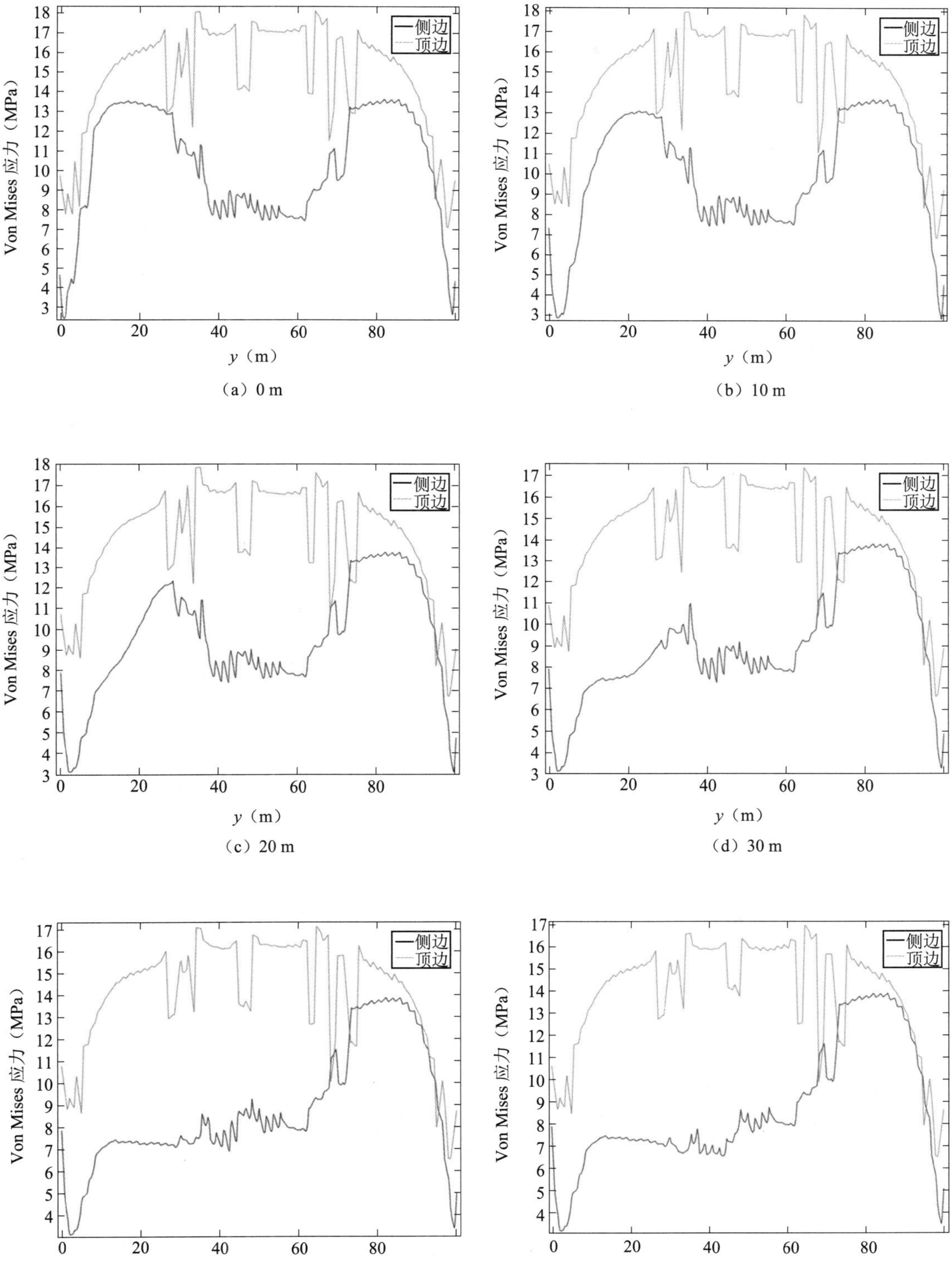

（a）0 m　（b）10 m

（c）20 m　（d）30 m

（e）40 m　（f）50 m

图　6-25

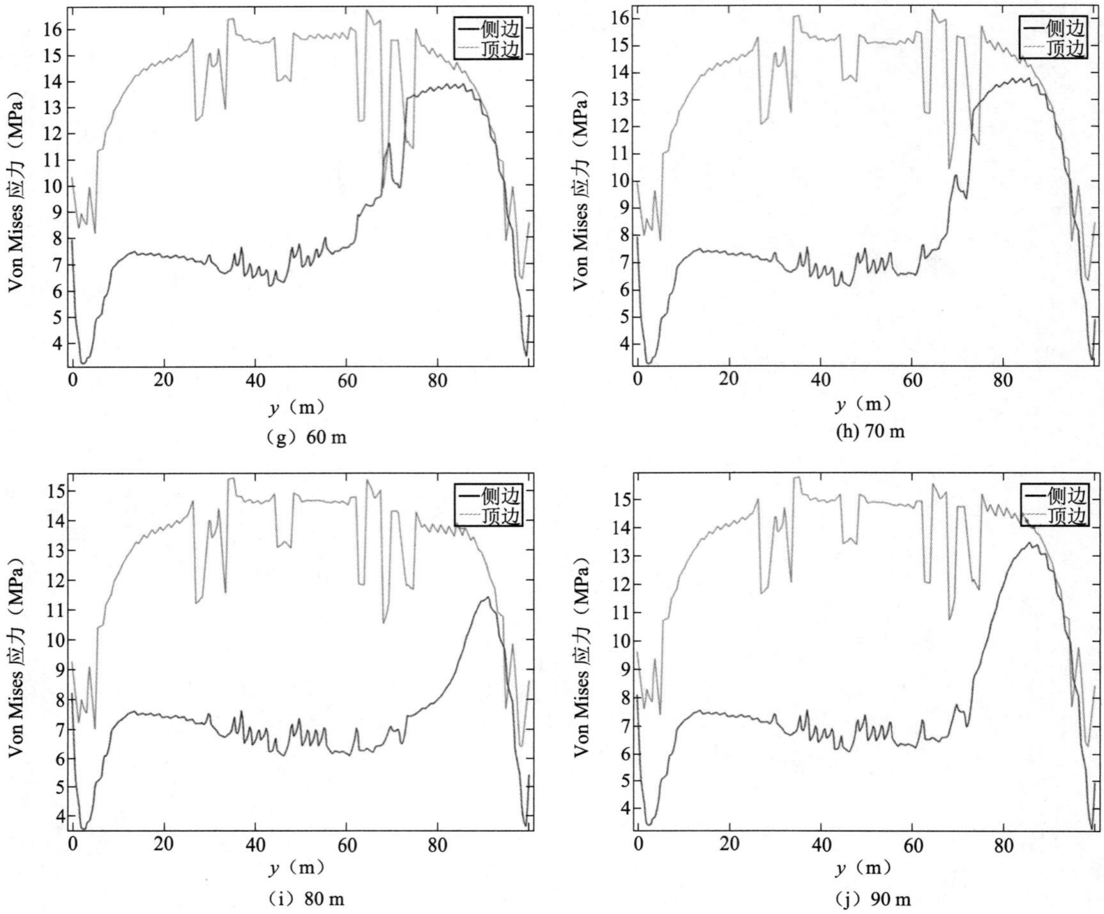

图 6-25　盾构掘进过程中矿山法隧道顶面和侧面 Mises 应力

6.5　矿山法隧道初支钢格栅应力现场测试

1. 仪器设备

采用测读仪和钢筋计进行监测。钢筋计采用 GXR-1011 型钢筋计，主要技术指标为：振弦式；直径与被测钢筋相同，量程 300 MPa；精度 0.25% F・S；温度测量范围 −20 ℃ ~ 80 ℃。钢筋计测读仪采用配套的振弦式读数仪，主要技术指标：激励范围 400 ~ 6 000 Hz；测量精度 0.05 Hz；温度测量 −50 ℃ ~ 150 ℃，测温分辨率 0.1 ℃。

2. 测定方法及频率

安装前后分别采集初始数据，根据施工进度对监测点的数值进行定期采集。距离切口前方5 m位置的监测点 1 次/h，盾构通过地段 2 次/d。

3. 安装埋设要点

(1)初支结构内钢筋计安装埋设步骤：仪器、导线安装前检验、测读→将各个钢筋计焊接在格栅纵向主筋上→将钢筋计测量导线用保护管竖向引出→格栅吊装焊接→进行格栅混凝土浇筑→设置电缆线保护盒→测读安装后初始值。钢筋应力测试点埋设如图 6-26 所示。

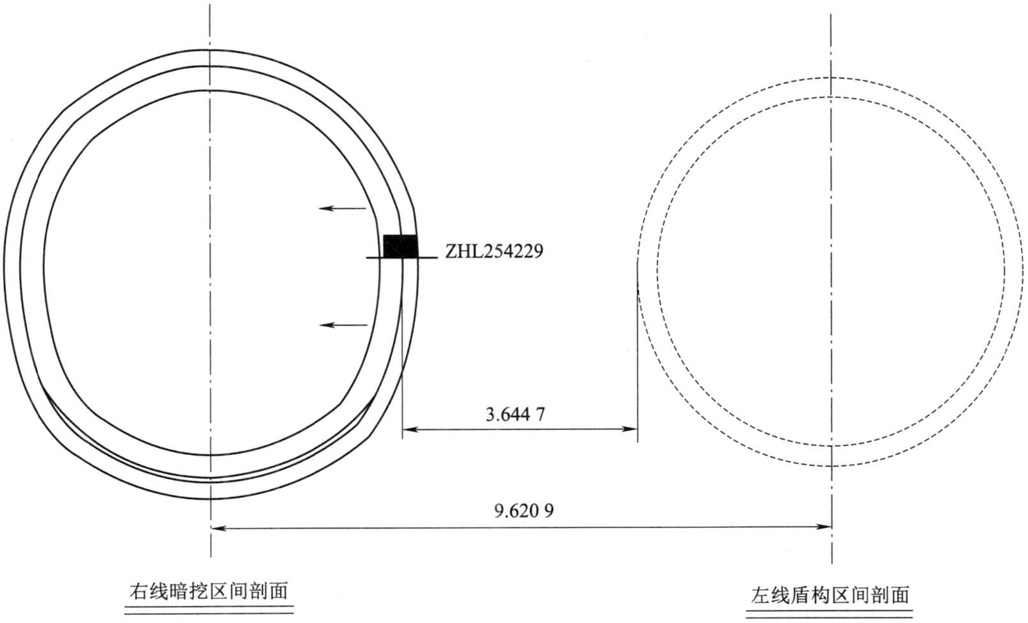

图 6-26　钢筋应力测试点埋设(单位:m)

(2)安装前检测钢筋计的初始频率是否与出厂标定值相符,如果不符合应重新进行校准或更换合格的产品。

(3)各个钢筋计布置在洞内 3 点钟方向格栅纵向主筋上。先将钢筋计两端的连接杆分别与钢筋连接焊接,须保证焊接强度不低于钢筋强度。焊接过程中应采取措施避免温升过高而损伤仪器。

(4)焊接钢筋计后,将电缆用保护管沿格栅竖向引出;钢筋计的安装部位应有明显的提醒注意保护的标志;喷锚、浇筑混凝土时安装人员应现场看护,直至此部位的混凝土浇筑后方可离开。

(5)仪器传输电缆接引到固定的保护盒内,对电缆统一编号,做出标识,接头部分做好保护措施。现场施工人员作业时,应避让传输电缆不受破坏。

4. 盾构掘进对矿山法隧道初支钢筋应力分析

博工右线暗挖区间共布设钢筋应力监测点 7 个,选取有代表性的监测点 1 个,如图 6-27 所示。从监测数据可以看出,盾构机刀盘通过监测点过程中,监测数据变化较为明显,钢筋应力值达到 -97 MPa。盾构机刀盘通过后,监测数据逐渐趋于平稳。

在盾构机近接矿山法初支隧道同期施工过程中,对矿山法初支隧道内设立多处 GXR-1011 应力监测装置。监测数据表明,盾构机近接过程中,初支隧道结构拱顶受力正常,无异常受力情况,表明了盾构在同期穿越矿山法初期支护隧道时,采取钢支撑加固措施能有效抵抗盾构掘进过程中所带来的侧向增加的土压力,确保了盾构安全通过矿山法初期支护隧道,保证了两种工法同时进行施工,有效缩短了区间施工工期,确保了工程质量与沿线周边环境的施工安全。

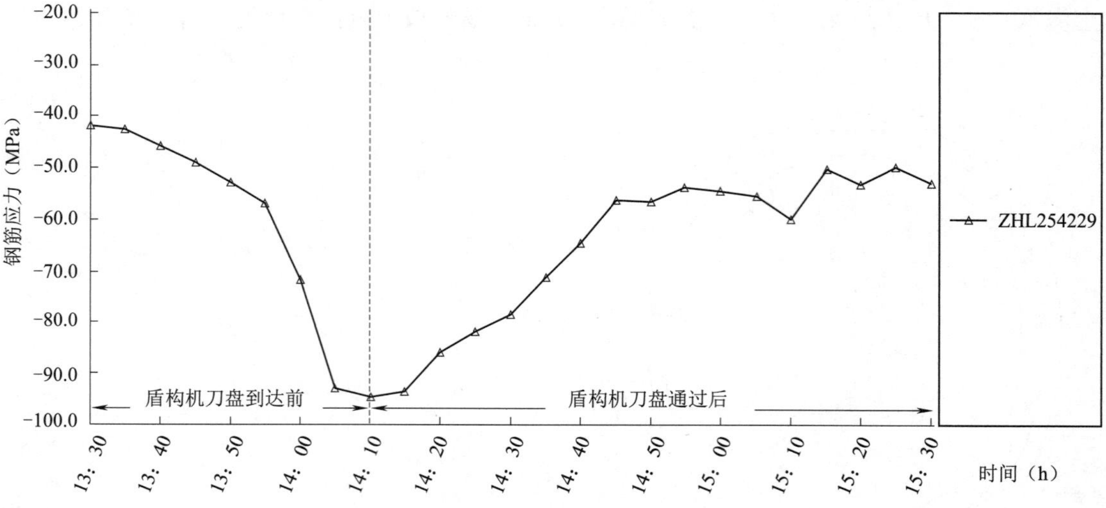

图 6-27 盾构掘进后矿山法隧道初支格栅应力变化曲线

6.6 本章小结

（1）为保证盾构侧穿矿山法隧道其初期支护的结构安全，需要对两隧道之间的夹持土体进行注浆加固。在矿山法隧道初支完成后，由隧道初期支护边墙向两隧道之间夹持土层打设注浆小导管并注浆，小导管打设长度不得超过盾构掘进的范围，以免影响盾构的掘进。并在矿山法隧道内架立井字形型钢支撑，实施盾构掘进参数和姿态控制，建立了盾构近接矿山法隧道同期施工技术。

（2）盾构机近接矿山法隧道同期施工技术利用有限元数值计算方法，提出盾构近接矿山法隧道最大 Mises 应力评价办法，并总结出经验计算公式，为盾构近接矿山法初期支护隧道同期施工提供理论依据。

（3）通过对盾构隧道平行矿山法隧道不同净间距相互之间受力影响性分析，两隧道之间净间距在 1 ~4 m 时盾构侧穿矿山法初期支护隧道时相互之间的受力影响比较大，净间距在 4 m 以上时盾构侧穿矿山法初期支护隧道时相互之间的受力影响较小，从而有针对性地采取了对洞间土扇形加固、初支结构应力监测、矿山法隧道内“井”字形支撑的技术措施，有效解决了盾构隧道近接矿山法初支隧道同期施工的技术难题，保证了两种工法同时进行施工，有效缩短了区间施工工期，确保了盾构安全通过矿山法初期支护隧道，保障了沿线周边环境的安全和工程质量。

（4）通过盾构侧穿矿山法隧道同期施工监测数据情况反馈，表明了盾构在同期穿越矿山法初期支护隧道时，在 1 ~4 m 的净间距情况下，采取洞间土扇形加固和井字形钢支撑加固措施，能有效抵抗盾构掘进过程中所带来的侧向增加的土压力。

第7章　严寒地区盾构隧道冬期施工技术

7.1　概　　述

哈尔滨城市轨道交通建设极端最低温度达到 -40 ℃。哈尔滨市地处松花江中游，冬期寒冷漫长，轨道交通建设施工任务紧，有效施工工期时间短，大约8个月，难以避免冬期施工的问题，导致城市地铁区间隧道盾构法施工遇到前所未有的困难。目前尚无盾构隧道冬期施工相关规范标准，需要通过研究解决盾构隧道冬期施工所遇到的诸多问题。

严寒地区的冬期进行盾构隧道管片衬砌预制生产是地铁区间隧道盾构施工中最重要的技术环节之一，在保障预制厂房、砂石料存放场地和拌和站等环境温度的同时，管片养护则是管片生产中重要的温度控制环节。冬期管片预制温差难以控制，从蒸养室到室外温度，温差最大可达到130 ℃以上。然而，温差又是导致混凝土开裂的主要原因，管片的养护是否到位直接关系到管片的成品质量。管片养护一般采用蒸汽养护和水池养护相结合，然而冬期施工采用水池养护难度大、造价高，故在严寒地区冬期管片预制应采取蒸汽养护的方法，并辅助养护剂养护措施，从进度、质量、经济等方面都具有显著的效果，提出一种经济实用的施工技术，从而为盾构冬期施工提供了坚实的技术保障。

严寒地区对盾构的组装及调试提出了前所未有的挑战，不仅是组装环境恶劣，而且对盾构的组装效果和调试都会产生各种未知的问题。盾构组装及调试的质量高低直接影响盾构的掘进效率，盾构机始发场地保温技术应用，各种保温技术使车站盾构始发井、砂浆搅拌站、管片存储、电瓶车电瓶充电的温度满足盾构组装调试及正常掘进的要求。盾构机的正常掘进离不开各种配套设备的配合，包括盾构机同步注浆系统、供水、废水、循环水管路，以及龙门吊、运渣车等配套设备，配套设备的正常运行直接影响盾构的正常掘进，同时配套设备的效率也会影响盾构掘进的效率。开展严寒地区盾构冬期施工技术的研究，解决盾构机冬期施工的诸多难题，保障盾构机冬期施工的质量要求。

7.2　严寒地区管片衬砌冬期预制技术

7.2.1　管片预制工艺流程

严寒地区管片冬期预制技术是结合管片冬期生产特点，在保障生产环境温度的基础上，关键是选择养护剂养护技术。养护剂养护根据混凝土在硬化过程中，保证混凝土中未凝水分不散失，在混凝土面上涂刷一薄层合成胶乳材料，随其溶液的挥发而迅速结成一层不透水性薄膜，将混凝土中水化热及蒸发水大部分积蓄下来进行自养。

工艺原理：养护剂保证了混凝土良好的水化热作用，生成胶态水化物，阻塞混凝土的毛细管道,降低了混凝土内部空隙率,增强了混凝土密实性和耐久性;养护剂薄膜具有一定的抗拉强度,有效期比较长,能使混凝土得到良好的养护,可保证混凝土的各项性能指标,确保管片冬期预制生产的质量。管片预制生产施工工艺流程详见图 7-1。

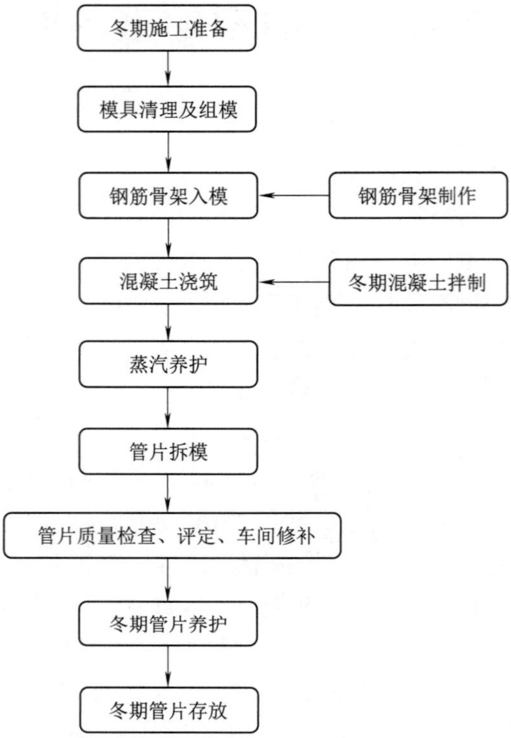

图 7-1 管片预制生产施工工艺流程

7.2.2 管片预制工艺技术

1. 冬期管片预制准备

按照管片生产任务规划半自动化流水生产线,生产线模式为“2 + 3”,即 2 条作业线,3 条养护线,生产线长度为 150 m,定做 13 套管片模具,每套模具由 6 节模具组成,其中左转环 1 套、右转环各 1 套。冬期管片预制准备如下:

(1)及时获取相关的气象信息,掌握气象变化情况。

(2)落实冬施所需工程材料、防寒物资、能源和机具设备,确保锅炉房供热工作正常运转。做好现场供水管道、搅拌机棚、车间门窗等封闭保温措施。

(3)调整理论配合比符合冬期施工要求,并做好相关混凝土性能指标试验。管片设计混凝土强度等级为 C55,抗渗等级为 P10,配合比详见表 7-1。

表 7-1 冬期管片预制配合比

水泥(kg)	石子(kg)	中砂(kg)	粉煤灰(kg)	水(kg)	外加剂(kg)
390	1 180	700	50	135	3.12

注:水灰比 0.31,实测坍落度 60 mm。

(4)对管片生产和养护人员进行冬季施工技术培训;对搅拌站、锅炉房等主要部门进行冬季施工技术交底。

(5)在进入冬季前对所有机械设备做全面的维修和保养,及时更换相应牌号的润滑油。对使用防冻液的机械设备确保防冻液符合当地防冻要求,未使用防冻液的机械设备要采取相应的防冻措施。

2. 模具清理及组装

模具清理及组装步骤如下:

(1)组模前清洗钢模,混凝土残渣必须全部铲除干净,内表面使用胶片配合清理,高压风吹洗干净。

(2)使用雾状喷雾器喷涂脱模油,用抹布涂抹均匀,使模具内表面均布薄层脱模油,如出现脱模油流淌,采用棉纱清理干净。

(3)喷涂脱模油后按要求组装模具(图 7-2),并由专职质检员用内径千分尺在模具指定位置进行宽度、内弧面检测,合格后进入下一道工序。

图 7-2　清理及组装完成的模具

3. 钢筋骨架制作与入模

冬期钢筋骨架制作注意事项如下:

(1)在负温条件下,钢筋在运输过程中应防止撞击和刻痕,冬季钢筋运输容易滑落,故在钢筋吊运过程严格检查钢筋捆绑情况和外观质量,原材送检合格后方可使用。

(2)钢筋原材存放区和加工区设在生产车间内部,环境温度一般要求不低于 10 ℃,钢筋骨架存放区环境温度尽量控制在 20 ℃以上,有利于管片的混凝土浇筑质量。

(3)钢筋负温电弧焊可根据钢筋牌号、直径、焊接位置选择焊接电流,焊接时应该采取防止产生过热、烧伤、咬肉和裂缝等措施。

(4)钢筋负温电弧焊宜采取分层控温施焊,热轧钢筋焊接的层间温度宜控制在 150 ℃ ~ 350 ℃之间。

(5)在车间侧墙靠近蒸养窑出模位置安装蒸汽排气扇,将车间蒸汽迅速排到车间外,以防蒸汽遇冷凝结成水珠，造成钢筋生锈，从而影响预制管片混凝土的耐久性。

在靠模上完成钢筋骨架加工（图7-3）后，检查钢筋规格、间距、焊接质量，按管片型号直线环、左转环、右转环以及隧道埋深浅埋、中埋、深埋等进行分类，有序堆放，标识清楚。使用时采用龙门吊配合专用吊具按各种规格将钢筋笼吊入模具（图7-4）内，钢筋笼型号与模具型号要匹配，保护垫块、预埋件位置准确。

图7-3　钢筋骨架靠模加工

图7-4　钢筋骨架入模

4. 混凝土拌制与浇筑

（1）混凝土冬期施工配合比

根据天气情况，制订冬期施工计划，配制冬期施工配合比，完成第三方检测机构冬期施工配合比验证并已出具报告。

（2）冬期施工温度控制

管片冬期生产期间，着力做好混凝土温度保障措施，提高混凝土出仓温度以及入模温度（控制在20 ℃以上），减少混凝土运输过程中热量损失。冬期施工温度控制措施如下：

①加热搅拌用水。通过蒸汽加热搅拌用水，使用温度控制器以及水位控制器，控制搅拌用水温度在70 ℃以上，既能保证混凝土温度，又不影响水泥性能，如图7-5所示。

②加热生产用砂。砂仓门用帆布做门帘（图7-6），在不进行上料时及时关闭；砂仓内安装水暖加热设施（图7-7），提高砂仓温度，防止砂子结块、结冰；搅拌站彩板封装，整体保温隔热，如图7-8所示。

图7-5　水暖加热设施

图7-6　砂石料仓帆布大门

图 7-7　砂仓加热设施

图 7-8　搅拌站彩板封装

③减水剂储存在室内,室内有取暖设施,温度可达到 10 ℃以上。

④为保证混凝土搅拌温度、所有管线路避免受冻,对整个搅拌楼进行彩钢板封装,并增加供暖设施,保障设备正常运行。对搅拌站地仓、运输斜皮带、搅拌楼室内采用水暖加热的方式提高温度,保证管线路、原材料等不结冰。

⑤确保配制冬季的混凝土水胶比不大于 0.35。保证混凝土的入模温度。

⑥冬季混凝土适当提高搅拌时间,控制在 150 ~ 240 s,拌制的混凝土坍落度控制在 50 ~ 70 mm。搅拌顺序:投入砂石与热水搅拌,充分搅拌后,降低水温并提高砂石温度,然后依次投入水泥、粉煤灰以及外加剂,搅拌时间不低于 180 s;对搅拌站各部位计量系统进行了全量程计量。

⑦组织和协调好现场施工生产各环节,保证混凝土从出模到入模要快,减少混凝土的坍落度损失及温度损失,以保证混凝土入模温度不低于 20 ℃。从拌制混凝土到混凝土入模之间相隔时间尽量缩短,做到混凝土料随出随入,以减少混凝土自身温度的降低。

⑧砂石料进场要派专职材料员进行验收,对有雪块和冰块的要进行清理后才能卸车。混凝土所用骨料必须清洁,应干燥无积水、无冰冻,砂料场温度控制在砂子不结冰为宜。

冬期混凝土拌制的质量应进行以下检查频率增加:

①加大检查外加剂的掺量的频率,按照施工情况确定适当的外加剂掺量;

②加大测量水加热的温度频率;

③加大测量混凝土自搅拌机中卸出时的温度和浇筑时的温度的频率。

(3)管片混凝土浇筑

①管片脱模后应及时清理模具、涂刷脱模剂(脱模剂稀释用水温度应在 50 ℃左右并搅拌均匀),使脱模剂迅速成膜。

②冬期混凝土施工,按规范和要求加强对混凝土的质量检查,从混凝土配制、运输、入模、养护等全过程进行质量控制。

③通过半自动化生产线运料轨道车将混凝土运输至浇筑地点,打开料斗阀门,混凝土直接浇筑入模。

④混凝土的浇筑要连续,随浇筑、随振捣、随覆盖,减少热量散失确保混凝土在蒸养前的温度。

⑤混凝土浇筑采用附着式振动器振捣,并辅助插入式振动棒振捣密实,全部振捣成型

后，视冬期生产车间气温及混凝土凝结情况，约 10 min 后拆除压板，进行光面处理，如图 7-9 所示。

（a）混凝土浇筑振捣

（b）混凝土压光处理

图 7-9 混凝土浇筑振捣与压光处理

5. 管片蒸汽养护

冬期管片蒸养温度和温差的测试对控制管片质量尤为重要，在管片蒸养期间由专人进行温度的调控和记录，冬期施工要适度延长管片蒸汽养护时间，避免管片产生温差裂缝，同时确保管片初期拆模强度达到 40% 以上，管片的蒸养时间可随气温变化随时进行调整。

管片蒸汽养护如图 7-10 所示，管片蒸汽养护过程如下：

图 7-10 管片蒸汽养护

（1）管片半自动化流水生产线的蒸养室是一个相对封闭的空间，混凝土收面压光结束后进入蒸养模式，模具依次进入蒸养房的升温区、恒温区和降温区。其中，静停区的温度控制在 35 ℃左右、静停时间约为 1.5 ~ 2 h，升温区的温度控制在 45 ℃ ~ 55 ℃、升温时间约为 1 h，恒温区的温度控制在 55 ℃ ~ 65 ℃、恒温时间约为 3 h，降温区的温度控制在 25 ℃ ~ 45 ℃。出蒸养室时管片温度与室内环境温度温差≤20 ℃。

（2）在整个蒸养过程中，专人负责控制温度，严格执行蒸养制度，加强观测，如实记录各测温点的温度变化值。

(3)锅炉工提前做好供热准备,保证管片蒸养和车间供暖。

6. 管片拆模

管片通过蒸汽养护足够时间后测试混凝土试块强度,同条件养护的试块强度必须达到22 MPa以上,才能进行管片脱模操作。拆模顺序:叠齐养护布→拆卸手杆螺栓→清除混凝土残积物→拆卸侧模与底模固定螺栓→拆卸侧模与端模连接螺栓。两侧和端模拆开后,使用专用水平起吊吊具,用龙门吊将管片吊出到管片翻身机上。拆模中严禁锤打、敲击模具等野蛮操作。起吊管片时地面操作要由多人配合进行,确保管片垂直出模,以免损坏管片。

7. 管片质量检查、评定、车间修补

管片拆模后,根据相关规范要求对管片进行管片尺寸检测和外观质量评定,质量检查不满足规范要求的管片,进行废置处理。管片质量检查、评定、车间修补要求如下:

(1)日生产每15环抽取1块管片进行尺寸检测。

(2)管片检查不允许存在贯穿裂缝、露筋、孔洞、疏松和夹渣质量缺陷。

(3)缺棱掉角、飞边、非贯穿裂缝、麻面面积不得大于管片面积的5%等外观质量缺陷,允许修补。

(4)管片的车间修补根据修补方案配置修补剂,控制好修补质量和色差。

7.2.3 管片冬期养护与存放技术

1. 冬期管片养护技术

管片生产历经冬季,在管片冬期生产中,严格执行冬期施工规范,特别是严格控制管片在养护时的温差和脱模强度。管片蒸养结束,在同期混凝土蒸养试块脱模强度达到22 MPa后方可起吊,用真空吸盘平稳起吊至翻转架翻转下架,待管片表面晾干后,再由养护工及时涂刷养护剂。涂刷养护剂分喷涂法和涂刷法两种工艺。

(1)喷涂法

采用农用喷雾器或油漆喷枪作为喷涂工具,使用前先用清水试喷,雾化正常后用养护剂喷涂,喷枪应距混凝土面20~50 cm,喷枪微略倾斜,喷枪压力控制在4~6 kg/cm^2,以免冲坏混凝土面,为保证喷成均匀的雾状,喷涂运动速度要均匀,顺序一般从左到右,从上到下依次喷涂,防止漏喷,如出现不均匀现象,可在第一遍成膜后5~10 min内进行第二遍喷涂,以保证混凝土表面形成封闭的养护膜。喷涂作业完成后,即用清水洗净喷雾器,以防喷孔堵塞影响下次使用。

(2)涂刷法

采用油漆刷或涂料专用滚刷,直接涂刷成膜。一般先水平方向涂刷一次,涂刷到一定范围5~10 min后,再以垂直方向刷涂第二遍,务必使涂层均匀成膜,自上而下逐渐扩大范围,边角或毛糙的部位要细致刷到,一定使混凝土构筑物表面全封闭。

喷刷混凝土养护剂用量指标,1 kg养护剂喷刷面积应控制在4~6 m^2;涂刷时面积可控制在5 m^2为宜,作业过程中应及时把握材料用量与质量,涂层厚度0.05~0.09 mm。

管片养护剂进厂后应密封存放,并避免被阳光直射。使用前应将养护剂搅拌均匀,不能用水或溶剂稀释养护剂。如长期存放出现分层现象，经过搅匀后再使用。涂刷养护剂前要测量养护剂的液体温度与管片表面温度，两者之间的温差不得大于 15 ℃。

当管片在翻片机翻转 90°（此时管片处于立放状态）时，先按照管片成品标识操作规程对管片进行标识，再将管片吊装养护剂喷涂区，用装有混凝土养护剂高压喷雾器由管片端面、内外弧面、侧面依次进行均匀喷涂、厚度一致，不留养护剂喷涂死角，不带喷痕，一气呵成，无流淌、漏喷等现象。

将喷涂好的管片用垂直夹具从喷涂区平稳地平移至车间临时存放区，待第一次喷涂基本成膜后（约 25 min）后，再采用毛刷或滚筒刷均匀涂刷、厚度一致，不留喷刷死角，无流淌、漏刷等现象。

养护剂喷涂后未成膜前，如遇水浇或蒸汽应重新喷涂。管片喷涂养护剂必须严格按照喷涂操作规程喷涂至少 2 遍，如图 7-11 所示。

（a）脱模后喷涂第一遍养护剂　　（b）涂刷第二遍养护剂

图 7-11　管片喷涂养护

2. 管片储放技术

由于室内外温差较大，冬期生产管片应尽量储存于生产车间内，生产车间空闲区域可作为管片的临时存放地，采用三层立式存放。因左、右转环管片宽度不规则，在保证存放安全的前提下，为最大利用厂房内存储空间，将左、右转环管片均放置在最上层。

冬施期间做好室外温度记录，管片在达到设计强度后方可运出车间，管片外运期间时刻关注室外天气和温度，运出车间时应选择温度较高的天气，并在中午或者午后无风时段进行倒运，管片从厂房内运至室外管片存放区码垛堆放时，应注意其存放环境温差不宜过大，不能超过 20 ℃。

图 7-12　管片储存

管片层与层之间搁置方木，方木厚度要一致，搁置部位要正确，如图 7-12 所示。管片在场内须小心搬运及堆放，管片吊运时设专人负责指挥，减少搬运次数，防止磕碰缺角掉边，以免管片受到损坏。运至生产车间外存放场的管片应及时用土工布进行覆盖,避免雨雪天气受冻开裂。

7.2.4　管片冬期预制温度控制技术

1. 预制车间温度控制

为使管片预制车间温度达到 10 ℃以上,采取以下措施:

(1)进出厂房大门保持经常关闭状态,如有运输车辆进出厂房,保证车辆进入后立即关闭大门,减少厂房内热量损失。人员进出门设置 2 层门帘。

(2)安排专人在定期巡视检查厂房门窗是否关严,是否有门窗损坏,如有,及时关严或修复。

(3)将管片生产车间与钢筋加工车间以及管片存放车间用防雨绸隔开,以保障管片生产车间温度。

(4)使用彩钢板将浇筑工位以后的作业线区域、进模坑道以及管片静停区进行封闭,在封闭区域内通过蒸汽管道加热、安装电暖设备等措施,提高该区域环境温度至 30 ℃ ~35 ℃,有效缩短管片外弧面收水时间,保障生产进度。

(5)喷、刷混凝土养护剂时要防止雨水及沙尘浸入;同时还要注意避免机械性碰撞或在其上拖拉重物,若有损伤应及时补刷。

2. 管片冬期生产过程控制

冬季施工温度记录每 2 h 测量一次:拌和用水温度 70 ℃以上;混凝土入模温度≥20 ℃;出模时管片温度,与室温差≤20 ℃;车间温度≥10 ℃。管片冬期生产过程控制措施如下:

(1)加强对锅炉和供热管道的检查、维修和保养,确保供热连续可靠,保证生产车间温度不低于 10 ℃。

(2)生产车间四周装置温度计 6 支,流水线静停区数字温度计 4 支,每天由专人负责每 2 h 测量一次温度,并做好温度原始记录。

(3)每天安排专人检查生产车间门窗关闭情况,加强对生产车间内门窗的管理工作,确保关闭合严,保证生产车间室内温度。

(4)生产管片存放在厂房内,采用三层立式存放,待管片混凝土达到设计强度后方可外运,外运时室内外温差不得大于 20 ℃。

3. 预制管片性能检测

通过严寒地区管片冬期预制工艺生产出的管片,经过试验检测机构对管片混凝土抗拔(图 7-13)、抗弯(图 7-14)、抗渗(图 7-15)性能检测及混凝土养护剂、管片拼装试验检测,均满足设计、规范要求。

经检测,冬期施工所生产的管片均符合设计要求。

图 7-13　管片抗拔性能检测

图 7-14 管片抗弯性能检测

图 7-15 管片抗渗性能试验检测示意图

7.3 盾构施工始发场地保温技术

7.3.1 冬期管片储存及防水材料粘贴技术

1. 施工现场管片储存

(1)现场存放的管片，利用油毡布做成的防护罩子遮盖，进行防护，避免进水、进雪堵塞。为了进一步加强到场管片的防冻措施，在阴雨雪天，对施工场地的管片用专用帆布进行覆盖(图 7-16)，防止其受冻、受潮，影响管片和防水的质量。

(2)管片螺栓、盾尾油脂、水玻璃、泡沫等置于车站始发端头中板上进行存储，对该区域利用棉帘子进行整体封闭，预留推拉门用于物料转运。将上述物资批量的运入隧道内，放置于盾构机台车上进行保温，且台车上物资的存储量需满足盾构机 2 天掘进需用量。

(3)施工现场的机械设备按其特点，配备防冻液和润滑油，同时对设备进行检查，保持机械的正常使用。

图 7-16 管片存储保温措施

2. 管片防水材料粘贴

(1)提前粘贴后的管片覆盖保护

根据现场场地,尽可能多存储管片,提前粘贴止水条,止水条通过试验检测需要满足冬期极端低温下使用要求,采用防水帆布包裹式覆盖,并增加棉被保温止水条,并利用红外线测温仪定期监测止水条表面温度。

(2)拼装前的止水条检查

拼装前检查前期储存的管片止水条粘贴质量是否受天气温度影响,若止水条不牢固,脱落。在温度 10°以上的区域,重新粘贴,失去弹性的止水条重新更换。

(3)后期生产管片进场粘贴

现由于管片存储量不足,部分管片需管片厂进行冬季生产,根据管片厂生产能力,产能只能达到 2 循环/套模,减少了一个循环的产量,后期进场管片量有限,进场后需进行保温养护,覆盖双层棉被。

现场搭设管片防水材料粘贴暖棚,正面挂岩棉棉被保温,暖棚内设置两台 30 kW 的热风幕进行供热,确保温度在 5 ℃以上。保温棚满足 3 ~ 4 环管片粘贴及存放,如现场粘贴好管片存储量较大,可将部分管片转运至隧道 200 m 以内位置保温存放,待需要使用时运出。

管片防水材料、胶水均存在库房内保温,随用随取。如果密封垫与挡水条过冷、潮湿时,可用电吹风对其适度加温,除湿之后方可使用,以保证防水材料的防水效果。

管片止水条粘贴完成后,随粘随用,下井前采用棉被进行覆盖保温。

3. 其他措施

(1)设置专人关注天气变化,及时做好雨雪天气苫盖工作,防止管片受潮或浸湿。当管片凹槽受潮或浸湿时,用电吹风或酒精喷灯将其吹干,待干燥后,才能刷胶粘贴。

(2)工程部负责管片选型与运输协调、验收工作。调度负责管片进场后卸车与文明施工工作。管片在运输中,如果止水条有脱落,必须及时重新粘贴,并做好保温覆盖工作。

(3)管片拼装前,对预拼装的管片进行双层棉被覆盖保温,确保管片温度达到 0 ℃以上。同时对止水条粘贴情况再次检查,确保止水条粘贴牢固好方可进行吊装使用,若止水条出现粘贴不牢或脱落现场,更换同种类型管片或调至止水条粘贴区域整改完成后使用。

7.3.2　砂浆搅拌站冬季保温技术

1. 搅拌站保温

(1)搅拌站修建保温棚

搅拌站修建时使用 A 级阻燃岩棉板全封闭的保温棚,如图 7-17 所示。为加强拌浆站的保温工作,对拌浆站屋顶及墙面的彩钢板的较大缝隙进行封堵,提高搅拌站内的温度。防温棚门、窗、洞口等部位采用保温棉被进行防护,有通行要求的做到不用即关。

(2)拌浆站内保温措施

为防止天气温度过低影响浆液拌制,在搅拌站防护棚外设置一个锅炉房(200 kW),如图 7-18 所示。站内布置 10 组暖气片,确保室温在 5 ℃以上。若拌浆站内温度低于 5 ℃时,增加 1 台 30 kW 热风幕。

图 7-17　搅拌站保温

2. 砂料仓保温

砂料堆放采用室内储存，采用钢结构 + 保温板搭建，与拌和站尽量考虑统一建设，在砂仓底部铺设地暖管路，供暖管路采用 ϕ40 mm 暖通管，间距 30 cm，如图 7-19 所示。砂仓内靠近侧墙布置 8 组暖气片，砂仓保温由锅炉供给热水，确保室温在 5 ℃以上。砂料仓大门采用 2 cm 保温棉被遮挡，做到随用随关。棉被悬挂在料仓钢结构顶部的桁架上，横梁焊接 2 根 5 号槽钢滑轨 + 行走轮作为棉被滑动杆。

图 7-18　锅炉房

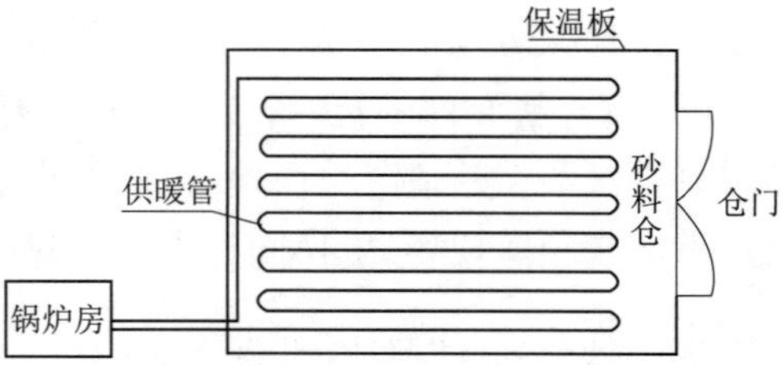

图 7-19　砂仓供暖管路布置示意

尽量要购置干砂，严格控制搅拌用砂进场含水率，避免结冰；现场砂料仓进口采用保温棉进行覆盖保护。料斗上缠绕伴热带并用保温岩棉包裹保温，防止料斗内砂结块，如图 7-20 所示。

3. 浆液保温

（1）盾构所用同步浆液材料主要为砂子、粉煤灰、膨润土和水泥。为防止雨雪对材料的破坏，粉煤灰、膨润土、水泥、砂子等到达现场后，直接堆放在拌浆站料场暖棚内分别存放，以确保其质量，防止受冻、受潮。

（2）浆液随拌随用，储存时间不宜过长。缩短浆液下放到浆液车的时间，浆液放完后，尽快驶入隧道内,减少在井口的停留时间。浆液车上的残余砂浆及时洗净以免冻结,严禁使用已经冻结的砂浆,不得以水掺入冻结砂浆内重新搅拌使用。在放浆过程中,尽量将浆液排净,然后清洗拌浆罐和放浆管,防止浆液冻硬后堵塞阀门和放浆管。

图 7-20　拌和站料斗保温

(3)为加强搅拌站的保温工作,对拌浆站及料场采用保温石棉板整体施作暖棚,暖棚内利用地暖进行加热,提高搅拌站内的温度,防止砂浆材料受冻、受潮。

(4)做好搅拌站现场热源供应设施的安装与封闭,如图 7-21 所示。

(5)拌和站用水利用 240 kW 的电锅炉进行加热,储存在水箱内,以提高拌和浆液温度,增强和易性。砂浆搅拌站至洞口处的输浆管路不能埋深,且尽量减少管路弯头数量,以防堵管等情况发生。注意砂浆管路的保温工作,应缠绕电伴热带,外皮包裹保温棉,如图 7-22 所示。浆液站清洗管道时,用锅炉提供的热水进行清洗。

(6)拌和站增加除尘袋,防止灰罐放料过程中产生扬尘,保证施工作业人员与周边居民的健康。

4. 浆液保温热工计算

根据以上措施进行冬季施工砂浆热工计算,步骤如下:

图 7-21　搅拌站保温措施

图 7-22 砂场与砂浆管路保温措施

砂浆拌和物的温度：

$$T_0=[0.9(m_{ce}T_{ce}+m_{sa}T_{sa}+m_gT_g)+4.2T(m_w+w_{sa}m_{sa}-m_g)+c_1(w_{sa}m_{sa}T_{sa}+m_gT_g)+C_1(w_{sa}m_{sa}T_{sa}+m_gT_g)-C_2(w_{sa}m_{sa}+m_g)]/[4.2m_w+0.9(m_{ce}+m_{sa}+m_g)]$$

式中 T_0——砂浆拌和物温度(℃)；

m_w,m_{ce},m_{sa},m_g——水、水泥、砂、粉煤灰的用量(kg)；

T_0,T_{ce},T_{sa},T_g——水、水泥、砂、粉煤灰的温度(℃)；

w_{sa}——砂的含水率(%)；

C_1,C_2——水的比热容[kJ/(kg·K)]及熔解热(kJ/kg)。

当骨料温度大于0 ℃时，$C_1=4.2$，$C_2=0$；小于等于0 ℃时，$C_1=2.1$，$C_2=335$。

根据现场实际情况，砂浆配比如下：水泥：180 kg，水：567 kg，砂：210 kg，粉煤灰：840 kg，膨润土 30 kg，砂含水率：3%。

材料温度取值按照拌浆站内最低保障温度5 ℃计算：

$$\begin{aligned}T&=[0.9(m_{ce}T_{ce}+m_{sa}T_{sa}+m_gT_g)+4.2T(m_w+w_{sa}m_{sa}-m_g)+c_1(w_{sa}m_{sa}T_{sa}+m_gT_g)+C_1(w_{sa}m_{sa}T_{sa}+m_gT_g)-C_2(w_{sa}m_{sa}+m_g)]/[4.2m_w+0.9(m_{ce}+m_{sa}+m_g)]\\&=[0.9\times(180\times5+210\times5+30\times5+840\times5)+4.2\times5\times(567+210\times3\%)+4.2\times(210\times3\%\times5)]/[4.2\times567+0.9\times(180+210+30+840)]=5.1\ ℃\end{aligned}$$

另外由于水泥、粉煤灰与水混合作用后会发生很强的水化作用，产生较高的水化热，因此砂浆拌制后温度会大于理论拌制温度，所以满足使用要求。

7.3.3 电瓶车电瓶充电防护

盾构施工中电瓶车是不可缺少一个组成部分，电瓶又是电瓶车的重要组成部分，由于电瓶充电需电解液及蒸馏水，为做好电瓶充电工作，确保电瓶车正常运行，从而不耽误正常施工，冬季施工需对电瓶做保温防护。所以，在吊装口旁边用板房防护做成充电间，长宽高分别为10 m、7 m、3 m，如图7-23所示。更换电瓶时，需用龙门吊吊装，故把充电间顶部一部分设计成可活动式，方便吊运。

图 7-23　充电间

7.3.4　渣土疏干渗水装置

由于盾构隧道施工需要利用泡沫、水、膨润土等材料进行渣土改良，渣土贮存在临时渣池内含水量极大，冬期渣土易冻结，渣土转运时极为不便。

为此本单位新研发的一种新型实用发明——一种盾构渣土疏干的渗水装置，在盾构隧道临时弃渣池内安装用于过滤和抽排渣土中的水分，达到降低渣土含水率，方便转运和运输。

该装置为圆柱形，采取两道圆形钢筋网片作为骨架体系，外包钢丝网及尼龙网布，两道钢筋网片间填充石屑作为过滤粒料，底部采用石屑填充防止泥土漫入，中部放置污水泵抽排过滤后的污水。

(1)渣土疏干渗水装置主要技术参数

该装置主要技术参数见表 7-2。

表 7-2　盾构渣土疏干装置主要技术参数表

名　称	参　数
外骨架直径	1.2 m
内骨架直径	0.6 m
骨架钢筋直径	20 mm，@250
加劲肋钢筋直径	20 mm，@2000
尼龙网规格	60 目
石屑规格	粒径 2～5 mm

(2)渣土疏干渗水实施过程

盾构渣土疏干的渗水装置如图 7-24 所示，该装置具体实施过程如下：

①渗水装置加工完成后，吊放至渣土池内；

②向底部和夹层内填充石屑,夹层内石屑填筑顶面高于渣土面高度,中部石屑填筑0.5 m高;

③装置中部放入污水泵,水泵扬程和功率根据渣土池深度和渗水装置高度确定;

④安装水泵用电线路和开关箱,渣土池内倒入渣土后测量装置内部水位,液面上升时开启水泵抽水,水位到达底部时及时关闭水泵,防止水泵空转损坏。

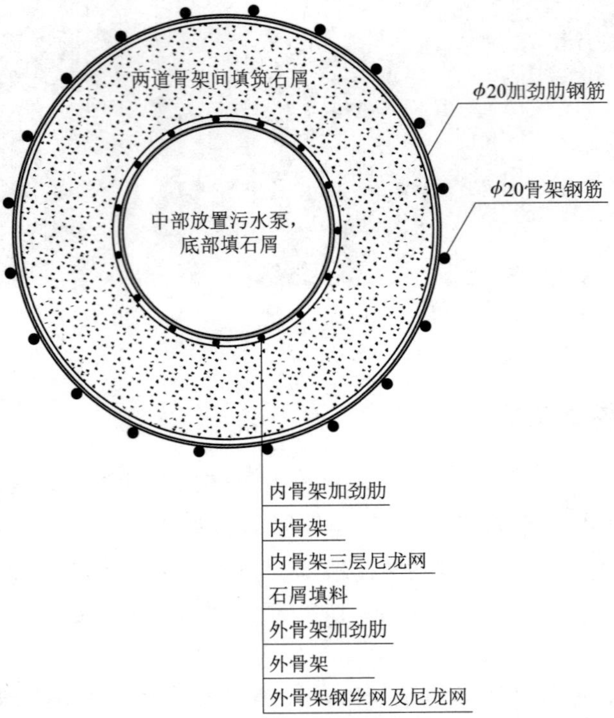

图 7-24 盾构渣土疏干的渗水装置示意

(3)该装置使用效果

该装置能够有效过滤渣土中的水分,使泥沙阻隔在装置外部,提高污水泵抽排的稳定性;能够有效降低渣土池内渣土的含水率,减轻冬期渣土冻结,提高渣土转运工作效率。

7.3.5 泥水分离设备保温

1. 泥水分离设备防冻处理

工程地处我国东北(哈尔滨市)严寒地区,对泥水循环系统要求相对增高。根据泥水特性,需要泥水循环系统温度达到 5 ℃以上方能正常运行,低温环境易造成泥水循环系统冻结,导致循环受阻,无法建立环流。因此,需要对整个系统进行保温处理。泥水处理设备离地高度高,同时泥水管路铺设较长,在保温处理方面有一定的难度。但由于工期紧,需要满足冬季施工的要求,则需对泥水分离系统进行全封闭保温,暖棚搭设钢结构,墙面和屋顶均采用 A 级阻燃岩棉板进行全封闭,出渣口挂棉帘,棚内装渣,如图 7-25 所示。

泥水分离设备防冻处理如下:

(1)左右线 P1.1 泵、水密封做好保温、升温措施,加盖暖棚进行保温,如发生故障则灵活更换左右线 P1.1 泵，保证盾构掘进施工。

图 7-25　泥浆分离设备保温

(2) 停机期间，加强泥浆环流次数、时间，并不间断开启调浆池搅拌器搅拌泥浆，防止结冻。

(3) 清水池使加热棒对水进行加热，清水池周围使用保温棉围裹，水池顶部加盖盖板进行保温防雪。

(4) 在分离设备保温室内加三个热风幕，分别对三个筛子进行升温。

泥水站主要分为筛分系统、调制浆系统、压滤系统三大系统。泥水处理系统主要由泥水处理设备、压滤机、制浆池、调整池、清水池、搅拌装置、泥浆循环系统等组成。其中泥水处理设备主要由旋流器、振动电机及筛网、渣浆泵、中储箱、配电柜等部件组成。以上设备在低温环境下可能出现异常状况，在冬期，加强设备管理的同时，采用低温环境下使用的润滑油脂对设备进行保护。

2. 泥水分离设备升温措施

板房只能起保温作用，无法对其升温，因受外界因素影响，室内温度将逐步下降。为确保泥水设备温度，在房屋搭建完成后，对房屋保温效果进行检验。如果室内温度在保温条件下也无法满足浆液正常运行，无法满足低温条件下的保温效果，需对房内配套升温措施，如图 7-26 所示。由于没有相应规范和施工经验可借鉴，拟采用在室内安装电热风幕提高环境温度来满足施工要求，根据实际情况，在分离设备振动筛处，可以在其旁边安装适量的热风幕（30 kW）以防出渣口冻结，直接用热风幕直吹对振动筛、渣浆泵进行加热。在调浆系统的管路、泵使用电伴热带、橡胶保温棉进行保温加热防护。分离设备考虑使用 6 台热风幕，主要防护部位为筛板、渣浆泵。

泥水分离设备保温装置为 长 9.2 m、宽 11 m、高 6 m，采用厚 10 cm 的岩棉板房，其他防护措施如下：

(1) 排污管路采用橡胶保温棉、伴热带进行防护。

(2) 用水供给管路采用橡胶保温棉、伴热带进行防护。

(3) 渣场渣土防护，考虑不进行防护；每天及时进行渣土外运，装车使用挖机进行。出渣困难时，可用塑料薄膜在车箱底部进行隔离。

图 7-26 分离设备保温棚与热风幕安装升温位置

3. 泥浆存储罐、P1.1 泵及清水池防护

(1)泥浆存储罐保温措施

根据现泥水站设计,调、制浆系统需进行保温的主要为管路及泥浆罐,共设置了 4 个泥浆罐(2 个 ϕ10 m×6 m,2 个 ϕ6 m×6 m),对泥浆灌采用伴热带 + 珍珠岩(+ 岩棉被) + 顶部封闭的形式保温,如图 7-27 所示。

泥浆罐侧面采用缠绕伴热带,钢丝网内部填充珍珠岩。根据气温情况,若气温过低,则在最外层采用岩棉板进行包裹保温。泥浆罐顶部采用工字钢 + 模板 + 岩棉板进行封闭保温。对顶部的泵体及管路缠绕伴热带 + 岩棉进行保温。

(2)P1.1 泵

采用岩棉板将左线与右线的 P1.1 泵、启动变频柜进行保温,内部增设一台 30 kW 的热风幕加热,确保温度达到 5 ℃以上,如图 7-28 所示。

图 7-27 泥浆罐保温

图 7-28 P1.1 泵保温

(3)清水池保温措施

清水池采用加 4 台 40 kW 电热棒的方式进行供暖,保证水体不结冰。顶部采用 10 cm × 10 cm 方木 + 模板 + 岩棉板封闭,如图 7-29 所示。

(4)循环泥浆管保温

泥浆管路是泥水盾构的重要组成部分,一般在泥浆循环作用下不易受冻,在停机状态下，由于温度太低，水在静止时很容易结冰受冻，造成管路极易受堵。因此，在隧道洞门 150 m范围内到泥水站的进出泥浆管均需要包裹保温，泥浆管用伴热带缠绕升温，用岩棉包裹，如图 7-30 所示。

图 7-29　水池覆盖保温

图 7-30　泥浆管路保温

4. 冬期泥浆防冻技术

泥水盾构冬期施工泥浆在极端低温条件下存在结冰受冻的情况，泥浆的主要成分由膨润土、CMC、纯碱、正电胶、水组成，为防止泥浆结冰受冻，在泥浆拌制过程中掺加防冻添加剂，掺入后采用改变各成分质量分数对泥浆性能的参数影响进行了对比分析，得出了适应极端低温条件下新型泥浆最佳配比。

7.4　盾构设备冬期维护技术

7.4.1　管路的冬期保温技术

1. 循环水、泥浆管路保温

循环水和泥浆管路的保温措施如下：

（1）为保证盾构掘进过程中有正常的外循环水使用，外循环水管路需进行保温处理，地面及洞口段 100 m 范围所有水管敷设防爆阻燃自控电热带，且外部包裹 2 cm 保温材料，最外侧使用透明胶带缠绕，保证保温材料与水管无间隙。循环水与泥浆管路保温如图 7-31 和图 7-32 所示。

（2）由于洞内温度满足施工要求，只对地面、井口、洞口 100 m 范围内给排水管包裹保温，地下埋深要求大于 70 cm 并采取相应的保温措施，确保水管不发生冻胀现象，以保证施工及生活正常用水。室外管路保温如图 7-33 所示。

（3）盾构循环水池位于车站底板站台板位置，循环水池顶部采用工字钢 + 模板 + 岩棉被进行封闭。为防止底板循环水池结冰现象发生，通过对车站端头 40 m 隔离全封闭保温，并在车站四周安装暖气片对循环水池环境进行加热处理。暖气片加温如图 7-34 所示。

（4）循环水泵采用伴热带加缠绕保温棉的方式进行保暖，在停机情况下也要启动泡沫系统、循环水系统，让其一直循环，并视情况调整流量，避免停机堵管。加强对管线路的检查，发现问题及时解决，做到防患于未然。

图 7-31　循环水管路保温

图 7-32　泥浆管路保温

图 7-33　室外管路保温

图 7-34　暖气片加温

2. 废水处理

废水处理措施如下：

(1)盾构完成接收,及时将泥浆管路及循环水管断开,并将洞内、洞门集水坑等处泥浆污水通过污水泵以及电瓶车抽排清理,保证洞门口段不发生冻结。

(2)隧道内废水,抽排入至矿渣车,由电瓶车水平运输出渣口、吊出。

(3)井口排污水泵完成排水工作后及时利用手拉葫芦提升至液面以上,防止水泵受冻影响排水。

(4)洞口附近已冻结废水,定期进行人工破除清理。

3. 其他辅助保温

其他辅助保温措施如下:

(1)冬季来临前做好管路的检查、维修工作,做到整条管路不滴、不漏。

(2)管道进行缠绕电热带,外侧包裹保温材料,包裹完毕后再缠绕防水带。接头处进保温材料接头用专用胶水黏接。

(3)埋入深度为2 m的管道,不需再考虑采用其他保温措施。

(4)防止出现紧急冻结,水与膨润土可用消防水带进行应急输送管道。

(5)施工场地内的各种管路外加设加热带并采用保温材料进行包裹,然后作隔水处理。

(6)各种管路的闸阀井加盖保温盖板(10 cm泡沫和5 cm水泥板)。

7.4.2　机械设备冬季防寒

1. 龙门吊保温措施

(1)冬季施工中使用垂直运输机械设备要设专人定时检查(每天不少于一次),各种部件及焊接节有无冻裂现象,确保冬季施工安全。

(2)龙门吊在停机后重新使用前应全面检查,然后试运转各个电器,待各个部件检查正常及全机温升后再投入正常使用。

(3)吊装之前要对所有吊具进行检查,并采取防滑措施。

(4)在大雪来临前,采用防雨布覆盖电动机等电气设备,防止设备冻伤。

(5)龙门吊的吊具、吊索要满足低温条件使用要求,并做极端低温条件下脆性强度试验,防止低温条件下使用时意外产生脆性断裂风险。

(6)龙门吊所用的油类必须是低温条件下防冻油,减速器齿轮油、液压推杆制动器使用 -15 ℃ ~0 ℃的20号变压器油和 -15 ℃ ~ -30 ℃的仪表油,润滑油使用低温防冻油,确保机械正常运转。

2. 装载机与叉车等机械设备保温措施

(1)每天交接班时对机械设备进行全面检查,确认设备的正常使用。

(2)停机使用前,先空转运行设备几分钟,待设备温升后再投入使用。

(3)机械设备暂停使用期间,在大雪来临时,采用防雨布进行覆盖。

(4)施工机械采用防冻柴油。

(5)各种车辆使用的燃油,要根据环境气温选择相应的型号,冷车起步时,要先低速运行一段路程后再逐步提高车速。

(6)冬季车辆启动发动机前,严禁用明火对既有燃油系统进行预热,以防止发生火灾。

3. 管片运输车与出渣车保温措施

(1)在冰雪路面行驶,管片运输车与出渣车需更换雪地胎,防止车轮打滑。

(2)出渣车行车过程中需对行驶路面及时清理,防止掉落渣土冻结。装渣时,在渣车箱底垫塑料薄膜进行隔离,便于在渣土场倾卸。渣土装运过程要及时进行,不得等待渣土受冻后再装渣,导致装渣困难。

(3)管片运输过程需采取帆布覆盖保温。

4. 电瓶车保温措施

(1)冬季施工时外界温度过低,电瓶充电过程中不需通过水进行冷却,充电过程中应及时清理进入充电箱内的雪水。

(2)电解液的工作温度为 -40 ℃,考虑哈尔滨冬季施工最低温度为 -39 ℃,不需其他保温措施。

(3)空压机主要因寒冷造成压缩机润滑油性能下降导致负载增大,进而造成电机的电流增大,容易烧坏电机,所以在启动前需对空压机用热风炮进行预热,保证空压机的正常启动。同时空气中的水分很容易造成气动阀堵塞卡死甚至冻坏的现象,需对气动三联件加强保养,及时把冰屑排出,气动阀组采用电热毯与棉被包裹。

(4)及时清理岔道、井口位置轨道周边的泥水,防止泥水结冰影响电瓶车运输。

(5)进入冬季施工前对驾驶室的挡风玻璃、门等进行检查更换。

(6)冬季施工每天安排专人对电瓶车、轨道进行巡检,并做好检查记录的填写工作。

5. 电瓶车防溜车措施

(1)自身制动系统

电瓶车自身配备了气刹车系统和手动刹车系统。正常情况下,电瓶车启动气刹系统进行制动;当电瓶车出现故障,自身就会启动断气刹车系统来制动,防止事故发生;当电瓶车停靠时,除了其自身的气刹车外,还应采取手动进行刹车,以确保其不发生由于制动不够而发生溜车现象。

(2)设置限位器

当电瓶车停靠时,在电瓶车的前后部位设置限位器,以防止电瓶车由于负荷的变化而发生溜车事故。在盾构机后配套台车部分的轨道上设置三道以上的限位器,万一出现溜车,可以避免车辆冲入盾构机头伤人、损坏设备等事故的发生。

(3)对轨道进行处理

为了保证电瓶车有良好的制动,电瓶车轨道上要做到没有油和泥,对于轨道上的油和泥要及时用水进行清洗,并且在大坡度路段还要撒沙,以增大摩擦力,达到良好的制动效果。

7.4.3 盾构机系统拆机排水

严寒地区盾构机拆机前,应对盾构机泡沫系统、膨润土系统、注浆系统、外循环水系统、液压泵站板式散热器、内循环水系统、空压机排放及主驱动电机、减速机和齿轮油冷却系统内的水进行排放,避免设备管路积水遇冷胀裂损坏。

1. 泡沫系统排水

(1)准备工具

1 寸气管,1/2 寸球阀、1 - 1/2 对丝、1 寸活接、1 寸对丝,1 寸对丝、1 寸活接,1 寸软管带铜头、活接、两半扣,管钳。

(2)排出罐内的水

在泡沫原液箱和混合液箱的排水口处接入软管,排出箱内的液体。

(3)连接管路

断开每路泡沫泵出口处活接;在 1 路泡沫进口处接入气管。

(4)通入空气

调节减压阀,控制进气压力为 5 bar。打开进气口球阀,利用压缩空气从刀盘前面排出 1 路泡沫管路内的水。用同样的方法排出其他路内的水。

(5)空转泡沫泵

点转每一路泡沫泵 2 ~3 次,排出泵内残留的水,直至泵出口无水流出为止。(泡沫泵不能在泵内无液体情况下长时间空转)

(6)恢复管路

拆除进气管路,恢复管路、球阀至原状态。

2. 膨润土系统排水

(1)排出膨润土箱内的水

打开膨润土罐排水阀,排出箱内的水。

(2)断开抱箍

断开膨润土泵进出口的抱箍,排出管内的水。

(3)排过滤器内的水

打开泵进口处过滤器下部排水堵头,排出过滤器内的水。

(4)恢复管路

直到基本无水流出为止,恢复管路至原状态。

3. 注浆系统排水

(1)准备工具

1 寸软管带铜头、活接、两半扣,管钳,1 寸对丝、1 寸活接,1 寸对丝、2 寸活接、2 - 1 寸对丝。

(2)排砂浆罐的水

在砂浆罐排水口接入排水管,排出罐内的水。

(3)排注浆泵内的水

启动注浆泵,排出注浆泵体内的水。

(4)排出注浆泵冷却水箱内的水

在注浆泵活塞杆冷却箱下面的排水球阀处接入排水管,排出箱内的水。

(5)排 A、B 液罐内的水

若配备有双液注浆,需在 A、B 液罐排水球阀处接入排水管,排出罐内的水。

(6)双液泵内的水

启动双液注浆泵,排出泵内的水。

(7)恢复管路

拆除排水管路,恢复球阀至原状态。

4. 外循环水排水

(1)准备工具

1 寸气管,1/2 寸球阀、1 - 1/2 对丝、1 寸活接、1 寸对丝,1 寸对丝、1 寸活接,1 寸软管带铜头、活接、两半扣,管钳。

(2)连接管路初步排水

在增压泵球阀处连接排水管,打开球阀,初步排出外循环水系统管路内的水。

(3)连接进气管

拆掉排水管,接入气管。

(4)接入排水管

在外循环水过滤器下方球阀处接入排水管。

(5)关闭部分球阀

关闭增压泵出口处和旁通管处球阀;打开增压泵进口处球阀。

(6)通入空气

调节减压阀,控制进气压力为 5 bar。打开进气口球阀和排水口球阀,利用压缩空气排出外循环系统的水。当排水量较小时,关闭进气球阀,静置 5 min 后,再次打开进气球阀直至排水口基本无水流出为止。

(7)连接排水管

在一号拖车工业水口处接入排水管。

(8)开闭部分球阀

打开增压泵出口处球阀;关闭增压泵进口处球阀。

(9)通入空气

打开进气口球阀和排水口球阀,利用压缩空气排出增压水系统的水。当排水量较小时,关闭进气球阀,静置 5 min 后,再次打开进气球阀直至排水口基本无水流出为止。

(10)恢复管路

拆除进气、排水管路,保持进气、排水球阀处于打开状态并保持 1 小时,然后关闭球阀。

(11)排出工业水管内的水

依次打开拖车、设备桥和盾体内此工业水管的球阀,排出管内剩余的水。

(12)排出污水箱内的水

在污水箱排水球阀处接入排水管,排出污水箱内的水。

(13)排污水泵内的水

断开污水泵进口处软连接,排出泵内的水,直到无水流出为止,恢复管路。

5. 液压泵站板式散热器排水

(1)准备工具

1 寸气管,1/2 寸球阀、1 - 1/2 对丝、1 寸活接、1 寸对丝,1 寸对丝、1 寸活接,1 寸软管带铜头、活接、两半扣，管钳。

(2)连接管路

分别在散热器两端球阀处连接入进气管和排水管。

(3)冷却器排水

调节减压阀，控制进气压力为5 bar。关闭两端闸阀，打开进气球阀和排水球阀，排出冷却器内的水；直到无水流出为止。

(4)恢复管路

拆除进气、排水管路，打开两端闸阀，保持进气、排水球阀打开状态并保持1 h，然后关闭球阀。

6. 内循环水排放

(1)准备工具

1寸气管，1/2寸球阀、1-1/2对丝、1寸活接、1寸对丝，1寸对丝、1寸活接，1寸软管带铜头、活接、两半扣，管钳。

(2)连接管路

在水泵站处进气口接入进气管，在排水口接入排水管，水管另一端放入下水道内。

(3)通入空气

调节减压阀，控制进气压力为5 bar。打开进气口球阀和排水口球阀，利用压缩空气排出增压水系统的水。当排水量较小时，关闭进气球阀，静置5 min后，再次打开进气球阀直至排水口基本无水流出为止。

(4)恢复管路

拆除进气、排水管路，保持进气口和排水口球阀保持打开状态1 h，然后关闭球阀。

7. 空压机排水

(1)准备工具

准备管钳工具。

(2)连接管路

在空压机进、回水处用管钳断开活接，排出管内和空压机内部的水。

(3)恢复管路

用管钳拧紧活接，恢复管路。

8. 主驱动电机、减速机和齿轮油冷却系统内的水排放

(1)准备工具

1/2寸气管，1/2球阀、对丝、弯头，软管带接头，22开口扳手。

(2)关闭球阀

关闭电机、减速机冷却水进出口球阀。

(3)加防冻液

断开电机、减速机上部内水口，把电机、减速机里加满防冻液；恢复管路。

(4)板式散热接入管路

断开齿轮油板式散热器进、回水管，在散热器上部水口处接入气管，下部水口处接入排

水管。

(5)排板式散热器内的水

调节减压阀,控制进气压力为 5 bar。打开进气口球阀和排水口球阀,利用压缩空气排出散热器内的水,直到无水流出为止。

(6)超挖刀泵站冷却器接入管路

断开超挖刀泵站热交换器进、回水管,在热交换器水口处接入进气管和排水管。

(7)排板式散热器内的水

调节减压阀,控制进气压力为 5 bar。打开进气口球阀和排水口球阀,利用压缩空气排出热交换器内的水,直到无水流出为止。

(8)恢复管路

拆除排水管路,恢复管路、球阀至原状态。

7.5　本章小结

(1)通过严寒地区冬期管片预制技术研究,从冬期施工准备、钢筋入模、混凝土拌制与浇筑、蒸汽养护、拆模、先喷涂后涂刷养护剂的冬期养护与存放等形成了冬期管片预制成套技术,并给出了详细的严格控制各工序之间的温差不超过 20 ℃的温度控制措施,有效解决了温度应力所产生的混凝土裂缝问题,并通过了管片混凝土抗拔、抗弯、抗渗等诸多试验检测检验手段,验证了冬期管片预制工艺的可行性,可以在地铁冬期施工过程中推广应用。

(2)在目前尚无盾构冬期施工规范的前提下,首次系统提出盾构冬期施工始发场地保温施工技术,包括冬期管片储存及防水材料粘贴技术、搅拌站保温棚及站内保温和砂料仓及浆液保温热工计算与保温措施的砂浆搅拌站冬季保温技术、电瓶车电瓶充电防护、渣土疏干渗水装置、泥水分离设备防冻处理和升温及泥浆存储罐、P1.1 泵及清水池防护措施、冬期泥浆防冻技术,为盾构冬期施工提供了技术保障,建立了盾构施工始发场地保温技术。

(3)通过开展不同温度、不同地层等多因素方差分析试验,系统地研究了适合冬期下穿松花江的新型泥浆,有效防止泥浆受冻,影响泥浆质量,降低了泥浆管路受堵的风险,保证了泥水盾构冬期施工的顺利实现。

(4)严寒地区冬期盾构机能够正常的掘进,配套设备的保温维护技术是一个重要的环节,本次研究针对盾构机循环水路、施工过程中各种设备、盾构机拆机排水等方面采取了相应的保温维护措施,保证了盾构区间顺利施工、盾构机及配套设备受冻胀之后的完好无损,从而形成了一整套对盾构设备的防寒越冬技术。

(5)通过严寒地区管片衬砌冬期预制技术、盾构施工始发场地保温技术以及盾构设备冬期维护技术的研究,首次解决了盾构法在严寒地区施工地铁区间隧道的技术难题,建立了严寒地区盾构隧道冬期施工技术,确保了哈尔滨地铁 2 号线一期工程区间隧道施工的安全完成。

参考文献

[1] 杨钊,贺祖浩,刘毅,等. 福州地铁过江通道泥水盾构弃浆在壁后注浆材料中的再利用[J]. 现代隧道技术,2019,56(3):192-199,205.

[2] 胡光. 南宁地铁3号线[青秀山站—市博物馆站]区间泥水盾构过江施工技术分析[J]. 广东建材,2018,34(6):62-64.

[3] 季玉国,杨荣斌. 过江隧道大型泥水盾构刀具使用与管理[J]. 隧道建设,2016,36(7):877-880.

[4] 黄学军,杨艳玲. 南昌地铁泥水盾构穿越赣江风险分析及其控制措施[J]. 公路交通技术,2016,32(2):112-116,126.

[5] 周诚,余群舟,杨俊. 地铁越江泥水盾构到达接收渗漏风险控制技术[J]. 铁道工程学报,2016,33(3):99-104.

[6] 周迎,丁烈云,周诚,等. 越江隧道工程泥水盾构适应性分析研究[J]. 铁道工程学报,2010,27(11):68-74.

[7] 杨关青,代为. 土压平衡盾构机过江施工技术[J]. 隧道建设,2009,29(S1):26-31.

[8] 杨德春,唐琪. 车—万过江盾构隧道设计与施工技术措施[J]. 隧道建设,2007(S2):238-244.

[9] 梁兴林. 在江底修复盾构机刀盘实例[J]. 广州建筑,2007(1):41-45.

[10] 刘春杰,郭玮卿,欧飞奇. 大断面矿山法隧道开挖对小净距盾构隧道的影响分析[J]. 城市轨道交通研究,2020,23(05):49-53.

[11] 张俊儒,叶伦,严丛文,等. 泥质粉砂岩地层中后行盾构隧道近接施工对大断面矿山法隧道的影响研究[J]. 现代隧道技术,2019,56(5):122-132,156.

[12] 陶连金,田治旺,车彦文,等. 矿山法隧道下穿既有盾构隧道微变形控制技术[J]. 铁道建筑,2017(5):67-70.

[13] 汪洪星,吴军,谈云志,等. 盾构-矿山法隧道并行施工的相互扰动分析[J]. 工程地质学报,2017,25(2):344-351.

[14] 耿鸣山. 后行盾构隧道施工对先行矿山法隧道的影响分析与探讨[J]. 广东土木与建筑,2014,21(9):41-43.

[15] 林浩. 地铁隧道盾构施工对临近古建筑的影响[D]. 西安:西安理工大学,2018.

[16] 祁文睿. 大直径盾构侧穿古建筑引起沉降分析及注浆加固研究[J]. 铁道建筑技术,2018(3):93-97.

[17] 苗永杰. 盾构法地铁隧道施工过程古建筑保护措施研究[D]. 西安:长安大学,2017.

[18] 吴昌将,张子新,丁文其,等. 盾构侧穿邻近古建筑的施工影响分析及保护措施加固效果的研究[J]. 岩土工程学报,2012,34(1):158-165.

[19] 冯长胜. 地铁盾构下穿古建筑的地表沉降原因分析及控制措施[J]. 科技资讯,2009(10):99.

[20] 殷雪峰. 盾构机切桩风险分析与施工技术探究[J]. 设备管理与维修,2020(12):146-147.

[21] 唐仁,林本海,梁鹏. 盾构下穿住宅楼直接切桩的安全性研究[J]. 地下空间与工程学报,2019,15(S2):878-883.

[22] 毛冬明,杨锟,郭宏浩,等. 盾构切桩在隧道施工中的应用[J]. 工程机械,2019,50(8):79-82,7.

[23] 王营建. 泥水盾构复合地层切桩施工技术[J]. 建筑机械化,2019,40(7):52-55.

[24] 张立亚,张宏梅,邓喀中,等.地铁盾构隧道切桩穿越建筑群的沉降影响分析[J].测绘通报,2016(8):81-85,117.
[25] 姜艳林.广州地铁富水软弱地层盾构机直接切桩通过桥梁桩基风险分析与施工技术研究[J].广东土木与建筑,2015,22(5):40-43.
[26] 欧阳磊.盾构机过矿山隧道空推施工关键技术及控制措施[J].福建建材,2020(02):56-58,16.
[27] 曹耀东,王宁,刘长林.盾构空推过圆形矿山法隧道施工技术[J].水利水电施工,2019(4):112-116.
[28] 刘斌俊.城市地铁盾构空推过暗挖隧道技术分析:以长沙地铁盾构施工为例[J].中外建筑,2019(9):166-168.
[29] 李成军,何国杨.盾构空推过矿山法隧道施工方案设计[J].低温建筑技术,2019,41(5):138-141,145.
[30] 赵玉成,贾晓旭.广州地铁盾构空推过矿山法段施工关键技术[J].广东交通职业技术学院学报,2016,15(3):55-58,80.
[31] 李志华,陶冶,钟长记.盾构空推穿越提前暗挖段对既有隧道的影响分析[J].土木建筑工程信息技术,2016,8(1):108-113.
[32] 王旭东,郭京波,周罘鑫.盾构过钻爆返空推工艺及质量控制[J]建筑机械,2016(2):84-88.
[33] 邓彬,顾小芳.盾构过空推段施工关键技术研究[J].现代隧道技术,2012,49(2):54-58,64.
[34] 邝光霖,兰玉.低温天气对泥水平衡盾构施工的影响及措施[J].建筑机械化,2015,36(4):68-70.
[35] 张杰,许顺海,张永生,等.盾构低温始发注意事项[J].建筑机械化,2020,41(2):42-44.
[36] 朱东志,曹会清,谢虎辉,等.东北地区冬期泥水盾构施工泥水循环系统处理技术[J].施工技术,2012,41(13):100-103.
[37] 刘昆,谢虎辉,张国庆,等.东北地区泥水平衡盾构施工营地标准建设[J].施工技术,2011,40(S2):286-289.